John Washington

Öffnet die Grenzen!

UNRAST

John Washington ist US-amerikanischer Journalist und Übersetzer. Er ist Teil von *Arizona Luminara*, einer progressiven, bilingualen Zeitung für den Bundesstaat Arizona, und seine Artikel sind bereits in *The Atlantic*, *The Washington Post*, *The Nation* und *The Intercept* erschienen. Er schreibt über Migration und die Grenze zwischen den USA und Mexiko, das US-amerikanische Justizsystem und den Klimawandel. Sein erstes Buch *The Dispossessed: A Story of Asylum at the US-Mexico Border and Beyond* ist 2020 bei Verso Books erschienen.

Bibliografische Information der Deutschen Bibliothek:
Die Deutsche Bibliothek verzeichnet diese Publikation in der Deutschen Nationalbibliografie; detaillierte bibliografische Daten sind im Internet über https://dnb.de abrufbar.

John Washington
Öffnet die Grenzen!
Argumente gegen Abschottung
aus dem amerikanischen Englisch übersetzt von Michael Schiffmann
1. Auflage, Oktober 2024
ISBN 978-3-89771-395-6

©UNRAST Verlag, Münster 2024
www.unrast-verlag.de – kontakt@unrast-verlag.de
Mitglied in der assoziation Linker Verlage (aLiVe)

Titel der Originalausgabe:
The Case for Open Borders
© John Washington 2023
2023 erschienen bei Haymarket Books, Chicago, Illinois

Umschlag: Felix Hetscher, Münster
Satz: Andreas Hollender, Köln
Druck: Interpress, Budapest

John Washington
Öffnet die Grenzen!
Argumente gegen Abschottung

aus dem amerikanischen Englisch
übersetzt von Michael Schiffmann

UNRAST

Für Daniela

Inhalt

Vorwort zur deutschen Ausgabe 7
Vorwort 11
Einführung: Womit wir heute konfrontiert sind 17
Kapitel 1: Abu Yassin und der Freundschaftsdamm 32
Kapitel 2: Das historische Argument 40
Kapitel 3: Shafa und die harten, kinetischen Lösungen 77
Kapitel 4: Das wirtschaftliche Argument 84
Kapitel 5: Das politische Argument – nie nur Theater 122
Kapitel 6: Es ist dringlich, oder: das ökologische Argument 143
Kapitel 7: Wie kommen wir dorthin? 164
Kapitel 8: Josiel und die eisernen Obelisken 196
21 Argumente für offene Grenzen 205
Danksagung 252
Zu den Quellen 254
Bibliografie 261

Vorwort zur deutschen Ausgabe

Im Jahr 1847 kamen in einem Zeitraum von nur sieben Monaten 53.000 Deutsche in New York City an. Bei einer damaligen Bevölkerung von nicht ganz 400.000 Einwohner*innen erlebte die Stadt – vorwiegend durch deutsche und irische Einwander*innen – einen raschen Bevölkerungsanstieg von fast 30 Prozent.

Die New-Yorker*innen waren beunruhigt. Nativistische und deutschenfeindliche Einstellungen griffen rasch um sich. Viele Amerikaner*innen innerhalb wie außerhalb New Yorks befürchteten, die gerade eingetroffenen Deutschen würden sich nie assimilieren lassen. Die Nativist*innen bezeichneten die Deutschen abwertend als ›Hunnen‹, beschrieben sie als Barbaren und suchten nach Möglichkeiten, eine weitere Einwanderung von Deutschen zu verhindern. Ihr Versuch blieb erfolglos.

Ende des 19. Jahrhunderts gab es in den Vereinigten Staaten mehr als tausend deutschsprachige Zeitungen. 1910 waren die Deutschen die größte Gruppe in den USA, deren Muttersprache nicht Englisch war. Im selben Jahr waren 8,6 Millionen der 92 Millionen Einwohner*innen des Landes entweder selbst in Deutschland geboren oder Kinder dort geborener Eltern. Nach dem Ausbruch des Ersten Weltkriegs wurde auf Plakaten und in politischen Reden eine massive deutschenfeindliche Propaganda betrieben. Heute, ein Jahrhundert später, ist den *German-Americans* die erste Hälfte ihres Doppelnamens verlorengegangen. Was könnte amerikanischer sein, als Lager-Bier zu trinken, Bratwurst und *pretzel* zu essen und seine Kinder in den *kindergarten* zu schicken?

Das ist ein Muster, das in den USA seit dem 17. Jahrhundert und bis heute zu finden ist: Neue Gruppen von Auslander*innen kommen ins Land, die Amerikaner*innen betrachten sie als nichtsnutzige Faulenzer*innen, Schmarotzer*innen oder Schlimmeres. Und dann, meist innerhalb einiger Jahrzehnte (wenn sie *weiß* sind), aber manchmal (wenn sie Braun oder Schwarz sind) auch nach etwas längerer Zeit, werden sie allmählich Teil des sozialen Gefüges und die Amerikaner*innen projizieren ihre Ängste und ihre Wut auf eine andere Gruppe.

Jahrhundertelang waren es gerade Europäer*innen, die auswanderten. Sie machten sich auf zum amerikanischen Kontinent, nach Afrika, nach Indien und in andere Regionen der Welt. Dabei zwangen die Europäer*innen auch andere Menschen zur Migration. Sie verschleppten mehr als zwölf Millionen Menschen gewaltsam über den Atlantik auf den amerikanischen Kontinent, und durch die Schuldknechtschaft zwangen sie Millionen aus oder nach Indien, China und Indonesien.

Seitdem haben die Verhältnisse sich umgekehrt. Jetzt sind es nicht mehr (so sehr) die Italiener*innen, Brit*innen, Deutschen, Französ*innen oder Pol*innen, die ihre Heimat verlassen, sondern Menschen aus Afrika, dem Nahen Osten, Asien und anderen Regionen. Und jetzt, wo viele Afrikaner*innen aus einem Kontinent fliehen, den die Europäer*innen jahrhundertelang unter sich aufgeteilt und brutal ausgebeutet haben, jetzt, wo ›sie‹ nach Europa kommen, um dort Sicherheit und Schutz vor Not zu finden, jetzt wollen die Europäer*innen Mauern bauen, um sie draußen zu halten.

Offene Grenzen? Das scheint unmöglich, ja, geradezu skandalös zu sein. Aber ist es nicht das, was die Deutschen seit langer Zeit genießen? Derzeit gibt es nur wenige Grenzen auf der ganzen Welt, die deutschen Bürger*innen ihre Bewegungsfreiheit nehmen würden. Heute leben etwa vier Millionen in Deutschland geborene Menschen außerhalb ihres Geburtslandes. Keine Passanforderungen, keine Asylrestriktionen und keine Mauern haben sie daran gehindert.

Und doch haben die Deutschen in gewisser Hinsicht Pech. Sie befinden sich nicht direkt an ›der Grenze‹, jetzt jedenfalls nicht mehr. Das – und die Tatsache, dass sie sich nicht mit den chaotischen Randgebieten der Festung Europa auseinandersetzen müssen – könnte wie etwas Gutes erscheinen, aber unangenehme Wahrheiten zu begraben oder anderswohin zu delegieren ist schlechter und schädlicher, als sich mit ihnen unmittelbar auseinanderzusetzen. Italien und Griechenland befinden sich an den Fronten der heutigen Massenmigration, und das offizielle Handeln ihrer Regierungen ist unmoralisch und widerlich, wenn sie Boote zurück aufs offene Meer treiben und zusehen, wie Tausende ertrinken. Aber tatsächlich ermutigen, ermöglichen und unterstützen Deutschland, Frankreich und die Europäische Union dieses Handeln, während sie gleichzeitig leugnen, dass es stattfindet, und ihre und unsere Augen davor verschließen.

In der Politik werden Handlungen am besten durch ihre Konsequenzen verstanden, nicht durch Absichtserklärungen oder die Rhetorik, in die sie gehüllt sind. Wenn die Europäische Union der Versuchung nachgibt, den Problemen mit Grenzschließungen und Repressalien sowie mit winzigen und kleinmütigen Reformen zu begegnen, mit denen Asylsuchende abgewehrt und zurückgestoßen werden, besorgt sie damit das Geschäft der extremen Rechten. Was die Konsequenzen selbst betrifft, so versteht man sie am besten, indem man sie sich mit klarem und unbestechlichem Blick ansieht: Wenn man libysche Milizen finanziert, damit sie Schiffe nach Afrika zurückschleppen, werden Migrant*innen gekidnappt werden. Wenn man Kommandogruppen einsetzt, um aus der Türkei kommenden Asylsuchenden den Weg zu versperren, werden sie Migrant*innen ›verschwinden lassen‹. Wenn man Europa mit einer Mauer der Gesetzlosigkeit umgibt, werden Migrant*innen leiden und sterben.

||||||

2023 sagte der deutsche Bundeskanzler Olaf Scholz: »Das Grundrecht auf Asyl ergibt sich aus der deutschen Geschichte.« *Ergibt sich* ist hier eine interessante Wortwahl. Damit meine ich nicht, dass Scholz in jedem seiner Interviews wieder die Geschichte des deutschen Faschismus besprechen sollte oder dass er nicht über den Nazismus empört ist oder diesen zu wenig verdammt. Aber man sollte Staatsoberhäupter nicht so leicht davonkommen lassen, besonders dann nicht, wenn sie sich allzu groben Vereinfachungen hingeben oder wenn ihre Worte nicht ihren Taten entsprechen. Der gegenwärtige Sog, der Asylsuchende nach Deutschland zieht, ist auch das Ergebnis von Jahrzehnten von politischen Entscheidungen, die *nach* dem Sturz des Dritten Reichs getroffen wurden. Die fortwährende Migration nach Europa ist auch eine Konsequenz von Jahrhunderten der europäischen Einmischung, Intervention, Eroberung und Ausbeutung überall in Afrika, im Nahen Osten und Asien.

Im selben Interview meinte Scholz, Deutschland und andere Länder sollten sich darauf konzentrieren, »den Schutz der europäischen Außengrenze [zu stärken], damit weniger den Weg nach Europa finden«. Zuerst das Prinzip des Asyls anzuerkennen, aber dann Asylsuchenden dieses Recht vorzuenthalten, oder erst die Menschenrechte im eigenen Land zu preisen und zu verteidigen, aber dann Millionen von Menschen in der Kälte der

Rechtlosigkeit draußen vor der Tür stehen zu lassen, ist der Gipfel an borniertet Heuchelei. Denn was sich daraus *ergibt,* wird Tod durch Ertrinken sein. Wie wir am Fall der USA sehen können, verhindern Grenzen die Migration nicht, sondern machen sie lediglich gefährlicher und tödlicher. Die beste Art, Fremdenfeindlichkeit und Faschismus zu bekämpfen, ist, sich von Prinzipen leiten zu lassen. Und diese Prinzipien dürfen nicht durch Wankelmut oder Furcht verwässert werden.

Das Wort ›Willkommenskultur‹ ist nicht leicht ins Englische zu übersetzen. Im Englischen braucht man zwei Wörter, wodurch die Redundanz des deutschen Wortes klarer zutage tritt. Kultur enthält ja schon das Konzept des Willkommenheißens. Auch wenn die Verfechter*innen von Grenzrestriktionen das vielleicht anders sehen: Eine statische oder geschlossene Kultur ist auch eine tote Kultur. Und der Schutz einer toten Kultur ist eine gefährliche Mission, die leicht in den Abgrund führen kann. Er bringt eine Essentialisierung des Deutschseins und seine Abschottung vor dem Anderen sowie eine Rückwendung zu einer repressiveren und segregierteren Vergangenheit mit sich. Die Grenzen geschlossen zu halten, um die Idee von ›Deutschland‹ zu schützen, ist letztlich ganz analog zu den Bemühungen, ›Amerika wieder groß zu machen‹. Ich habe keine wissenschaftlichen Kenntnisse über die deutsche Sprache, aber ich kann auch so sehen, dass ›Kultur‹ ›Willkommenheißen‹ miteinschließt und dass beides untrennbar miteinander verbunden ist. Um das eine wie das andere zu schützen, muss man die Tore öffnen.

Vorwort

Ich mag Grenzen. Grenzen sind Orte des Zusammentreffens, des Zusammenstoßes und der Mischung. Sie bringen Kulturen – Sprachen, Künste, Küchen, Gewohnheiten – zum Vorschein, indem sie ihre Unterschiedlichkeit und ihre Begrenztheit zeigen, sie loten aus, vermischen und bringen durcheinander. Grenzen sind da, wo Menschen Waren, Ideen und Überzeugungen austauschen. Sie sind Orte des Erfindergeists, der *mezcla*, der Wortschöpfungen und des *entrepôt*. Grenzen markieren Unterschiede und Möglichkeiten: Als Stätten der Schönheit und der Begriffsbestimmung, der Legierung und der Schöpfung inspirieren sie dynamische und unerwartete Harmonie. »Etwas ist nur, was es ist«, wie Hegel sagte, »in seiner Grenze und durch seine Grenze.«

Aber leider besudeln extrem gewalttätige und erschütternd ausbeuterische Regime das schöpferische und vielstimmige Potential von Grenzen. Indem wir zur Abwehr, zur Vertreibung und zur Unterdrückung greifen, verwandeln wir die Schwellen zwischen hier und da in Barrikaden.

Wie reagieren wir auf solch eine immer weiter um sich greifende Abwehr von Menschen, menschlichem Anstand und menschlichen Möglichkeiten?

||||||

Viele Menschen in den Grenzregionen der Welt erleben etwas, was Forscher*innen auf diesem Gebiet als *Menschenrechtsbegegnung* bezeichnen. Bei einer solchen Begegnung trifft man auf Menschen, die eine Grenze überquert haben, obwohl sie das eigentlich nicht dürften, und dann steht man vor der Wahl. Man kann ihnen zu trinken geben, ihnen Unterkunft bieten oder sie weiterfahren, aber mit dieser Hilfe riskiert man selbst eine Festnahme, eine Anklage oder sogar eine Haftstrafe. Ich lebe in Arizona nur eine Stunde von der US-amerikanisch-mexikanischen Grenze entfernt, und dort kann diese Art Hilfe als Ordnungswidrigkeit der Klasse eins (oder als eine Straftat) eingestuft werden, die mit einem Bußgeld von bis zu tausend Dollar oder wahlweise auch mehreren Monaten Gefängnis bestraft wird. Man kann aber auch dem Gesetz gehorchen, nichts tun und kein Risiko eingehen. Man muss sich entscheiden. Es ist das eine oder das andere.

Statt solche Momente *Begegnungen* zu nennen, sollte man sie besser als *Konfrontationen* bezeichnen: Menschen sind mit dem Gesetz konfrontiert. Meine erste solche Konfrontation (von denen ich seitdem viele erlebt habe) ereignete sich Mitte der 2000er-Jahre, als ich in Südkalifornien auf einen jungen Mann stieß, der über die Grenze gekommen war und sich in Schwierigkeiten befand. Ich fuhr damals mit einem Freund zusammen auf einer menschenleeren Straße in der Anza-Borrego-Wüste und wir befanden uns etwa 80 Meilen östlich von San Diego und 15 Meilen nördlich von der Grenze. Das Tal, durch das wir gerade kamen, liegt zwischen Bergen der Peninsular Ranges im Westen des Bundesstaates, von denen aus man an klaren Tagen in der Ferne den Wiederschein des Pazifiks sehen kann, und der flachen Weite des Imperial Valley im Osten. In der Wüste fuhren wir durch lange Abschnitte hügeligen Buschlands, das sich manchmal mit grabendurchfurchtem Ödland oder mit Palmoasen abwechselte. Wir hatten vor, uns an einem Feuer etwas zu essen zu machen, ein bisschen Whiskey zu trinken und dann unter freiem Himmel zu übernachten. Jetzt waren wir nur ein paar Meilen von dort entfernt, wo wir uns niederlassen wollten, an einem einfachen Flecken Erde unweit einer Reihe winddurchwehter Canyons, als wir sahen, dass da jemand am Straßenrand stand.

Das war zu der Zeit, als ich noch kein Spanisch konnte und bevor ich, abgesehen von den Geschichten meiner Mutter über ihre Flucht aus Rumänien, eine große Ahnung von Grenzen oder Migration hatte. Ich hielt an. Die Figur am Straßenrand – ein Junge, offenbar noch keine zwanzig – trat auf die Straße.

Er hatte eine dünne, schwarze Kapuzenjacke und staubverkrustete Jeans an und trug eine Mütze mit kaputter Krempe. Sein Gesicht war pickelig. Bei sich trug er einen leeren Kanister. Er sah uns an, als wäre er gerade erst wieder zu sich gekommen.

Er ließ die die Sprachbarriere hinter sich, indem er *agua* sagte und sich, statt Trinkbewegungen nachzumachen, an den Hals fasste, als habe er damit Probleme, und machte uns deutlich, dass er völlig fertig und sehr durstig war, dass er lange gelaufen war und dass er eine Mitfahrgelegenheit in den nächsten Ort brauchte. Mein Freund und ich sahen uns an und blickten dann wieder auf den Jungen. Wir gaben ihm etwas Wasser und waren uns immer noch nicht sicher, was wir tun sollten. Dann versuchte ich, ihm zu erklären, dass es zum nächsten Ort noch weit war und dass hier Leute von der Grenzpatrouille unterwegs waren. Wir gaben ihm eine halbe Tüte Orangen und füllten seinen Wasserkanister auf. Ich murmelte eine Entschuldigung und wünschte ihm Glück, und dann fuhren wir weiter.

Als wir zwanzig Minuten später unsere Sachen aus dem Auto luden, hielt ich inne. Was zum Teufel hatten wir uns eigentlich gedacht? Wie hatten wir ihn einfach am Straßenrand stehenlassen können? Wir sprangen in den Wagen und rasten zurück zu der Stelle, wo wir ihn gesehen hatten. Er war nicht mehr da. Wir fuhren hin und her, liefen am Straßenrand entlang, riefen nach ihm. Er war spurlos verschwunden. Wir waren uns nicht einmal sicher, wo genau – an welcher Stelle der vorbeiziehenden Büsche und Kakteen, Gräben und Hügel – wir ihn gesehen hatten.

Später am Abend tranken wir unseren Whiskey, und danach krochen wir in unsere Schlafsäcke und schliefen schlecht. Als ich am nächsten Morgen mit leichtem Kopfweh im hellen Licht des Morgengrauens aufwachte, nahm ich einen tiefen Schluck aus meiner Wasserflasche, bevor ich Kaffee machte. Wo hatte dieser junge Mann, dieser Junge, geschlafen? Hatte er schon alle Orangen gegessen? War er die ganze Nacht durch die Dornenbüsche gelaufen und hatte er sich in ausgetrockneten Flussbetten versteckt, während er mit seinem Marsch entlang dieser unbeleuchteten Straße sein Leben und seine Freiheit riskierte?

Ich hatte an diesem Tag eine gewaltsame Handlung begangen – einen gewaltsamen Akt der Unterlassung. Bei den Deutschen war früher einmal der Ausdruck *Mauerkrankheit* geläufig. Diese ist auch eine Form von Gewalt, eine Krankheit, bei der die Mauer in den Kopf eindringt, und sie ist eine der gefährlichsten Entwicklungen der heutigen Welt. Sie bringt Millionen von Menschen in Gefahr, die aufgrund von Krieg, wirtschaftlicher Ausplünderung und Klimakrisen ihre Heimat verlassen müssen und die dann (sowohl vom Gesetz als auch durch das alltägliche Handeln von Menschen wie mir, die sich weigern, sich anständig und human zu verhalten) daran gehindert werden, anderswo eine Heimat zu finden.

Mein Verhalten in der Anza-Borrego-Wüste an diesem Tag war mein persönlicher Fehler. Aber wenn man die Verantwortung für eine eigene falsche Handlung übernimmt, bedeutet das nicht, dass man nicht auch mit dem Finger anderswohin zeigen kann, dass man nicht das Recht hat, ein System zu verurteilen, dass Menschen dazu erzieht und von ihnen erwartet, diejenigen innerhalb der Mauer zu begünstigen und zu schützen und die außerhalb zu benachteiligen und zu ignorieren.

Wenn ich auf diese Erfahrung in der Wüste Südkaliforniens zurückblicke, finde ich am bemerkenswertesten, wie wenig ich wusste. Ich wusste nicht nur nichts von der rechtlichen Lage meines Gegenübers (oder meiner eigenen), sondern auch nichts darüber, wie wahrscheinlich es war, dass man uns erwischt hätte, wenn ich ihn mitgenommen hätte, oder über die genaue Schwere der dann zu erwartenden Anklagen oder Strafen. Und ich wusste nicht nur nichts über seine Situation, darüber, wo er herkam (sehr wahrscheinlich aus Südmexiko oder Zentralamerika), oder über die Geschichte seines Heimatlandes und die gegenwärtige Realität und die aktuellen Kämpfe dort oder die Politik meines eigenen Landes gegenüber seinem oder über ihre verzahnte Geschichte, in deren Verlauf seines durch meines geplündert, destabilisiert, überfallen und die Menschen dort ausgebeutet wurden. Zu alledem wusste ich außerdem auch nichts über seine grundlegende Situation als Mensch. Ich hatte keine Ahnung von Empathie, sondern stattdessen einen großen Mangel daran.

Ich sah nicht einmal seine elementare und offensichtliche Not: hungrig, durstig, in Gefahr. Statt das zu sehen und Mitgefühl zu haben, hatte ich Angst. Angst um mich, trotz all der Bequemlichkeiten, die mich umgaben: das Essen, das Wasser und der Whiskey in meinem Kofferraum, meine Wohnung, die daheim in der Stadt auf mich wartete, und meine große Fähigkeit, seine Mühsal zu verdrängen. Ich wusste nichts über die Brutalität seiner Lage, obwohl sie mir direkt ins Gesicht starrte. Und das ist eine sehr weitreichende und tiefverwurzelte Ignoranz.

Aber inzwischen weiß ich etwas, und zwar auf eine Art, die sich wie die tiefste Form von Wissen anfühlt, die wir haben können: Ich hätte diesem Jungen helfen sollen.

Die Tatsache, dass die Macht der Grenze mich gegenüber dieser klaren, offensichtlichen und einfachen Wahrheit so blind machen konnte, offenbart aber ihrerseits noch etwas anderes: Die Tentakel der Grenze hatten mich so fest in ihren Griff bekommen, dass ich ihre Macht nicht sehen konnte. »Mauern schneiden sich tief in uns ein«, schreibt die politische Philosophin Wendy Brown, nämlich »in unsere Psyche und unsere Seelen.« Und ich weiß außerdem, dass ich keine Idee so tief in mir haben will, die so grundlegend verändert – und vergiftet –, wer ich bin und wie ich mich gegenüber anderen Menschen verhalte.

Vorwort

In den 15 Jahren, die seit diesem Vorfall vergangen sind, habe ich versucht, einige meiner Wissenslücken zu füllen (auch wenn noch etliche bleiben) und mich von meiner eigenen ›Mauerkrankheit‹ zu heilen. Nach all diesen Jahren, in denen ich anderen zugehört und über Migration und Grenzen berichtet habe (die ich dabei oft als Reporter oder aus Lust und Laune überschritt), ziehe ich den folgenden Schluss: Die Menschen sollten die Möglichkeit haben, dahin zu gehen oder zu migrieren, wohin sie müssen oder wollen.

Wogegen wir (so konstruktiv das irgend möglich ist) einschreiten sollten, ist die Praxis und das Verhalten, Menschen einfach am Straßenrand stehenzulassen. Wir sollten uns nicht vor dem Überschreiten einer Linie auf einer Landkarte fürchten, sondern vor einer Gesellschaft, die Menschen dazu veranlasst, verzweifelten Menschen elementare Hilfe zu verweigern und sie in der Wüste am Straßenrand zurückzulassen.

Aber wir leben nicht alle in einer Grenzregion. Wir sind nicht alle zu einer ›Menschenrechtsbegegnung‹ und zu der Entscheidung gezwungen, ob wir einer vollkommen durstigen, hungrigen und erschöpften Person zu Hilfe kommen wollen oder nicht. Und doch betrifft es uns alle.

Als Mitglieder der Gesellschaft auf ›dieser‹ Seite der Mauer (obwohl auch viele, die physisch auf ›dieser‹ Seite leben, durch papierene Mauern oder staatliche Marginalisierung und Unterdrückung auf die ›andere‹ Seite gedrängt werden) sind wir täglich auf die ein oder andere Art hiermit konfrontiert, nicht zuletzt als Steuerzahler*innen, die Grenzbehörden finanzieren, deren Mitarbeiter*innen Menschen, die diese Mauern zu überwinden versuchen, jagen, schlagen, in Handschellen legen, einsperren und abschieben. Wir treffen hier alle unsere Entscheidung.

»But 'tis a single Hair —
A filament — a law —
A Cobweb — wove in Adamant —
A Battlement — of Straw —

A limit like the Veil
Unto the Lady's face —
But every Mesh — a Citadel —
And Dragons — in the Crease —«[1]

– Emily Dickinson

»Wir verlernen einige Dinge, und das ist gut, vorausgesetzt, dass wir etwas anderes lernen, während wir sie verlernen. Es darf im Herzen des Menschen keine Leere sein! Bestimmte Formen werden niedergerissen, und das müssen sie auch, aber nur unter der Bedingung, dass darauf ein Wiederaufbau folgt.«

– Victor Hugo, *Les Misérables*

---

1   »Doch s'ist ein einz'ges Haar –
    Ein Faden bloß – Gesetz und wahr –
    Ein Spinngeweb' – gemacht aus hartem Stein –
    Ein Mauerrist – doch Stroh nur, ja –

    Ein Vorhang wie der Schleier
    Der das Gesicht der Dame bedeckt –
    Doch jede Masche – eine Festung –
    Und Drachen – in der Naht –« (A. d. Ü.)

Einführung:
Womit wir heute konfrontiert sind

Es gibt heute mehr geschlossene Grenzen als je zuvor in der menschlichen Geschichte. Allein in den letzten 50 Jahren wurden 63 Grenzmauern zwischen Ländern errichtet und Watchdog-Organisationen zählen mindestens 2.250 Haftzentren für Immigrant*innen auf der ganzen Welt, Orte, wo Menschen in Lager gesperrt werden und schreckliches Elend erleben. Unterdessen ist die Zahl entwurzelter und vertriebener Menschen weltweit auf über 100 Millionen gestiegen.

Grenzen werden immer mehr aus Zonen des Handels und des kulturellen Austauschs, der neuen Möglichkeiten und gemeinsamer Kreativität zu Orten der Gewalt und der Abweisung. Sie fungieren als grausame Manifestationen von Rechtlosigkeit, Marginalisierung und Ausbeutung; an ihnen werden Menschenleben und Demokratie den Drachen der Missgunst geopfert. 2022 wurden im Grenzgebiet zwischen den USA und Mexiko die Leichen von fast 900 Migrant*innen gefunden. Es war die höchste Zahl, seit es Aufzeichnungen darüber gibt. Im selben Jahr starben mindestens 2.062 Migrant*innen bei dem Versuch, über das Mittelmeer nach Europa zu kommen.[1]

Geschlossene Grenzen sind Werkzeug und Manifestation konzentrierter Macht, sie fungieren als Rechtfertigung und Entschuldigung für die Ausübung von Herrschaft sowie für eine tiefverwurzelte Marginalisierung und Ausbeutung. Aber Grenzen sind keine unverzichtbare Außenhaut, ohne die der Staatorganismus schutzlos wäre und zugrunde gehen müsste. Und sie

---

1 Bei all diesen Zahlen handelt es sich um beträchtliche Untertreibungen. Auf der ganzen Welt sind viele Migrant*innen spurlos verschollen, werden aber nie zu den Toten gezählt. Wenn dieses Buch herauskommt, werden in der Zwischenzeit vermutlich noch mehr Mauern gebaut worden sein. Und während schon die offizielle Zahl der Haftzentren beunruhigend ist, sind dabei weder die Haftanstalten und Gefängnisse, in denen Migrant*innen vor ihrer Übergabe an die Einwanderungsbehörden festgehalten werden, noch die ›inoffiziellen‹ Gefängnisse mit eingerechnet, in denen Kidnapper*innen und Schmuggler*innen, die oft entweder direkt mit den Behörden zusammenarbeiten oder mit deren stillschweigender Billigung tätig sind, Migrant*innen über lange Zeiträume hinweg festhalten.

sind auch alles andere als ein Zeichen von Rechtsstaatlichkeit oder Souveränität, da Macht und die Herrschaft des Gesetzes sowohl innerhalb als auch außerhalb der rechtlichen Grenzen des Staates unabhängig voneinander zu- und abnehmen können. Was also sind Grenzen?

Grenzen sind sowohl das, was ich gerade erwähnt habe, als auch all das, worauf ich noch zu sprechen kommen werde. Sie sind zugleich Spiegel und Fenster und reflektieren und zeigen damit beide Seiten der Linie. Sie sind Sprungbrett wie Falltür, Orte der Einheit und der Zwietracht, und sie fachen Kriege an und beenden sie. In ihrer Funktion als fetischistische Monumente und ohnmächtige Manifestationen nationalistischer Wut sind sie eine relativ neue politische Erfindung,[2] und sie bleiben auch weiterhin schlecht kontrolliert und kaum verstanden, obwohl sie weiter wuchern, sich ausdehnen und dabei noch weit über die künstlichen Linien, die sie ziehen, hinauswirken. Die Grenzen zu öffnen, wird ein Anfang sein, aber bei weitem nicht ausreichen.

»Das heutige Leben ist von allen Richtungen her von Grenzen bestimmt«, schreibt Thomas Nail in seinem Buch *Theory of the Border*. »Von den biometrischen Daten, die noch die kleinsten Details unseres Körpers extrahieren, bis zu den Drohnen, die die enorme Weite unseres nationalen und internationalen Luftraums patrouillieren, werden wir durch Grenzen definiert.« Grenzen sind weit mehr als zwischen Staaten errichtete internationale Barrieren: Sie sind vielfältige und miteinander verwobene Kontroll- und Überwachungstechnologien. Während die Kontaktzonen zwischen Staaten immer stärker militarisiert und zunehmend als nationalistische Aufforderungen zur Abtötung jeder Moral benutzt werden, kommen Mechanismen wie Gesichtserkennung und Datenfesseln in wachsendem Maß zu den physischen Mechanismen hinzu. Das System fährt zweigleisig; es gibt Gräben und Fallgitter, und es gibt die Grenzpatrouille und die Einwanderungsbehörde ICE (*Immigration and Customs Enforcement*). Grenzen schieben sich nach außen, bohren zugleich immer weiter nach innen und dringen immer stärker in unseren Alltag ein. Das 21. Jahrhundert ist ein Jahrhundert der Grenzen.

---

2 Andorra, das winzige Land zwischen Spanien/Katalonien und Frankreich, hat die älteste bis heute gültige Grenze der Welt (die 1278 geschaffen wurde), aber im Rest der Welt wurden klar definierte und streng kontrollierte Grenzen zum größten Teil nicht vor dem 20. Jahrhundert gezogen.

Und doch sind wir – immer noch – mobil. Migration ist nichts dem Menschen Äußerliches oder Anomales, sondern ein anthropologisches Merkmal, das für uns kennzeichnend ist. Oder wie Suketu Mehta es in seinem Buch *This Land Is Our Land* formuliert: »Menschen sind keine Pflanzen.« Worum es hier geht, ist die Frage, ob wir auf die menschliche Mobilität, die sich durch den Klimawandel und ständig neue politische Krisen noch weiter intensiviert, reagieren, indem wir die betroffenen Menschen kriminalisieren, jagen, schikanieren und ermorden, oder ob wir sie willkommen heißen und ihnen zu Hilfe kommen. Geschlossene Grenzen entsprechen nicht unserem Wesen. Stattdessen intensivieren sie schon bestehendes Unrecht und fügen diesem *neues* hinzu.

Dieses Buch stellt eine der wichtigsten Fragen unserer Zeit: Wer gehört dazu?

||||||

Ich konzentriere mich in diesem Buch weitgehend auf die Vereinigten Staaten, und zwar zum einen, weil ich selbst ein Bürger dieses Landes bin und seine Grenzen wesentlich besser kenne und weitaus öfter überschritten habe als die Grenzen anderer Länder, und zum anderen, weil die USA eine einzigartige Geschichte der Immigration haben.

Während der hundert Jahre von etwa 1800 bis 1900 repräsentierte die Einwanderung in die Vereinigten Staaten drei Viertel der weltweiten Immigration. Auch im 20. und 21. Jahrhundert blieben die USA mit großem Abstand das Land mit den höchsten Einwanderungszahlen. Seit Ende des 18. Jahrhunderts sind über 100 Millionen Menschen in die USA immigriert, und das Land beherbergt heute die bei weitem größte Zahl von Immigrant*innen auf der ganzen Welt.[3] Die USA hatten in ihrer gesamten Geschichte mit ihren Grenzen zu kämpfen: Wie, wo und warum sollten sie gezogen werden, und wie, wo und warum sollten sie bewacht werden? Darüber hinaus haben die USA auch weitaus mehr Menschen abgeschoben als jedes andere Land: In den letzten 140 Jahren wurden ungefähr 60 Millionen

---

3 Trotz hoher Gesamtzahlen nehmen die USA allerdings weniger Migrant*innen und Flüchtlinge pro Kopf auf als viele andere Länder. Bei der Pro-Kopf-Zahl der Immigrant*innen und Flüchtlinge liegen die USA auf dem 19. bzw. dem 54. Platz und damit hinter Ländern wie dem Sudan, Äthiopien, Uganda, dem Libanon, der Türkei und Jordanien.

Menschen gegen ihren Willen aus dem Land geworfen. Die US-amerikanisch-mexikanische Grenze ist die meistüberquerte und zugleich eine der umkämpftesten Grenzen der Welt. Sie ist 1.989 Meilen lang und allein in den letzten 20 Jahren wurden 400 Milliarden Dollar für ihre ›Sicherheit‹ ausgegeben. Während dort jedes Jahr durchschnittlich 200 Millionen legale Übertritte gezählt werden, gibt es auch einen kleinen Prozentsatz von Grenzgänger*innen, der die volle Wucht eines gewalttätigen und ungestraft agierenden Zwangsregimes erleidet; es sind die Menschen, die eingesperrt und dann zurück dorthin verfrachtet werden, woher sie gekommen sind.

Ungeachtet der permanent und mit großem Aufwand betriebenen Spaltung bleibt die Region an der Grenze zwischen den USA und Mexiko auch weiterhin ein einzigartiges kulturelles und sprachliches Gemisch. Städte wie Juárez in Chihuahua und El Paso in Texas oder Nogales in Arizona und Nogales in Sonora waren einst fast nahtlos miteinander verbundene Ballungsgebiete, in denen Menschen weitgehend reibungslos miteinander lebten, einander besuchten, beieinander einkauften und sich hin- und herbewegten – bis sie durch eine militarisierte Grenzmauer, durch wirtschaftliche Tricks samt Ausnutzung von Steuerschlupflöchern und billigen Arbeitskräften und durch politische Panikmache zur Gewinnung nationalistischer Wählerschaften auseinanderdividiert wurden. Der häufig angeführte und oft übertriebene Unterschied zwischen El Paso als eine der sichersten Städte der USA und Juárez als Hort unkontrollierbarer Gewalt ist nicht darauf zurückzuführen, dass die Grenzmauer El Paso vor der Gewalt und Armut von Juárez schützt. Die Kluft zwischen den Löhnen und im Bereich der Sicherheit ist das Resultat der Grenze – diese Diskrepanz wurde durch die Mauer *geschaffen und vergrößert*. Transnationale Konzerne ziehen in großen Mengen zu Hungerlöhnen schuftende, mexikanische Arbeiter*innen nach Juárez an, wo dieselben Konzerne dann den fehlenden Arbeitsschutz und die prekäre Situation der Beschäftigten ausnutzen, die nicht nur entwurzelt sind, sondern auch nirgendwo anders hinkönnen. Und da die Nachfrage nach illegalen Drogen in den USA im Lauf der Jahre konstant geblieben ist, hat eine härtere Grenze den Drogenhandel und -schmuggel für die paramilitärischen Kartelle und die korrupten Staatsangestellten auf beiden Seiten der Grenze, mit denen sie zusammenarbeiten, noch lukrativer gemacht. Dadurch hat sich der Würgegriff, in dem sie die Bevölkerung halten, noch verstärkt. Es ist also weniger so, dass die Grenzen den Unterschied zwischen den Menschen widerspiegeln, als dass sie ihn überhaupt erst schaffen – es sind imaginäre Trennlinien, die Familien, Kulturen, Ökonomien und Ökosysteme auseinanderdividieren.

||||||

Historiker*innen, Kritiker*innen und andere Beobachter*innen haben darauf hingewiesen, dass die USA bis 1965, als der Schwarzen Bevölkerung (damals etwa elf Millionen Menschen) das Wahlrecht gegeben wurde, keine große Ähnlichkeit mit einer echten Demokratie hatten. Aber was ist mit den Immigrant*innen? Was ist mit den vielen Millionen von Menschen, Migrant*innen mit und ohne Papiere, die in diesem Land leben, von denen einige seit Jahrzehnten hier sind, und denen nicht zugestanden wird, sich wenigstens an einem der Kernelemente der Demokratie, nämlich an Wahlen, zu beteiligen? Warum werden sie ignoriert? Warum wird ihnen das Wahlrecht vorenthalten, warum werden sie marginalisiert, verhaftet, eingesperrt und abgeschoben?

Weil sie eine Horde, eine Invasion, eine Armee sind. Weil sie Krankheiten bringen, stehlen und Tunichtgute sind. Weil sie notorische Faulenzer*innen und Vergewaltiger sind. Solche hasserfüllten und rassistischen Tiraden sind auch typisch für die völlig realitätsfernen Beschreibungen der heutigen Grenzpolitik, wobei die Antimigrations-Propagandist*innen behaupten, die Grenze sei ›offen‹, die Migrant*innen würden uns die Arbeit, die Ressourcen, die Beachtung in der Schule und überhaupt überall den Platz wegnehmen, der uns zusteht. Diese Art von Ignoranz – oft bösartig, manchmal aber auch nur schlecht informiert – findet sich allenthalben, und so ist es der Mühe wert, hier einige Beispiele für die migrationsfeindlichen Halluzinationen zu geben, die man überall in den Vereinigten Staaten findet.

Als der der Abgeordnete Jim Jordan aus Ohio dem Ort Yuma in Arizona einen Besuch abstattete, sprach er von »dieser Grenze, die gar keine Grenze mehr ist, diesem Chaos der offenen Grenze im Süden«. Bei einer Anhörung des Justizausschusses des Repräsentantenhauses drückte Jordan sich noch drastischer aus: »Unter Präsident Biden gibt es keine Grenze mehr und die Amerikaner bezahlen den Preis dafür.« Senator Ron Johnson aus Wisconsin war ganz ähnlicher Meinung: »Die Politik der Biden-Regierung kommt einer komplett offenen Grenze so nahe wie nur denkbar.« Der Abgeordnete Chip Roy aus Texas sprach über »die Auswirkungen offener Grenzen«, Grenzen, die er als »kaum eine Lüge, kaum auch nur eine Fantasievorstellung« bezeichnete. Und der Gouverneur Floridas, Ron DeSantis, sprach von Gesetzesplänen, die »die Bewohner*innen Floridas vor der Politik der offenen Grenzen auf Bundesebene schützen« sollten.

Laut Recherchen von *Media Matters* erwähnte das *Fox News Network* vom 1. November 2020 bis zum 16. März 2023 den Begriff ›offene Grenzen‹ 3.282-mal. Ein Forschungsprojekt der Organisation *America's Voice*, die sich für eine Einwanderungsreform einsetzt, fand bei den Zwischenwahlen von 2022 über 600 verschiedene bezahlte Wahlanzeigen der Republikaner*innen, in denen die Grenze zwischen den USA und Mexiko als ›offen‹ bezeichnet wurde.

Leider sind solche Fantasien nicht auf die rhetorischen Exzesse von Politiker*innen und Medienfiguren beschränkt. Als in Arizona tätiger Journalist habe ich einen Gutteil meiner Zeit auf Sitzungen von County-Kontrollgremien und Stadträten verbracht. Während der offenen Fragestunden wüten fast immer einige Mitglieder der Community gegen die ›offenen Grenzen‹ des Landes, obwohl die County-Aufseher*innen und Mitglieder des Stadtrats über die Grenz- und Immigrationspolitik gar nicht zu bestimmen haben. Viele der Leute scheinen kurz vor einem Herzanfall zu sein, während sie wütend ins Mikrofon schreien und ihre Ängste ausagieren. Da einfache Leute derzeit sehr viel Ungemach erleiden, möchte ich mich über ihre Wut nicht lustig machen oder sie herabsetzen. Dennoch müssen wir uns in Bezug auf die Grenze fragen, worüber diese Leute und die erwähnten Politiker*innen und Medienvertreter*innen eigentlich reden.

Der Begriff ›offene Grenzen‹ hat seine grundlegende Bedeutung längst verloren und ist zu einem abgedroschenen Schreckgespenst geworden. In der Realität ist die jährliche Immigration in die USA seit ihrem Höhepunkt kurz vor der Jahrtausendwende kontinuierlich zurückgegangen. Die derzeitige Regierung hat von Januar 2021 bis zum Frühjahr 2023 in nur etwas mehr als zwei Jahren über vier Millionen Menschen aus dem Land abgeschoben. Egal ob die Republikaner*innen oder die Demokrat*innen an der Macht sind – sie sorgen für die Finanzierung, Bewaffnung, Ausbildung und Besetzung der Behörden, die damit beauftragt sind, Migrant*innen den Zutritt zu diesem Land zu verwehren und viele von denen, die schon da sind, wieder hinauszuwerfen. Selbst die, die hineingelassen werden, müssen einen widerwärtigen bürokratischen Spießrutenlauf durchlaufen, der Jahre und sogar Jahrzehnte dauern kann, um ›regularisiert‹ zu werden. Letzteres ist der technische Ausdruck dafür, dass man sich schließlich legal im Land aufhalten darf. Immigrant*innen ohne Papiere, von denen viele nicht darauf hoffen können, ›regularisiert‹ zu werden, sind ständig dem Druck durch spitzelnde Angestellte der Einwanderungsbehörde, Straßenkontrollen, Hightech-Überwachung und der beunruhigenden Tatsache ausgesetzt, dass sie sich nicht ausweisen können. Zehntausende von Migrant*innen sind zu jedem beliebigen Zeitpunkt aus keinem anderen Grund als dem in elende Gefängnisse eingesperrt, dass sie die Grenze übertreten wollten. Das Oberste Gericht der USA hat der Polizei grünes Licht zum Einsatz von *racial profiling* gegenüber Migrant*innen gegeben. Und jedes Jahr sterben Hunderte von Migrant*innen, die nur nach einem Leben in Sicherheit und Würde streben, bei dem Versuch, in die USA zu kommen, weil sie hierbei dreifache Mauern überwinden sowie der Überwachung durch bemannte und unbemannte Flugzeuge, Bodensensoren und Beobachtungstürme und der größten Strafverfolgungsbehörde des Landes, der *US Border Patrol*, entkommen müssen.

2023 leben in den USA mehr als 45 Millionen Immigrant*innen; das sind beinahe 14 Prozent der Gesamtbevölkerung. Dieser Prozentsatz hat in den letzten 170 Jahren zwischen zehn und 15 Prozent geschwankt und erreichte 1890 mit knapp 15 Prozent seinen Höhepunkt. Ungeachtet der beständigen, anderslautenden Hysterie ist das Land keineswegs in Gefahr, überrannt zu werden.

2065 könnte die Zahl der im Ausland geborenen Einwohner*innen der USA laut dem *Pew Research Center* bis zu 78 Millionen betragen. Aufgrund sinkender Geburtenraten wird erwartet, dass der im Ausland geborene Anteil der Bevölkerung auf über 15 Prozent steigt, aber dabei gehen selbst migrationsfeindliche Apokalyptiker*innen von nicht einmal annähernd 20 Prozent aus. Viele von diesen 78 Millionen könnten dann bereits Bürger*innen oder auf dem Weg zur Staatsbürgerschaft sein, aber je nachdem, wie die Politik sich in den kommenden Jahrzehnten entwickelt, werden viele, wenn nicht die meisten von ihnen, keine vollwertigen Mitglieder der Gesellschaft sein, kein Wahlrecht besitzen und vielleicht sogar abgeschoben werden, wenn sie versuchen sollten zu wählen. Viele von ihnen werden – ebenfalls abhängig von den politischen Entwicklungen – mit speziell gegen sie gerichteten Gesetzen konfrontiert sein, die ihnen etliche grundlegende Rechte verwehren: das Recht zu arbeiten, Auto zu fahren, gleichen Zugang zu Bildung und Gesundheitsversorgung zu haben oder ihre Stimme abzugeben.⁴

Im südlichen Arizona haben Hilfsorganisationen umfangreich dokumentiert, dass Notfalldienste auf Notrufe von Menschen, von denen vermutet wird, dass sie US-Bürger*innen sind, und solchen, bei denen das nicht der Fall ist, und die um Hilfe bitten, weil sie sich in der Wildnis der Grenzregion verirrt haben, systemisch unterschiedlich reagieren. Wenn ›Bürger*innen‹ anrufen, werden Rettungsteams aller möglicher Behörden zusammengestellt, mobilisiert und losgeschickt, die zu fast 100 Prozent Erfolg haben. Mit nur wenigen geografischen Anhaltspunkten machen sich Hubschrauber, Suchtrupps und berittene Helfer*innen auf den Weg, um Bürger*innen in Not zu suchen. Wenn dagegen ›Nicht-Bürger*innen‹ anrufen, werden sie vom Büro des Sheriffs an die Grenzpatrouille weitergeleitet, die sie dann vielleicht an das nächste County überstellt, von wo sie dann wieder, in einem potentiell tödlichen Kreislauf telefonischer Zuständigkeitsverweigerung, zurück an den Sheriff geleitet werden. Keine Zusammenarbeit, keine Mobilisierung, keine Entsendung von Hilfe. Keine Rettung.⁵

In Arizona ist es verboten, in Not geratene Grenzüberschreiter*innen ins Krankenhaus zu fahren. Ein kürzlich in Florida vorgeschlagenes Gesetz sieht eine Strafe von bis zu fünf Jahren Gefängnis dafür vor, Migrant*innen ohne Papiere wo auch immer hinzufahren.

---

4 Ich vertrete hier nicht die Meinung, dass alle, die sich an einen anderen Ort begeben, in dieser neuen Community sofort wählen können sollten. Es ist durchaus sinnvoll, eine Wartezeit dazwischen zu schalten und sicherzustellen, dass eine Person, bevor sie irgendwo das Wahlrecht erhält, tatsächlich dort wohnt. Weniger sinnvoll ist es jedoch, permanent eine große, aber prekär lebende Gruppe von Einwohner*innen zu haben, die zwar Steuern zahlen, aber nicht über die Verwendung dieser Steuern mitbestimmen dürfen und nicht in der Lage sind, in vollem Umfang am staatsbürgerlichen Leben teilzunehmen.

5 Ich sprach einmal mit einigen Freiwilligen, die sich der Aufgabe widmen, nach Migrant*innen in Not zu suchen, und sie berichteten mir von einer dreitätigen Suche nach einem 23 Jahre alten Mann, der auf einem eiskalten Bergkamm in der Wüste gestrandet war. Er wusste, was man in so einer Lage tun konnte, meldete sich beim normalen Notruf und rief dann, nachdem er eine weitere Nacht vergebens auf Rettung gewartet hatte, die Hotline ihrer Gruppe für Notfälle an und gab seine genauen geografischen Koordinaten durch. Keine der Behörden war bereit, ein Rettungsteam loszuschicken, bis eine/r der Aktivist*innen anrief und mitteilte, dass sie sich nun selbst in Not befänden. Erst dann fand sich schließlich die Grenzpatrouille ein.

Das sind nur einige Beispiele dafür, wie Migrant*innen marginalisiert, entrechtet und vogelfrei gemacht werden: weniger Rechte, keine Stimme, kaum Sicherheit, keine Zuflucht. Grenzen in voller Aktion. Ein politisches System, das unterschiedliche Gesetze auf unterschiedliche Gruppen von Menschen anwendet, ist per defintionem ein Apartheitssystem.

||||||

Leider sind Liberale oft auch nicht viel besser und liegen – mit ihren politischen Vorschlägen, wenn nicht sogar im Bereich der Rhetorik – auf einer Linie mit der migrationsfeindlichen Rechten. In einem Essay in der *New York Times* mit dem Titel »Der Irrweg der offenen Grenzen« (»The Open Borders Trap«) schreibt Jason DeParle über das angeblich von der Einwanderung aufgeworfene ›moralische Dilemma‹:

»Es gibt mehr potentielle Migrant*innen, als unser Land aufnehmen kann. Insofern sie vor Armut und Gewalt fliehen, ist es unfair, sie draußen zu halten. Aber da heute beinahe zwei Milliarden Menschen von weniger als 3,20 Dollar am Tag leben, ist es unmöglich, sie alle hereinzulassen. Daraus ergibt sich die Notwendigkeit von Schranken, die auf humane Art durchgesetzt werden müssen.«

Es ist jedoch kurzsichtig zu glauben, dass ›Schranken‹ – ganz gleich, in welcher Form DeParle sich diese vorstellt – *überhaupt* durchgesetzt werden können: Es ziehen immer neue und schlimmere Katastrophen herauf, und diejenigen, die vor ihnen fliehen, werden sich nicht durch Einwanderungsgesetze oder Mauern abhalten lassen. Das Strohmann-Argument, das davor warnt, ›alle hineinzulassen‹, verdeckt nur andere, dringend notwendige Lösungsansätze. Es ist moralisch armselig und gefährlich fantasielos zu glauben, die Schließung der Grenzen könnte irgendeine Art von Lösung für die wirtschaftliche Räuberei darstellen, die den Lohnabstand zwischen denen aufrechterhält, die kaum genug zum Überleben haben, und denen, die mehr haben, als sie brauchen.

Ein anderes Problem, das DeParle nur beiläufig erwähnt, ist die Tatsache, dass der Status quo der geschlossenen Grenzen von einer schädlichen und paradoxen Kombination der Abwesenheit von Grenzen und äußerst scharfen Grenzen ausgeht: der Idee, dass für den extraktiven und auf Ausbeutung basierenden Kapitalismus keinerlei Schranken bestehen und er immer weiter (und ohne, dass dies katastrophale Folgen hätte) die reichen westlichen Länder mit Waren und Ressourcen vollstopfen kann – auf Kosten der ärmeren Länder, deren Bevölkerung scharfen Beschränkungen ihrer Mobilität und ihrer sonstigen grundlegenden Rechte unterworfen wird.

Die Forderung nach offenen Grenzen ist die Forderung nach einer Neujustierung des Ganzen: Wir müssen uns darüber klarwerden, dass geschlossene Grenzen kein Heilmittel für das auf menschlichem Elend basierende groteske Niveau an Reichtum und den Raubbau sein können, die zu einer immer gravierenderen Klimakrise führen. Was wir in der Tat begrenzen sollten, ist brutale Ausbeutung und überflüssiger Konsum, nicht die Bewegungsfreiheit der Menschen.

2021 meinte die ehemalige Chefberaterin Barack Obamas in Einwanderungsfragen Cecilia Muñoz, die auch Mitglied im Übergangsteam Joe Bidens war, sie könne die Frustration der Aktivist*innen über die Fortsetzung der harten Linie Trumps beim Thema Einwanderung verstehen, aber die Biden-Regierung stehe nun einmal vor »schrecklichen Optionen«. »Einige Aktivist*innen haben sich nicht damit auseinandergesetzt, ob es zwischen ihrer Position und der Position der offenen Grenzen überhaupt einen Unterschied gibt. Und eine Position der offenen Grenzen ist in diesem Land nicht haltbar«, so Muñoz. »Dann könnte man die Regierung auch gleich direkt in den Abgrund stoßen.«[6]

---

6 Im Frühjahr 2021 interviewte ich zusammen mit meinem Kollegen José Olivares für *The Intercept* eine Migrantin aus Venezuela, die angab, in Stewart, Georgia, einem für seine Übergriffe berüchtigten Haftzentrum der Einwanderungsbehörde von einem Mitglied des medizinischen Personals sexuell missbraucht worden zu sein. Im Verlauf des Gesprächs kamen wir dann auf ein anderes Thema, als sie erzählte, wie sie überhaupt in Stewart gelandet war. Sie sagte, sie und etwa 50 weitere Frauen seien in einer Einrichtung der Grenzpatrouille in Texas ›abgefertigt‹ worden und während dieser Zeit habe man sie in einem kleinen Raum zusammengepfercht, wo sie stundenlang nichts zu essen und kaum Wasser bekamen. Die Verzweiflung und Klaustrophobie der Frauen wuchs und schließlich hörten sie etwas, was nach dem Rasseln von Ketten klang. Einige Grenzbeamte öffneten die Tür und brachten große Metallkästen herein, die Hand- und Fußschellen enthielten. Dann riefen sie die Frauen nacheinander namentlich auf und brachten sie zur Tür, wo sie an Händen, Füßen und um die Hüften gefesselt wurden. »Ich war schockiert«, sagte die Frau. »Ich konnte nicht glauben, was da vor sich ging.« Sie erzählte, mindestens vier Frauen seien vor Angst ohnmächtig geworden. Schließlich waren sie alle gefesselt, und dann wurden sie zur Tür hinausgebracht und in Busse geladen, die sie zu einem nahegelegenen Flughafen führen, von wo aus sie zu Haftzentren überall im Land geflogen wurden.

2020 bezeichnete ein nicht genannter Regierungsbeamter die Tatsache, dass Migrant*innen gelegentlich nicht zu Gerichtsterminen erscheinen als »große Gefahr für die Souveränität Amerikas, ja, tatsächlich eine Gefahr für die Grundlagen der amerikanischen Gesellschaft selbst.« (Ungeachtet ebenso zahlreicher wie falscher Behauptungen versäumen Migrant*innen nur selten ihre Gerichtstermine, und wenn doch, sind meistens Irrtümer in den amtlichen Briefen an sie die Ursache.)

Eine Gefahr für die amerikanische Souveränität und die Grundlagen der Gesellschaft? Hat die fast völlige Abwesenheit einer Regulierung der Einwanderung auf Bundesebene während der ersten 150 Jahre der Existenz der USA deren Aufstieg zur weltweiten Supermacht behindert? Oder hat sie – egal, wie man das nun finden mag – diesen Aufstieg in Wirklichkeit gefördert?

Die Forderung nach offenen Grenzen ist keine unrealistische Hoffnung, sondern die dringliche Antwort auf eine Realität, die die Verfechter*innen von geschlossenen Grenzen verleugnen: Menschen verlassen ihre Heimat und werden dies auch weiterhin tun. Die Erwartung, dass sie damit aufhören, oder der Versuch, sie daran zu hindern, führen nur zu Elend, zu gigantischen und vergeudeten Ausgaben und zu Krieg. Der Versuch, Menschen an der Ein- und Auswanderung zu hindern, ist letztlich der Versuch, Menschen daran zu hindern, Menschen zu sein.

||||||

Dieses Buch ist kein Strategiehandbuch für politische Aktionen (obwohl ich in Kapitel 7 über einige Handlungsmöglichkeiten spreche). Es ist vielmehr ein Aufruf zum Handeln, ein Versuch zur Unterminierung einer skandalösen und weitverbreiteten moralischen Haltung. Es wirft ein Schlaglicht auf die immensen Schäden, die geschlossene Grenzen über Generationen hinweg verursachen, und ruft mit Nachdruck zu deren Öffnung auf.

Für die Dringlichkeit dieses Aufrufs gibt es vielfältige Gründe: Die Grenzen können nicht geschlossen bleiben, wenn wir Klimagerechtigkeit erreichen wollen, und sie können auch nicht geschlossen bleiben, wenn wir Gerechtigkeit zwischen verschiedenen ethnischen Gruppen erreichen wollen. Grenzen führen nicht nur zur Fragmentierung von Gesellschaften, zur Zerstörung von Solidarität und zur Erstickung notwendiger Reaktionen auf die vielen immer weiter eskalierenden globalen Krisen. Sie führen auch zur Fortdauer eben dieser Krisen, indem sie den Hauptverantwortlichen für die Kohlenstoffemissionen völlig frei zu operieren erlauben und außerdem als Entschuldigung für institutionellen und individuellen Rassismus dienen, da sie das auf einer immobilisierten und rassifizierten Unterklasse basierende globale Regime der Ungleichheit vertiefen und verstärken. Sowohl der überflüssige und umweltschädliche Luxus, den einige von uns genießen, als auch die fehlenden Freiheiten, die andere von uns erleiden müssen, gehen nicht zuletzt auf das tentakelartig wuchernde System der Grenzen zurück. Auf den folgenden Seiten gehe ich diesem Argument weiter nach, in der Hoffnung, es untermauern zu können.

Die Frage, wo – auf welcher Seite welcher politischen Linie – man geboren ist, bestimmt heute in hohem Maß darüber, welches Einkommen, welchen Wohlstand und welche Lebenserwartung die betreffende Person hat. Der Unterschied in der Lebenserwartung zwischen einer Somalierin und einer Schweizerin beträgt 25 Jahre. Zwischen der Lebenserwartung einer in Honduras lebenden Frau und der einer Frau in New York besteht ein Unterschied von zehn Jahren. Der Unterschied zwischen dem Lohn von Beschäftigten in Haiti und in den USA, die praktisch dieselbe Arbeit verrichten, beträgt 1.000 Prozent. Wer würde nicht gerne ein paar Jahre länger leben und vielleicht zehn oder 20 Jahre älter werden? Und wer würde nicht gerne für harte Arbeit anständig entlohnt werden? Aber statt den Menschen diese Möglichkeit zu bieten, bauen die reicheren Staaten Mauern um sich herum und verurteilen Milliarden von Menschen zu Elend und vorzeitigem Tod. All die, die bei der Lotterie des sogenannten Geburtsrechts das große Los gezogen haben und dadurch enorme Privilegien wie Wohlstand, Freiheit, Nahrungssicherheit, Bildung und eine hohe Lebenserwartung genießen, aber meinen, sie hätten das Recht, andere von diesen gar nicht selbst verdienten Vorzügen auszuschließen, sollten sich einmal in die Lage der Menschen versetzen, die bei dieser Lotterie ›verloren‹ haben.

Die Feind*innen der Migration stellen das Überschreiten von Grenzen oft und fälschlicherweise als Katastrophe dar und verzerren unsere Wahrnehmung einer normalen menschlichen Handlung auf eine Art, die aus ihr einen Wettstreit zwischen der Wichtigkeit einer Nation und der einer Person macht. Aber Einwanderung – die Ausübung einer elementaren menschlichen Freiheit – ist für Gemeinschaften ein Gewinn. Studien haben immer wieder gezeigt, dass Migrant*innen weniger Verbrechen begehen und gesünder sind als die durchschnittliche einheimische Bevölkerung.

Selbst Massenmigration trägt zum Wohlstand nicht nur der Migrant*innen, sondern auch der einheimischen Bevölkerung bei (siehe Kapitel 4: »Das wirtschaftliche Argument«). Also würde eine Öffnung der Grenzen keine Gefahr darstellen, sondern stattdessen vergangenes Unrecht wiedergutmachen und heutiges Unrecht korrigieren (siehe Anhang, Punkt 15) und damit weitaus besser den modernen Konzeptionen von Gleichheit, Gerechtigkeit und Freiheit entsprechen.

Der Ruf nach offenen Grenzen ist kein Ruf nach kultureller Homogenisierung. Er ist kein Appell an falsche Ideale von Gleichheit. Migration ist ein Auslöser und Katalysator von Kultur, nicht ihr Todesstoß. Migration fungiert nicht als Gleichmacher des menschlichen Willens oder der menschlichen Fähigkeiten, sondern als Potential, als Plattform, als Sprungbrett.

»Grenzen müssen keine Instrumente des Ausschlusses sein«, sagte mir der Organisator, Historiker und Mitgründer der antikolonialistischen Gruppe *The Red Nation*, Nick Estes. Sie können einen Fluss von Menschen ermöglichen, und das auf menschliche Art. Aber zuerst müssen wir die Tore aufmachen.

||||||

Migrant*innen sind nicht bloß passive Opfer globaler Krisen und werden nicht einfach von den politischen Gezeiten hin und her gespült – oder ertränkt. Migrant*innen sind aktive und dynamische Handelnde, die sich – wenn auch oft unter schwierigen Umständen – dafür entscheiden, nach Sicherheit und neuen Möglichkeiten zu suchen. Dadurch unterwandern sie Systeme der Apartheid und Ungleichheit. Sie leisten aktiven Widerstand gegen globale Strukturen, die darauf ausgelegt sind, sie auszubeuten, zurückzustoßen und bewegungsunfähig zu machen. Sie sollten würdig begrüßt werden und verdienen unsere Achtung. Die Öffnung der Grenzen würde die Migrant*innen natürlich nicht erst zum Leben erwecken (denn sie finden und leben ein Leben bereits dort, wo sie sind), aber sie würde die unmenschliche Hetze beenden, die gegen sie betrieben wird.

Auf dem Weg dorthin gibt es noch viel zu tun. Viele Expert*innen, Politiker*innen, Akademiker*innen, Journalist*innen und ganz normale Bürger*innen schrecken immer noch entsetzt vor den Worten ›offene Grenzen‹ zurück; sie sind zugleich verboten, mit einem Bann belegt und ein Sammelbegriff, der alles und nichts bedeuten kann und der von links, rechts und vom Zentrum als politischer Kampfbegriff gegen andere in Stellung gebracht wird. Ein Teil des Problems ist, dass kaum jemand versteht, was die Idee der offenen Grenzen wirklich bedeutet. »Ich rufe nicht nach offenen Grenzen«, schreibt Suketu Mehta, »ich rufe nach offenen Herzen«. Aber emotionale Bereitschaft ist nicht genug. Ohne echte, revolutionäre materielle Veränderung können wir unsere Hoffnung in eine Parole fassen, auf ein Plakat schreiben oder ins Weiße Haus bringen – und dann zusehen, wie sie immer mehr verpufft.

Von offenen Toren zu sprechen mag beängstigend, idealistisch, naiv, unmöglich oder selbstzerstörerisch klingen. Veränderungen können beunruhigend sein, besonders in einer Welt, die immer stärker durch ein periodisch boomendes und crashendes Wirtschaftssystem und eine eskalierende globale Klimakrise destabilisiert wird. »Der Andere tritt mir gegenüber«, schreibt der Philosoph Emmanuel Levinas, »und stellt mich infrage und verpflichtet mich.« Eine sorgfältige Betrachtung des entsetzlichen Leids, das geschlossene Grenzen heute Hunderten von Millionen Menschen zufügen, und ein Verständnis und eine Analyse der Evidenz für die Vorteile, die offene Grenzen in Wirklichkeit bringen könnten, wird nicht nur diese Ängste besänftigen, sondern auch viele Menschen dazu bringen, sich in Zukunft aktiv für offene Grenzen einzusetzen. Über sich selbst hinauszusehen, den Anderen zu begrüßen, *verpflichtet* zu sein, rückt das Ich an den Rand, stellt es infrage, setzt es einem Risiko aus. Es ist aber auch das, was uns menschlich macht.

||||||

Aber wie brechen wir aus unserer Apartheid aus, wenn viele sie gar nicht als solche erkennen?

In einer Meditation über unsere Fähigkeit zum Kampf für grundlegende gesellschaftliche Veränderung und zu deren Durchsetzung schreibt der Klimaaktivist Andreas Malm:

> »Die Galerie historischer Analogien beginnt mit der Sklaverei. Wenn die Abolitionist*innen durch Boykotte, Massenversammlungen und donnernde Verurteilungen dieses Unrechts erfolgreich gegen diese bösartige Institution kämpfen konnten, die so lange als selbstverständlicher und normaler Aspekt moderner

Wirtschaften betrachtet wurde, werden wir genau dasselbe tun. Genau wie wir wurden sie zuerst als Spinner und viel zu ungeduldige Radikale denunziert, bis die Gerechtigkeit die Oberhand gewann. An dieser Stelle gehen Moral und Strategie ineinander über. Die Abschaffung der Sklaverei wird heute als grundlegende Umwälzung ethischer Überzeugungen wahrgenommen – sie verwandelte sich aus der Grundlage des gesellschaftlichen Systems in eine Monstrosität und mit den fossilen Brennstoffen wird es genauso sein.«

Malms Forderung nach Klimagerechtigkeit hat große Ähnlichkeit mit der Forderung nach offenen Grenzen: Was heute als Spinnerei betrachtet wird (offene Grenzen), könnte leicht schon morgen die moralische Norm sein.

Für eine rasche Zusammenfassung der Argumente in diesem Buch verweise ich auf den Anhang: »21 Argumente für offene Grenzen«. Die bündigeren Ausführungen dort sollen als rasche Referenzen dienen, in denen man Zahlen, Fakten und die Komprimierung komplexerer Argumente findet. Der Rest des Buches ist diskursiver, verwickelter, deskriptiver, historischer und manchmal auch persönlicher. Ich behaupte (mit vielleicht einer Ausnahme) nicht, im Besitz klarer und fertiger Antworten zu sein, aber ich liefere einige Beobachtungen zur Beantwortung der Frage, warum Grenzen eine einfältige und kurzsichtige Lösung sind und warum sie die Welt schlechter machen – und zur Beantwortung der Frage, wie wir alles besser machen können. Aber ich gebe zu: Es ist kompliziert.

Und dieses Buch beantwortet auch die weiter oben gestellte Frage: Wer gehört dazu?

Kapitel 1:
Abu Yassin und der Freundschaftsdamm

»Ich träume davon, es warm zu haben«, sagte Ahmad Yassin Leila als Reaktion auf den Wirbelsturm der Zerstörung, dem er und seine junge Familie ausgesetzt waren, als sie Anfang 2020 in Idlib in Syrien Schutz suchten. Abu Yassin, so die Kurzform seines Namens, seine Frau und seine vier Kinder waren in dieser Provinz im Nordwesten Syriens unweit der türkischen Grenze angekommen, nachdem die Belagerung ihres Viertels Ost-Ghouta in Damaskus mit schwerem Artilleriebeschuss durch das syrische Regime sie drei Jahre zuvor gezwungen hatte, ihre Heimat zu verlassen. Seitdem waren sie vor der ständigen Gewalt – Druckwellen, einstürzende Häuserdecken, vorbeisausende Schrapnelle –, die ihnen überallhin zu folgen schien, auf der Flucht. Die syrische Armee hatte Idlib monatelang mit Panzern und gepanzerten Fahrzeugen bombardiert, während russische und syrische Kriegsflugzeuge Brandbomben, Streumunition und riesige Fassbomben auf eine Bevölkerung abwarfen, zu der mittlerweile auch eine Million Menschen gehörten, die bereits aus anderen Teilen Syriens geflohen waren und zeitweise in Idlib Zuflucht gefunden hatten. Die Bomben wurden über Vierteln, die für Stützpunkte der Rebellen gehalten wurden, auf Schulen und Krankenhäuser abgeworfen – Vierteln, die jetzt nur noch aus Schutt, Blut, Asche und fliehenden Menschenströmen bestanden.

Etwas zuvor in diesem Winter schnappten sich Abu Yassin und seine Familie ihr Motorrad und schlossen sich den Hunderttausenden an, die auf der kalten Schlammstraße um ihr Leben flohen und starben, einer Straße, die mit Lastwagen, Autos, Handkarren, Motorrädern, Fahrrädern, Tieren und dem, was die Flüchtlinge aus ihren Wohnungen mitnehmen konnten, vollgepackt war – ein dahinhinkender Exodus, der auf der Suche nach Sicherheit nach Norden in Richtung Türkei strebte. Aber die riesige Masse an Flüchtlingen wurde an der Grenzmauer aufgehalten. Die Türkei war nicht bereit, sie hineinzulassen.

Abu Yassins Familie war nun in der klirrenden Kälte des Winters in Nordwestsyrien schutzlos zwischen der türkischen Grenze im Norden und den, wie er es mir gegenüber charakterisierte, »Bomben, Bomben, Bomben« im Süden eingeklemmt. Nachts sank die Temperatur oft unter null und so verbrannten die Menschen, was immer sie finden konnten, um es etwas wärmer zu haben. In einer kalten Nacht im Februar, die sie in ihrem Zelt ohne Boden verbrachten, bemerkte Abu Yassin, dass es seiner 18 Monate alten Tochter Iman Leila nicht gut ging. »Etwa um drei Uhr morgens versuchte ich, mein kleines Mädchen, mein Kind, dazu zu bringen, sich zu rühren«, sagte er. »Aber sie war ganz blau und bewegte sich nicht, und dann wurde ihr Körper heiß und wir wussten nicht, was wir tun sollten.«

Die kleine Iman Leila wurde schlaff, sie reagierte nicht mehr und wurde schließlich kalt. Abu Yassin nahm sie erschrocken in die Arme und machte sich mit seiner Frau auf die Suche nach einem Krankenwagen oder einem Auto, das sie in ein Krankenhaus bringen konnte. Da sie keinen rettenden Wagen finden konnten, machten sie sich auf der gefrorenen Schlammstraße zu Fuß auf den Weg. Auf dem Weg, während Abu Yassin Iman Leila eng an seine Brust gepresst hielt, starb seine Tochter.

»Ich träume davon«, sagte er, »es warm zu haben«. Nach dem Tod Iman Leilas blieb Abu Yassins Familie in Syrien in der Falle zurück, blockiert nicht nur von Beton und Stahl, sondern auch von der Unangreifbarkeit einer Idee, einer Fiktion, der Trugvorstellung von Souveränität und territorialer Integrität, dem Konzept der Nation. Und das Konzept und die Mauer waren nicht nur das Konzept und die Mauer der Türkei, sondern sie wurden von der gesamten Macht der hinter der Türkei stehenden Europäischen Union unterstützt und aufrechterhalten – und nicht nur von der EU. Wie der US-Diplomat James F. Jeffrey in einem Interview im türkischen Fernsehen sagte, stimmten auch »die Vereinigten Staaten vollkommen mit der Türkei überein, was die rechtliche Präsenz und Rechtfertigung im Hinblick auf die Verteidigung ihrer existentiellen Interessen gegen den Flüchtlingsstrom betrifft«.

Und die Temperatur sank und die Bomben fielen hinter ihnen und die Flüchtlinge hämmerten an die Mauer und sie hämmerten gegen die Türkei, gegen die Europäische Union, gegen die Vereinigten Staaten und gegen den Beton und den Stahl. Die eingeschlossenen Flüchtlinge suchten und nutzten jede Schutzmöglichkeit, die sie finden konnten. Sie drapierten Olivenbäume mit Zeltplanen, sie überlegten, ob sie Holzstangen für ein Feuer oder für improvisierte Anbauten verwenden sollten, denn sie verbrannten alles, was nicht unmittelbar nützlich war, wie die Kleidung, die nicht mehr über all das passte, was sie schon anhatten, oder ihr zweites Paar Schuhe. Diejenigen mit Autos und Lastwagen und Handkarren, die Sachen aus ihrem Zuhause mit sich gebracht hatten – alte Haustüren, Fensterrahmen, Bettgestelle und alle möglichen anderen Möbel, die sie in der Hoffnung auf eine mögliche Zukunft aufgeladen und festgeschnallt hatten –, verbrannten auch diese Sachen, zusammen mit der Hoffnung, dass sie zurückkehren und ihre Häuser in Syrien wiederaufbauen könnten, oder in Deutschland oder Schweden oder wo auch immer sie am Ende landen würden. Wie der Geograf Tahir Zaman schreibt: »Die Heimat macht sich auf die Wanderschaft.« Während der langen, eiskalten Nächte von Dezember bis Februar verbrannten sie, was noch übrig war. Es war immer noch kalt, Schutz war jetzt ein Traum, Wärme ein Traum und die Mauer die kalte Wirklichkeit. »Die Vereinigten Staaten stimmen vollkommen mit der Türkei überein« und in dem kalten Zelt ohne Boden befindet sich die 18 Monate alte Iman Leila – Kälteschauer, Herzstillstand, Stille –, das kleine Mädchen, das starr vor Kälte in den Armen seines Vaters liegt: Es wird plötzlich heiß und dann, draußen auf der Straße, wieder kalt, und dann ist es tot.

Warum? Was sind die ›existentiellen Interessen‹ der Türkei und auf welche Weise werden sie durch einen ›Flüchtlingsstrom‹ oder Iman Leila bedroht? Warum wollte die Türkei Iman Leila nicht über die Grenze lassen?

Der Anthropologe James C. Scott beschrieb den Staat als den Feind »umherziehender Menschen«; die Dichterin und Aktivistin Wendy Trevino hat die staatliche Durchsetzung von Grenzen als eine »grausame Fiktion« bezeichnet, und die Forscherin Wendy Brown beschreibt das große Aufheben um Grenzen als »äußerst theatralisch«, fügt jedoch hinzu, dass »politisches Theater nie nur Theater ist«.

Es ist genau dieses *nie nur Theater*, das zu Iman Leila Tod geführt hat.

»Mauern«, schreibt Brown, »sind eine spektakuläre Projektionsfläche für Fantasien über die Wiederherstellung von souveräner Macht und nationaler Reinheit. Sie funktionieren hervorragend als Ikonen einer solchen Macht und eines solchen Schutzes, selbst wenn sie in Wirklichkeit versagen.«

Stellen wir nun diese spektakulären Fantasien infrage und schalten wir im verdunkelten Theater der nationalen Grenzpolitik einmal die Lichter an.

Die Mauer an jenem Tag, an dem Abu Yassin nicht dafür sorgen konnte, dass seine Tochter es warm hatte, die Mauer, die die Türkei mit Unterstützung der Europäischen Union und der USA verteidigte, war nicht undurchdringlich. Andere konnten hindurch. Türk*innen konnten die Mauer in beide Richtungen passieren. Ausländische Würdenträger*innen, US-Bürger*innen, Deutsche, Journalist*innen, alle, die das Glück hatten, den richtigen Pass zu besitzen, konnten passieren, ihre Papiere vorzeigen und hinüber und wieder zurückgehen – sie hätten sogar triumphierend im Wechselschritt zum Takt ihrer Nationalhymne immer wieder einen Schritt vor und einen hinter die Grenzlinie setzen können: von Syrien in die Türkei, von der Türkei nach Syrien, hin und wieder zurück. Aber alle, die in Syrien, Afghanistan, im Iran oder in einem afrikanischen Land geboren waren, wurden einfach abgewiesen und konnten, wenn sie es warm haben wollten, nur ihre eigene Haustür verbrennen.

Diese Diskrepanz charakterisiert einen Großteil unserer heutigen Welt. Einige haben die Freiheit, den gesamten Globus zu bereisen, während andere durch Mauern und Visakontrollen ihre Bewegungsfreiheit verlieren, und außerdem ist genau dieser Unterschied der Angelpunkt, um den sich das weltweite Regime der Ungleichheit dreht – nicht nur der finanziellen Ungleichheit, sondern auch der Ungleichheit im Hinblick auf Rechte, Zukunftsaussichten, Sicherheit und Möglichkeiten, der Ungleichheit des gesamten Lebens.

Die einzige Art, mit einer so brutal diskriminierenden Realität zu leben, ist, sie mit teuflischer Gemeinheit zu akzeptieren oder sie zu ignorieren (Unwissenheit ist sehr wesentlich dafür, dass Grenzen funktionieren) – oder von ihr zermalmt zu werden. »Grenzen, die feste national-territoriale Gemeinschaften markieren, sind verantwortlich für die – außer in Notfällen – geltenden Grenzen des Mitgefühls«, schreibt die Wissenschaftlerin Jacqueline Stevens, »das heißt, für die Grenzen der Empathie.« Und doch empfinden wir von hier aus, als Leser*innen fernab des Geschehens, Mitgefühl. Genau das passiert, wenn wir »Ich träume davon, es warm zu haben« hören: Es löst ein Gefühl der Zuneigung, vielleicht sogar der Schuld, in uns aus. Aber es ist gerade die Grenze, die uns fast unfähig macht, einem solchen Gefühl entsprechend zu handeln. Ihre hochentwickelten und extravaganten Technologien, ihre Ontologie und ihre überallhin ausufernden, fast allgegenwärtigen Existenzformen verzerren unsere Sicht und zwingen uns ihre machtvolle Realität auf. Die existentiellen Interessen des Staates waren wichtiger als die existentiellen Interessen und die Körpertemperatur Iman Leilas. Denn für die Türkei ist die 18 Monate alte Leila mehr als sie war. Iman Leila ist mehr als ein kleines Mädchen; sie ist ein Strom, eine Flut, eine Million – sie ist eine Gefahr.

Grenzen funktionieren demnach zugleich durch und gegen das Individuum. Die Grenze verwandelt den Blick auf eine Person in den auf eine Masse. Zugleich agiert sie – spezifisch und absichtlich – gewalttätig gegenüber dem und *gegen* dasselbe Individuum, das sie entindividualisiert.

||||||

Zu dem Zeitpunkt, als man Iman Leila nicht ins Land lassen wollte, befanden sich bereits über drei Millionen Syrer*innen in der Türkei, von denen ein Großteil auf Drängen der Europäischen Union aufgenommen worden war, die erheblichen Druck auf die Türkei ausübte, drei Milliarden Euro dafür zahlte und Türk*innen, die die EU bereisen wollten, visumfreies Reisen gewährte, wofür die Türkei Asylsuchende aufnehmen und am Betreten europäischen Bodens hindern sollte. Im Endeffekt ›externalisierte‹ die Europäische Union ihre Grenzen und verschob die Grenzen der EU in Regionen jenseits ihrer Grenze.

Noch 2005 betrachtete die syrische Regierung Reyhanlı, von wo aus viele Flüchtlinge hofften, in die Türkei gelangen zu können, als Teil ihres nationalen Territoriums. Die kleine Region am Rande des Levantischen Meeres ist seit Jahrhunderten umstrittenes Gebiet. Sie war im Lauf der Jahrtausende Teil verschiedener akkadischer, amoritischer, hittitischer und assyrischer Königreiche und war dann bis ins 20. Jahrhundert Teil erst des byzantinischen und dann des osmanischen Reichs, bis schließlich Letzteres durch ein Geheimabkommen zwischen Mark Sykes, einem britischen Diplomaten, und François Georges-Picot, einem Vertreter Frankreichs, in fünf verschiedene britische und französische Einflusssphären oder Mandate aufgeteilt wurde, ein Kuhhandel, den Lenin als »ein Abkommen kolonialer Räuber« bezeichnete.[1] Was als das moderne Syrien bekannt ist, wurde damals als Teil des französischen Mandats betrachtet und erstreckte sich auch im Norden bis zur Küste des Mittelmeers.

---

1   Die Idee des Mandats geht auf ein Vertragskonzept des römischen Privatrechts zurück, bei dem eine Person auf die Anweisungen einer anderen Person hin handelt. Aber da das Mandatssystem unter der Ägide der Charta des Völkerbundes und nicht der der Völker der Region stand, signalisierte seine Einführung, dass die Völker unter dem Mandat nicht zur Selbstregierung oder einer unabhängigen Staatlichkeit in der Lage seien.

Kapitel 1: Abu Yassin und der Freundschaftsdamm   37

Erst kurz vor dem Zweiten Weltkrieg hielt Frankreich ein Referendum in der Region Hatay ab, zu der auch Reyhanlı gehörte. Der Hintergedanke dabei war, dass die Abtretung dieses wichtigen Gebiets an die Türkei diese überzeugen würde, sich gegen Hitler zu wenden, aber die Türkei blieb bis zum letzten Monat des Krieges neutral. Frankreich wollte jedoch nicht den Eindruck erwecken, als würde es einfach einen Teil eines anderen Landes an ein drittes Land abtreten, und so kam es zum Referendum, allerding nicht bevor Frankreich der Türkei bei der Entsendung von Zehntausenden von Türk*innen ins Abstimmungsgebiet geholfen hatte, damit diese für einen Anschluss Hatays an die Türkei stimmen konnten. So wurde am 29. Juni 1939 die bis heute gültige Grenze zwischen der Türkei und Syrien gezogen. Noch 2010 war die Grenze in Reyhanlı größtenteils offen und es gab Pläne zum Bau eines Freundschaftsdamms am Fluss Orontes, aber dann brach der syrische Bürgerkrieg aus, die Spannungen zwischen beiden Ländern kochten wieder hoch und die Grenze wurde erneut befestigt.

Etwa ein Jahrhundert zuvor, 1915, hatte Sykes angeblich gesagt: »Ich möchte hier eine Linie von ›A‹ in Akka bis zum letzten ›K‹ in Kirkuk ziehen«. Dann nahm er, während er in der Downing Street 10 in London vor einer Landkarte der Region stand, einen Stift, um diese neue Grenze ins Leben zu rufen.

2014 rief ein an dieser Grenze stehender Kämpfer des ›Islamischen Staats‹ aus: »Wir haben mit Sykes-Picot Schluss gemacht!« Und dann bahnte sich ein grotesk großer Bulldozer mit einer Schaufel seinen Weg durch einen Sandhaufen und räumte die Erde aus dem Weg, die den Irak von Syrien trennte. »Wenn wir über die Grenzen gingen, brauchten wir dabei keine Pässe«, erklärte ein weiterer ›IS‹-Kämpfer. »Das hier waren unsere Pässe«, sagte er und schwenkte dabei einen Krummsäbel. Ein anderer Kämpfer mit einer Kalaschnikow über der Schulter und zwei Patronengurten über der Brust stampfte mit seinen Sandalen auf den gerade geräumten Boden, wies gen Himmel und wiederholte: »Wir haben mit Sykes-Picot Schluss gemacht!« Egal wie sorgfältig oder achtlos sie gezogen sind,[2] egal wie gewaltsam oder verzweifelt sie überquert werden, Grenzen

---

2   Man denke an die wahrscheinlich erfundene, aber dennoch erhellende Geschichte von ›Churchills Schluckauf‹, die beschreibt, wie sorglos Winston »mit einem Federstrich eines Sonntags in Kairo« Transjordanien schuf. Angeblich ist der nordwestlich zeigende Zacken der Grenze zwischen Jordanien und Saudi-Arabien das Ergebnis eines Zuckens, als Churchill ganz aus eigener Herrlichkeit die Grenze zeichnete. Diese Art der Aufteilung von Bevölkerungen und Ländern und diese Art der Festlegung von Grenzen durch weit entfernte Staatsmänner Ende des 19. und Anfang des 20.

tragen in höherem Maß dazu bei, Wut und Leidenschaften zu entfachen, als dazu, Menschen Sicherheit zu bieten oder sie aus dem Land zu halten. Die Grenze selbst ist die Aggression, die dazu führt, dass Säbel geschwungen werden und Drohnen ihr Höllenfeuer aussenden.

Ich lernte Ahmad Yassin etwa ein Jahr nach dem Tod seiner Tochter kennen. Als ich mit ihm in Kontakt trat, waren er, seine Frau und seine drei weiteren Kinder, die jetzt fünf, neun und elf Jahre alt waren, gerade nach Afrin übergesiedelt, eine Stadt in Nordsyrien, die etwa ein Dutzend Meilen von der türkischen Grenze entfernt ist. Die Türkei hatte damals Afrin besetzt und die faktische Kontrolle über das Gebiet erlangt, sodass Abu Yassin und seine Familie nun zwar im Endeffekt in der Türkei lebten, aber zugleich Fremde in ihrem eigenen Land waren. Sie waren immer noch nicht in der Lage, die Grenze zur Türkei zu überqueren.

Abu Yassin und ich sprachen mithilfe eines Übersetzers – er in Afrin und ich in Brooklyn – per Handy miteinander und unser Gespräch bestand zuerst weitgehend daraus, dass ich auf sein auf dem Bildschirm eingefrorenes Gesicht starrte, während er nach einer besseren Verbindung suchte, bis wir dann dazu übergingen, Audiobotschaften auf WhatsApp miteinander auszutauschen. Sein Profilbild war ein Foto von Iman Leila: die Kleine lag auf Decken und einem Kissen und trug ein lose sitzendes T-Shirt mit einem rosafarbenen, rotbackigen Comic-Tier als Motiv.

2015 war die Welt einen Augenblick lang entsetzt, als Bilder von Alan Kurdi um den ganzen Globus gingen: ein dreijähriger Junge, der im Mittelmeer ertrunken und an einen türkischen Strand angespült worden war, das Gesicht nach unten im Schlick der Flut und seine kleinen beschuhten Füße ordentlich nebeneinander hinter seinem leblosen Körper. Kurdi, der aus Kobanê in Syrien stammte und zusammen mit seiner Mutter und seinem Bruder starb, während sie versuchten, die gefährliche Reise über das Ägäische Meer von der Türkei bis zur griechischen Insel Kos zu machen, brachte die Welt dazu, sich mit der humanitären Krise auseinanderzusetzen, unter der Millionen von Syrer*innen litten. Die Politiker*innen des Westens wurden für eine kurze Zeit hart kritisiert, weil sie in der Flüchtlingspolitik versagt und nicht adäquat auf die Krise reagiert hatten. Da die Familie Kurdi Berichten zufolge vorgehabt hatte, schließlich nach Kanada

---

Jahrhundert schuf die Basis für Konflikte und blutige Auseinandersetzungen, die bis heute andauern.

auszuwandern, wurde der Tod des Kindes zu einem wichtigen Thema im Wahlkampf dieses Landes. Aber als 2020, fünf Jahre nach dem Tod Kurdis, ein weiterer syrischer Junge (dessen Name nicht publiziert wurde) in der Ägäis ertrank, nahm die Welt kaum Notiz davon. (Man hatte zuvor beobachtet, wie die griechische Küstenwache das Boot, auf dem der Junge sich befand, fast gerammt hätte, und es gab Berichte, laut denen die Beamt*innen wiederholt gerufen hatten: »Schert euch zurück!«) War Iman Leila ein weiteres Beispiel dafür, wie der Krieg in Syrien die Grenzen der Aufmerksamkeit überstieg und selbst noch das Mitgefühl tötete?

»Und jetzt sind wir hier, in Syrien«, sagte Abu Yassin. Er und seine Familie hatten einen weiteren Winter in einem Zelt überlebt. Er sagte mir, er werde jetzt nicht mehr weiter fliehen.

»Wir haben versucht, in die Türkei zu kommen, aber die Grenzer bewachen die Grenze sehr intensiv und schießen auf Leute, die ihr näherkommen, also haben wir diesen Gedanken aufgegeben und sind in Syrien geblieben. Wir dachten darüber nach, wo wir hingehen könnten. Unsere finanzielle Lage ermöglichte uns nicht, legal über die Grenze auszureisen, und wir versuchten, auf Schmuggelwegen über die Grenze zu kommen, aber das war nicht möglich. Das ist es, was mit uns passiert ist. Jetzt sind wir in Syrien und wir denken nicht mehr daran, wegzugehen, weil wir es leid sind, immer weiter umherzuziehen. Wir warten darauf, dass Gott die Dinge für uns richtet. Wir wollen, dass die Kinder Unterricht bekommen und wir sie zur Schule schicken können. Wir wünschen uns, dass all das aufhört. Etwas anderes wünschen wir uns nicht.«

Kapitel 2: Das historische Argument

> »Es gibt überzeugende Belege dafür, dass die etymologischen Wurzeln des modernen Begriffs ›Territorium‹ nicht, wie von vielen angenommen, in dem Wort ›terra‹ liegen, sondern auf dem Weg über das Wort ›territor‹, jemand der Angst macht, von dem lateinischen Verb ›terreor‹, Angst machen, herrührt. ›Territor‹ wird dann zu ›Territorium‹, das heißt, einem Ort, von dem Menschen durch Angst abgeschreckt werden. Es ist tatsächlich etwas beunruhigend, dass das Wort Territorium demnach etymologisch gesehen sehr wahrscheinlich als eng verwandt mit dem Wort ›Terrorist‹ gelten muss.«
> – Daniel-Erasmus Khan

Woher kommt die Autorität, einfach eine Grenze zu ziehen oder durchzusetzen? Womit rechtfertigen Grenzwachen es, sich Menschen in den Weg zu stellen, die durch ein Gebiet ziehen, und mit welchem Recht kann ein Präsident Anordnungen zur Entsendung von Truppen an die Grenze, zum Bau einer Mauer oder zur Festnahme, Inhaftierung und Abschiebung von Migrant*innen erlassen? Auf welcher moralischen Grundlage können all diese Vorgänge – dieser riesige und kostspielige Grenzindustrielle Komplex, der sich derzeit auf der ganzen Welt ausbreitet – gerechtfertigt werden? Mit welchem Recht verlangen die Vereinigten Staaten, dass Menschen sich ihre Staatsbürgerschaft zu ›verdienen‹ haben?[1]

Laut dem *Internationalen Pakt über bürgerliche und politische Rechte*, einem Abkommen der Vereinten Nationen, das von fast jedem Land der Erde unterzeichnet und ratifiziert wurde, haben »alle Völker das Recht auf Selbstbestimmung«. Viele liberale Denker*innen sind der Meinung, dass zu einer solchen Selbstbestimmung auch das Recht gehört, Menschen

---

1 Der von einigen gefeierte, von anderen heftig kritisierte *US Citizenship Act* von 2021, der von Präsident Biden an seinem ersten Amtstag vorgelegt wurde, hätte bestimmten in den USA lebenden Menschen, so der Wortlaut, »die Möglichkeit [geboten], sich die Staatsbürgerschaft zu verdienen«.

Kapitel 2: Das historische Argument

auszuschließen, oder wie der berühmte liberale Philosoph Michael Walzer es ausdrückt: »Das wichtigste Gut, das wir untereinander verteilen, ist die Mitgliedschaft in einer menschlichen Gemeinschaft.« Ein solches Denken spiegelt jedoch eine statische Sicht von Gesellschaft wider und betrachtet sie als ein Nullsummenspiel. »Die Welt«, schreibt Walzer, »ist jene politische Gemeinschaft, deren Mitglieder untereinander die Macht aufteilen und es wann immer möglich vermeiden, sie mit jemand anderem zu teilen.« Seine an der von dem Philosophen Thomas Hobbes vertretenen Theorie des Gesellschaftsvertrags orientierte Sicht der Aufteilung von Macht und Zugehörigkeit ist eine recht zutreffende Beschreibung des modernen Staates, in dem diejenigen, die an der Macht sind (auch dann, wenn diese Macht durch einen partiell demokratischen Prozess erlangt wurde), versuchen, sich ihren exklusiven Zugang dazu zu erhalten. Sie versuchen, exklusive Autorität auszuüben oder autoritären Ausschluss zu betreiben, indem sie anderen den Zutritt verweigern, sie vertreiben und deportieren. Aber dieses angebliche Recht hindert Migrant*innen, besonders im Fall gewaltsam entwurzelter Menschen, an der vollen Ausübung *ihres* Rechts auf Selbstbestimmung.

Und ganz folgerichtig bringen solche staatlich gestützten Monopole auf Selbstbestimmung dann eine oder auch mehrere unterdrückte Minderheiten innerhalb des Nationalstaates sowie eine migrantische Bevölkerung hervor, die Haft, Deportation und Tod zu erdulden hat.

Zugehörigkeit zu welcher Gruppe auch immer ist nichts, was per se auf eine bestimmte Zahl beschränkt ist. Die Zugehörigkeit zu einer Nation ist eine bestimmte Art, in der Welt zu existieren, eine Weise, wie wir mit anderen Menschen interagieren. Die Zugehörigkeit zu einer kleinen Gruppe mag in der Tat beschränkt sein, aber was die Nation betrifft, sollte man die Anerkennung, dass jemand dazugehört, ganz einfach als die schlichte Anerkennung des Menschseins und der grundlegenden Menschenrechte der Person verstehen, und dafür gibt es keine Obergrenze.

Das hat Walzer jedoch nicht an der Aufstellung seiner berühmten Behauptung gehindert, laut der Nationen eine »Gemeinschaft des Charakters« aufrechterhalten und daher die Möglichkeit haben müssen, Migrant*innen den Zutritt zu verwehren. Ansonsten, so Walzers Befürchtung, würden die Bürger*innen aus ihrem Territorium und ihre Kultur »radikal entwurzelt«. Ganz ähnlich behauptete die politische Theoretikerin Sarah Song in ihrem Buch *Immigration and Democracy*, »das Recht auf Kontrolle der Einwanderung« ergebe sich »aus dem Recht des *demos*, sich selbst zu regieren«.

Aber der ›Charakter‹ jener aus Gewalt entstandenen Gemeinschaften, das heißt, der Nationalstaaten, bildet sich in aller Regel durch eine repressive Mehrheitsherrschaft heraus, unter der die an der Macht befindlichen Kräfte indigene Gruppen und Minderheiten enthumanisieren und/oder töten, sich widersetzende Subjekte gewaltsam assimilieren und durch das Ausradieren unerwünschter Fakten und eine gleichermaßen selektive wie heroisierende Geschichtsschreibung einen bestimmten ›Nationalgeist‹ etablieren. Historisch gesehen wurde der *demos* (das ›wir‹ in »Wir, das Volk«) geschmiedet, indem bestimmte Gruppen andere Gruppen ausschlossen. Ein weiterer riesiger blinder Fleck im liberalen Denken über Grenzen ist die Prämisse in Bezug auf die Frage, wer *bereits jetzt* zu der fraglichen Gemeinschaft gehört. So schreibt Walzer über die Mitgliedschaft: »Wir verteilen sie nicht unter uns selbst, denn wir besitzen sie bereits. Wir verleihen sie an Fremde.« Aber wie kommt es, dass wir sie bereits besitzen? Warum rechnet Walzer sich selbst zu jenen, die die Autorität besitzen, entweder eine Einladung an andere auszusprechen oder auch nicht?

Bevölkerungsgruppen, die Selbstbestimmung genießen, haben diese meist dadurch erlangt, dass sie sie anderen, nämlich den Indigenen oder den ›Eingeborenen‹, gewaltsam genommen haben. Die Nation wurde selbst in fast allen Fällen auf Exklusion gegründet: Songs ›demos‹ und Walzers ›Gemeinschaft‹ sind keine unschuldigen Zusammenschlüsse von Menschen, die lediglich versuchen, ihre friedfertige Kultur aufrechtzuerhalten, sondern inhärent diskriminierende Gruppen, die aus kulturellem Genozid entstanden sind und oft genau durch diesen perpetuiert werden.

Ein genauer Ursprungspunkt ist nicht auszumachen, aber wenn wir in die Geschichte blicken, sehen wir, wie auf den Aufstieg von Nationen und Nationalismus regelmäßig Wellen menschenfeindlicher Praktiken wie strikter Grenzkontrollen folgen. Ein Blick auf die Ursprünge einiger der meistbewachten Grenzen von heute zeigt, wie Grenzen in politische Werkzeuge verwandelt wurden und dazu dienten, Menschen gewaltsam auf Linie zu bringen, sie um die jeweilige Flagge zu scharen und ihnen moralische Scheuklappen anzulegen. Ein solcher Blick zeigt außerdem, wie Grenzen *immer stärker* dazu verwendet werden, ohnehin schon marginalisierte und rassifizierte Bevölkerungsgruppen in einer *immer mobileren* Welt wirtschaftlich auszubeuten, sie in ihrer Bewegungsfreiheit zu behindern und gleichzeitig

Kapitel 2: Das historische Argument

die Macht der globalen Elite zu stärken. Ebenso wie die Ätiologie in der Medizin zeigt auch der Blick auf die Ursprünge der Mechanismen des Grenzregimes die Mittel auf, mit denen man die Menschen geistig gegen dieses Regime immun machen und es schließlich abschaffen kann.

Wenn man heute in die Vergangenheit von gleich welchem Land blickt, wird man so gut wie immer einer Geschichte der gewaltsamen Eroberung begegnen. Diese Geschichte ist wichtig, um zu verstehen, wie Grenzen und Einwanderungskontrollen dazu eingesetzt werden, die Kontrolle über das Land zu erlangen, zu behaupten und aufrechtzuerhalten, die dort lebenden Menschen zu unterwerfen oder auszurotten und den Zugang zu jenem Land auf einen bestimmten rassifizierten Teil der herrschenden Klasse zu beschränken. Die Idee des Nationalstaates, der Genozid an den indigenen Völkern, der Doppelstandard bei der Durchsetzung der Grenzkontrollen und die oft damit verbundene Politik der Kolonisierung sind wesentliche Teile dieser Geschichte. Sobald wir all diese Phänomene und ihren Zusammenhang untereinander untersuchen, gerät die Legitimität der heutigen Grenzen ernsthaft in Zweifel und zerfällt schließlich in Stücke.

||||||

Irgendwann vor etwa 60.000 Jahren erreichten Menschen zum ersten Mal die Sunda- und Sahul-Landmassen im Südwesten des Pazifischen Ozeans, wo sie Siedlungen bauten, jagten und sammelten und nach ihrer Ankunft immer weiterwanderten und sich verstreuten, eine langsame Migration, die etwa 1.000 Jahre dauerte. Dabei überquerten sie auch kurze Entfernungen auf dem Timoresischen Meer oder wanderten über die tiefliegenden Waldgebiete, die heute unter der Oberfläche der Arafurasee liegen.[2] Schließlich begannen sie mit der Bevölkerung des Gebiets, das wir heute unter dem Namen Australien kennen. Als im 17. Jahrhundert, Zehntausende von Jahren später, die ersten Europäer*innen auf den Kontinent kamen,[3] lebten schätzungsweise ein bis anderthalb Millionen Aborigines in Australien. Ihre Kultur gehört zu den ältesten aller heute noch existierenden Kulturen der Welt.

---

2   Noch vor 8.000 Jahren bildeten Neu-Guinea und Australien eine einheitliche Landmasse.

3   Der niederländische Kapitän Dirk Hartog segelte im Oktober 1616 als erster in das Gebiet, das heute den Namen Cape Inscription trägt.

Für die verschiedenen Gruppen der Aborigines in Australien war Land immer von enormer spiritueller Bedeutung und natürlich kam dazu wie immer dessen soziale, kulturelle und wirtschaftliche Rolle hinzu. Die indigene Wissenschaftlerin Larissa Behrendt beschreibt, wie die Treuhandschaft über das Land auf diesem Kontinent – ein biodiverses Gebiet von Ökosystemen, die von Regenwäldern bis zu riesigen Wüsten, Eukalyptuswäldern, Akazienwäldern und ausgedehnten Prärien und Buschländereien reichen und von denen viele eine einzigartige Flora und Fauna (wie etwa die Beuteltiere) besitzen – an jüngere Generationen weitergegeben wurde, indem die Erwachsenen ihnen Geschichten erzählten. Die Kinder, die diesen Erzählungen zuhörten, lernten dadurch, Verantwortung zu übernehmen und sowohl das Land als auch die Geschichten selbst zu bewahren. »Das Wissen«, schreibt Behrendt »schuf eine Verpflichtung, das Land zu schützen, die Vergangenheit zu achten, die Ressourcen des Landes nicht auszubeuten, die Verantwortung für die Weitergabe des Landes an künftige Generationen zu übernehmen und weiterhin die religiösen Zeremonien zu vollziehen, die dort ausgeführt werden mussten.« Es war die Gemeinschaft, die sich um das Land kümmerte. »Das Land anderer Menschen hatte keine Bedeutung für Personen, die dort Fremde waren, und es gab nur selten Konflikte wegen Grenzen.«

Selbst in den ›öden‹ Gebieten der Wüsten im inneren Australien erachteten die Menschen oft diesen oder jenen Stein, einen Busch oder ein Wasserloch für wichtig und konnten sich daran erinnern. Jeder Weg und Pfad hatte seine eigenen Hüter*innen und seine eigene geheiligte Bedeutung. »Unsere Geschichte«, erklärte Nganyinytja, eine Aborigine von den Pitjantjara, »ist im Land selbst, die Fußabdrücke unserer Schöpfer-Vorfahren befinden sich auf den Steinen«.[4]

Aber in den Augen der Engländer*innen und Niederländer*innen, die im 17. Jahrhundert – mindestens 43.000 Jahre, nachdem die Aborigines als Erste dorthin gekommen waren – erstmals auf dieses Land stießen, war dieses Gebiet, das von seinen Bewohner*innen so sorgsam behandelt wurde, leer. Die europäischen Invasor*innen behaupteten nun, sie hätten es entdeckt. Und sie begnügten sich nicht mit der bloßen Behauptung dieser

---

4 Palmer Valor, ein 92-jähriger White Mountain Apache, der im Bundesstaat Arizona lebte, sagte 1932 zu diesem Thema: »All die Berge hier in der Gegend hatten Namen und jetzt haben sie keine mehr.« Zitiert nach Rachel St. John in *A Line in the Sand*.

offenkundigen Unwahrheit, sondern sie propagierten sie ganz vehement und benutzten sie im Lauf der folgenden Jahrhunderte zur Rechtfertigung ihrer gewaltsamen Eroberung.

Am 22. August 1770 schrieb der Marodeur und britische Flaggenheld Captain Cook, nachdem er in der Nähe des heutigen Point Hicks im Südosten des Kontinents gelandet war, in sein Tagebuch, er sei sich

»sicher, dass die östliche Küste vom 37. südlichen Längengrad bis hinunter zu diesem Punkt vor uns noch nie von Europäern gesichtet oder angefahren wurde, und trotz der Tatsache, dass ich schon vorher im Namen Seiner Majestät mehrere Orte an dieser Küste in Besitz genommen hatte, hisste ich jetzt ein weiteres Mal die Englischen Farben und nahm im Namen Seiner Majestät König Georg III. von der gesamten Ostküste Besitz.«

Und so wurde ein riesiges Gebiet – Zehntausende von Quadratmeilen – von Captain Cook als Eigentum beansprucht. Zur Besiegelung dieses Anspruchs feuerte Cook »drei Salven aus Kleinwaffen ab, die durch dieselbe Zahl von Salven von seinem Schiff aus beantwortet wurden«.[5]

»Aufgrund der Erscheinung dieser Menschen dachten wir, sie würden gegen unsere Landung kämpfen«, hatte Cook zuvor über seinen ersten Kontakt mit den Aborigines geschrieben, »aber als wir uns dem Ufer näherten, zogen sie sich alle zurück und überließen uns friedlich den Besitz so vieler Gebiete der Insel, wie wir haben wollten.« An anderer Stelle schreibt er, ein weiterer Offizier habe »alles in seiner Macht Stehende getan, sie durch Geschenke & anderes freundlich zu stimmen, aber das nützte nichts; das Einzige, was sie sich zu wünschen schienen, war, dass wir wieder verschwinden«.

Ungeachtet der widersprüchlichen Beschreibungen der ›Begrüßung‹, die den Invasoren zuteilwurde, blieben diese der Meinung, dass das Land leer war. Es war ein Niemandsland und unbewohnt – sie nannten es offiziell ›terra nullius‹: hic sunt dracones, ein Land der Drachen.

Was danach geschah, folgte derselben widersinnigen Logik: Sie taten, was sie konnten, um nunmehr andere daran zu hindern, ebenfalls einen Fuß auf das Territorium zu setzen, das sie jetzt als *ihr* Land betrachteten. Die Rechtfertigung für dieses beinahe simultane Nebeneinander von Mobilität

---

5 Auf Latein heißt das: Ego sum custos et inventoris. Victus es et plorantium. Also: Ich bin der Entdecker und Inhaber. Du bist der Besiegte und der, der weint. Oder auf Englisch: »Finders keepers, losers weepers.«

und Mobilitätsverweigerung kann letztlich auf die tautologische Formel »Weil wir es so wollen« reduziert werden, aber es ist dennoch wichtig und erhellend, die rechtlichen und philosophischen Aspekte dieser Tautologie einer Untersuchung zu unterziehen.

Die sogenannte Entdeckungsdoktrin – die Idee, nach der Land, das nicht von (anderen) *weißen* Christen beansprucht wurde, rechtlich gesehen verfügbar war, eine Idee, die zum Freifahrschein für die Abschlachtung und Unterwerfung der Indigenen wurde[6] – bildete den Hintergrund für die Selbstwahrnehmung der Invasor*innen als Entdecker*innen und rechtmäßige Eigentümer*innen des Landes, das sie raubten. Während dieses Dogma zum größten Teil während des ›Zeitalters der Entdeckungen‹ – also etwa vom 15. bis zum 18. Jahrhundert – in die Praxis umgesetzt wurde, kann es bis zum fünften Jahrhundert zurückverfolgt werden, als die Katholische Kirche aus dem Nichts heraus die Idee einer weltweiten Jurisdiktion des Papstes erfand und behauptete, jedes von *weißen* europäischen Christen ›entdeckte‹ Land könne von ihnen kraft ihrer moralischen und religiösen Überlegenheit beansprucht, besetzt und in Besitz genommen werden. Dieser Gedanke war ein integraler Bestandteil der Kreuzzüge, einer Reihe von mittelalterlichen Religionskriegen, die in Nordeuropa, auf der Iberischen Halbinsel und im Nahen Osten geführt wurden und die zur Reconquista, der Zwangsbekehrung und Massenvertreibung der Jüd*innen und Muslim*innen auf der Iberischen Halbinsel, führten[7] – sie waren ein frühes Beispiel für religiösen Nationalismus und ethnozentrische Ideen über die Handhabung von Grenzen.

Die Entdeckungsdoktrin war leichter rechtlich zu begründen und in die Praxis umzusetzen, wenn man die Länder, die da ›entdeckt‹ wurden, als leer betrachtete und beschrieb, auch wenn das offensichtlich nicht der Fall war. Die Idee der ›terra nullius‹ verschmolz mit der Entdeckungsdoktrin und so verliehen die Europäer*innen – nur sich selbst natürlich – automatisch das Recht auf den Besitz indigener Territorien und das Recht auf die Herrschaft über ihre Bewohner*innen.

---

6   James Baldwin erfasst diese Haltung mit großer poetischer Kraft in seinem Essayband *Das Gesicht der Macht bleibt weiß*: »*Wir* dachten, die Nation sei heilig, so heilig wie das Land. *Sie* dachten, die Nation sei Beutegut. *Wir* dachten, wir gehörten zur Nation. *Sie* dachten, die Nation gehöre ihnen.«

7   Von Jüd*innen enteignetes Geld, oft in Gestalt von Schulden, die den verbannten Jüd*innen nicht zurückgezahlt wurden, war eine wichtige Quelle zur Finanzierung der ersten Reise von Kolumbus.

Eine in den Boden gerammte Flagge, das Verlesen einer Deklaration, die ›drei Salven‹ Captain Cooks – und die gesamte Ostküste Australiens war plötzlich britisch. Am 26. Januar 1788 wurde offiziell die britische Souveränität über den australischen Kontinent erklärt. In den 1850er-Jahren unterstand das gesamte Festland, fast drei Millionen Quadratmeilen, rechtlich der britischen Krone und dem Union Jack.[8]

Auch wenn es eine recht simple Beobachtung ist, sollte gesagt werden, dass sowohl ›terra nullius‹ als auch die Entdeckungsdoktrin – wobei das herrenlose Land die Entdeckung erst ermöglicht – die Idee offener Grenzen voraussetzen. Für die britischen ›Entdecker‹ war das Land leer und keine Grenze konnte ihnen den Weg versperren, ist doch das Konzept einer geschlossenen Grenze mit Entdeckung unvereinbar. So eigneten sie sich den offiziellen Eigentumstitel auf das Land an und begannen, die Bewohner*innen zu enteignen, abzuschlachten, zu versklaven und zu deportieren – nur um dann um genau die Territorien, die sie sich gerade genommen und ausgeplündert hatten, Grenzen zu ziehen. Dann schlossen sie hinter sich die offenen Grenzen, durch die sie soeben eingedrungen waren.

Als sich die verschiedenen britischen Kolonien auf dem Kontinent 1901 zusammenschlossen, um ein unabhängiges Australien zu bilden, war einer der ersten Akte der neugeborenen Nation die Verabschiedung von Einwanderungskontrollen, wodurch die Grenze für Asiat*innen oder Bewohner*innen der pazifischen Inseln geschlossen wurde. Diese Einwanderungsgesetze waren Teil der offiziellen Politik des ›Weißen Australiens‹, einer Reihe von Statuten, die sich gegen alle außer Europäer*innen richteten. Unterdessen organisierten der Staat und private Akteure einen Feldzug zur Ausrottung der Aborigines.

Der erste Premierminister Australiens, Edmund Barton, rechtfertigte die rassistischen Bestrebungen des ›Weißen Australiens‹ und die eng

---

8   Von 1815 bis 1914 wuchs das Britische Empire um zehn Millionen Quadratmeilen und 400 Millionen Menschen an. Während dieser Zeit organisierten die Brit*innen in massivem Umfang den Transport menschlicher Arbeitskraft: den sogenannten ›Kuli‹-Handel. Zur selben Zeit führte Großbritannien die ersten Immigrationskontrollen ein: 1835 verabschiedete der Britische Rat auf der Insel Mauritius zwei Verordnungen zur Regulierung der indischen Arbeitskräfte, die auf die Insel gebracht wurden. Nandita Sharma schreibt:»Auf der einen Seite *förderten* die imperialen Staaten die massive Bewegung von Menschen als arbeitende Körper für die sich rasch vermehrenden kolonialen Unternehmungen, aber gleichzeitig führten sie Gesetze ein, die die Mobilität der Menschen *beschränkten*, um einen jederzeit verfügbaren Nachschub an immer disziplinierteren ausbeutbaren Körpern zu schaffen.«

damit verbundene Einwanderungspolitik mit den Worten: »Es gibt keine rassische Gleichheit. Es gibt einfach eine grundlegende Ungleichheit. Diese Rassen sind – und ich denke, von dieser Tatsache muss niemand überzeugt werden – verglichen mit den weißen Rassen ungleich und minderwertig.« Dementsprechend setzten die Australier*innen diese Ungleichbehandlung durch, indem sie Grenzen zogen und für deren Respektierung sorgten. Die politische Theoretikerin Nandita Sharma hat das als die »Nationalisierung der Souveränität« bezeichnet – dabei werden die Grenzen der nationalen Selbstkonzeption und territorialen Kontrolle definiert und oft militarisiert, um die Enteignung von Indigenen und den Völkermord an ihnen zu rechtfertigen.[9] »Kein Nationalstaat und kein nationalistisches Projekt«, schreibt Sharma in *Home Rule*, »käme jemals ohne Einwanderungskontrollen zum ›Schutz‹ vor der Figur des Migranten aus.«[10] In Australien wurde dieser Schutz gewaltsam gegen die Aborigines durchgesetzt.

Der Aufbau einer Nation ist also nicht der Zusammenschluss und die Realisierung eines Volkes als politische Kraft in einem Territorium, sondern die *Apart-Setzung* und die *Überordnung* einer ausgewählten Gruppe von Menschen gegenüber einer oder mehreren anderen Gruppen. Die Beherrschung und Vernichtung der anderen schafft eine *Grenze* – innerhalb derer ›die Nation‹ fortfährt, die Minderheiten oder die Außenstehenden zu enteignen und *sich in Abgrenzung zu ihnen zu definieren*. (Oder um auf die

---

9 Das Konzept des Völkermords (oder Genozids) gehört hierher und findet hier in seinem strikten rechtlichen Sinn Verwendung: Laut der 1948 verabschiedeten *Konvention über die Verhütung und Bestrafung des Völkermordes* ist Völkermord definiert als »eine der folgenden Handlungen, die in der Absicht begangen wird, eine nationale, ethnische, rassische oder religiöse Gruppe als solche ganz oder teilweise zu zerstören: (a) Tötung von Mitgliedern der Gruppe; (b) Verursachung von schwerem körperlichem oder seelischem Schaden an Mitgliedern der Gruppe; (c) vorsätzliche Auferlegung von Lebensbedingungen für die Gruppe, die geeignet sind, ihre körperliche Zerstörung ganz oder teilweise herbeizuführen; (d) Verhängung von Maßnahmen, die auf die Geburtenverhinderung innerhalb der Gruppe gerichtet sind; (e) gewaltsame Überführung von Kindern der Gruppe in eine andere Gruppe«. Es ist klar, dass der Begriff somit auch auf die Praktiken der Siedlerkolonialist*innen gegenüber der indigenen Bevölkerung Amerikas zutrifft, die im 15. Jahrhundert begannen und bis weit ins 20. Jahrhundert hinein weiterbetrieben wurden.

10 Teil der sehr breiten Definition der Vereinten Nationen von Souveränität ist »das Recht jedes Landes, über die Zahl und die Kategorien internationaler Migrant*innen zu bestimmen, die es in sein Territorium lässt«.

Zeile von Hegel im Vorwort zurückzukommen: »Etwas ist nur, was es ist, in seiner Grenze und durch seine Grenze.«) Historisch gesehen richten sich Nationen gegen die, die nicht sind, was sie sind, und rotten diese Anderen dann oft aus. Auch die Vereinigten Staaten, die rhetorisch und manchmal auch tatsächlich ihre Diversität feiern, sind nie ohne Andere ausgekommen, die brutal unterdrückt, ausgeschlossen oder noch schlimmer behandelt wurden und werden.

Als Teil des *Immigration Restriction Act*, eines Schlüsselelements der Politik des ›Weißen Australiens‹, wurde allen potentiellen Immigrant*innen, die nicht imstande waren, eine Passage von 50 Wörtern in einer europäischen Sprache, die ihnen vorgelesen wurde, schriftlich wiederzugeben, automatisch der Zugang zum Land verwehrt. Wenn die Person nicht *weiß* war, aber die Passage *doch* schreiben konnte, gingen die Zollbeamten manchmal dazu über, sie Passagen in weniger gebräuchlichen Sprachen wie Gälisch schreiben zu lassen. Gleichzeitig rissen die Kolonist*innen – in einer Demonstration der zivilisierenden Wirkung ihrer Bildung – Kinder der Aborigines aus ihren Familien, um sie ›umzuerziehen‹; *weiße* Polizeibeamte machten manchmal zum Zeitvertreib Jagd auf Aborigines, während *weiße* ›Endecker‹ des Hinterlandes Aborigines abschlachteten, studierten, in Theorien behandelten, einsperrten, vergewaltigten und selbst noch ihre Gräber entweihten und ausplünderten. Am Ende des Zweiten Weltkriegs betrieb die australische Regierung eine Politik unter der Maxime ›Bevölkern oder untergehen‹, mit der sie hoffte, Gebiete, die immer noch offiziell als ›terra nullius‹ betrachtet wurden, massenhaft mit *Weißen* zu besiedeln.

Dabei wurden etliche Stämme der Aborigines völlig ausgerottet, und Zehntausende wurden ermordet, infiziert, versklavt, in Lager gesperrt oder deportiert. Eine dieser Gruppen, die Pitjantjatjara, wurde gewaltsam vom Land ihrer Ahnen vertrieben, als der Staat in den 1930er-Jahren dort eine Eisenbahnlinie baute, wobei man ihnen versprach, dass das ihnen neu zugewiesene Land ihnen ›für immer‹ gehören würde. Zehn Jahre später bot die australische Regierung Großbritannien die ›offenen Weiten‹ des Landes als Atomtestgelände an, und das Reservat der Pitjantjatjara, darunter auch ein Gebiet, das unter dem Namen Maralinga bekannt wurde, wurde erneut geräumt und für Atombombenversuche benutzt (derzeit ist es an die *US Air Force* verliehen). Unweit davon wurde später ein Haftzentrum für Immigrant*innen gebaut – der Zusammenhang zwischen der Enteignung der Indigenen und der Durchsetzung des Einwanderungsregimes könnte kaum klarer und deutlicher sein.[11]

Weitere Aborigines wurden vertrieben, um Platz für noch mehr militärische Testgelände oder Raum für Weideland und Bergwerke zu schaffen. Die vertriebenen Aborigines wurden wie ihr Land misshandelt und missachtet und erst nach einem Referendum im Jahr 1967 überhaupt im australischen Zensus berücksichtigt. Heute besitzt eine einzige Frau, Gina Rinehart, die Erbin des größten Eisenerzkonzerns des Landes und eine der größten Landbesitzer*innen der Welt, 120.000 Quadratkilometer Land in Australien.

1992 erklärte das Oberste Gericht Australiens das Konzept der ›terra nullius‹ für nichtig, bestätigte endlich die Landrechte der Aborigines, stellte offiziell fest, dass die Prämisse Australiens als Nation somit auf einer Fiktion beruhte und erkannte an, dass das seinerzeit von den Brit*innen für sich in Anspruch genommene Land schon längst bewohnt gewesen war. Es war zu spät. Das Land war schon geraubt. Die Grenzen waren gezogen und zur Waffe gemacht worden. Die Fiktion der Grenze war zur Wirklichkeit geworden und führte nunmehr ein Eigenleben.

Hundert Jahre nach der Gründung des ›Weißen Australiens‹, im Jahr 2001, wurden 433 Asylsuchende, die in einem ramponierten Fischkutter im Indischen Ozean unterwegs waren, von einem norwegischen Frachter, der in Richtung Java fuhr, gerettet. Das nächstgelegene Stück Land war Christmas Island, das offiziell zu Australien gehört, aber etwa tausend Meilen vom Festland entfernt liegt. Als der Frachter mit den Asylsuchenden, hauptsächlich Hazaras aus Afghanistan, in australisches Gewässer einlief und landen wollte, verweigerte die australische Regierung ihm die Einfahrt. Wenn es den Flüchtlingen gelungen wäre, Fuß auf australisches Territorium zu setzen, hätten sich die australischen Behörden von Rechts wegen mit ihrem Asylanspruch auseinandersetzen müssen. Aber statt ihnen Zuflucht zu bieten oder auch nur die Bereitschaft zur Anhörung ihrer Asylgründe zu signalisieren, schickte Australien Truppen, die den Frachter zwangen, Tausende von Meilen gen Osten nach Nauru zu fahren, wo die Afghan*innen in ein improvisiertes Gefängnis gesperrt wurden. Diese litten nach so langer Zeit auf hoher See und abgeschnitten von der

---

11 Das englische Wort ›exterminate‹ kommt von dem lateinischen Wort *exterminatus*; dabei bedeutet *ex* ›aus‹ und *terminus* ›Grenze‹. Es bedeutet also hinaustreiben, wegtreiben oder über die Grenze treiben oder jagen.

Kapitel 2: Das historische Argument 51

Welt unter Dehydrierung und Dysenterie und hatten seit Tagen kaum etwas gegessen. Unter den Schutzsuchenden an Bord befanden sich vier schwangere Frauen und 43 Kinder. Nauru ist extrem heiß, eine frühere Abbaustätte von Phosphat und ständig in weißen Guano-Staub gehüllt. Der kleine Inselstaat wurde von Australien zum Bau und Betrieb eines Gefängnisses gezwungen, das als wahres Höllenloch bezeichnet werden kann. Nachdem Australien die Geflüchteten nach Nauru umgelenkt hatte, beschloss die Regierung, künftige Asylsuchende von vornherein daran zu hindern, australisches Territorium zu erreichen, indem sie Chrismas Island und weitere, fernab vom Festland gelegene Inseln administrativ vom Territorium Australiens abschnitt. Das Land zog also buchstäblich seine Grenze neu, gestaltete die Landkarte der Nation um und schnitt einen Teil seines eigenen Territoriums ab, um seine Grenze zu schützen. Dieser verlogene Schritt zeigt eine fundamentale Wahrheit über die Grenze auf: Sie kann bewegt werden, um ihre Unbeweglichkeit zu garantieren, sie kann verletzt werden, um ihre Unverletzlichkeit zu beweisen, und sie kann überschritten werden, um ihre Unüberschreitbarkeit zu demonstrieren.

Die Inhaftierung von Asylsuchenden auf Nauru, die zuerst improvisiert und als Ad-hoc-Maßnahme gedacht war, wurde bald zum Dauerzustand. Australien konnte hier einem bereits bestehenden Modell folgen, nämlich dem der US-Regierung in Guantánamo Bay auf Kuba. Guantánamo wurde zunächst als zeitweiliges Aufnahmezentrum für Flüchtlinge aus Haiti verwendet, aber in den 1980er-Jahren in ein permanentes Gefängnis für Asylsuchende verwandelt, um schließlich zu dem höllischen Gulag zu werden, in dem >feindliche Kombattanten< bis heute außerhalb des rechtlichen Geltungsbereichs der US-Verfassung festgehalten und gefoltert werden. Nach Nauru eröffnete Australien bald weitere Offshore-Haftzentren, um Flüchtlinge und ihre Asylansprüche besser abwehren zu können.

Der iranische Dichter und Flüchtling Behrouz Boochani verbrachte beinahe fünf Jahre in einem fürchterlichen, brutalen und todbringenden Haftzentrum auf der Insel Manu, die zu Papua-Neuguinea gehört, einem weiteren australischen Geheimgefängnis auf hoher See, aus dem er mit auf einem eingeschmuggelten Handy geschriebenen WhatsApp-Nachrichten Stück für Stück seine dann als Buch erschienene Autobiografie *Kein Freund außer den Bergen* an Freunde schickte. »Mein Leben«, schreibt

Boochani, »bestand bis jetzt hauptsächlich aus Angst, Stress, Hunger und Vertreibung.«

Er gibt eine detaillierte Beschreibung der Selbstverletzungen, die unter den Gefangenen zu einer Art ›kultureller Praxis‹ geworden waren, und berichtet von Mithäftlingen, die sich auf die Toiletten zurückziehen, weil diese mit ihren halbhohen Wänden wenigsten noch ein bisschen Privatsphäre bieten, um sich dort mit den Fingernägeln den Unterleib zu zerritzen und aufzuschlitzen. Kinder, die in diesem Archipel von australischen Offshore-Gefängnissen eingesperrt sind, haben ein ›Resignationssyndrom‹ entwickelt: Sie verlieren den Lebenswillen, denken an Selbstmord und versuchen auch tatsächlich, sich umzubringen.

Ein Mädchen, Sajeenthana, das zusammen mit ihrer Familie im Alter von drei Jahren aus Sri Lanka geflohen war, dann auf Nauru eingesperrt wurde und dortblieb, bis sie acht war, fügte sich immer wieder Messerschnitte zu. »Irgendwann werde ich mich umbringen«, sagte sie einem Journalisten. »Wartet nur ab, bis ich das richtige Messer finde. Mein Körper ist mir egal.«

Boochani, Sajeenthana und Tausende von anderen litten und leiden auf diesen Inseln jahrelang unter grässlicher Entbehrung, Demütigung, sexuellem Missbrauch sowie psychischer und physischer Folter – nur, weil sie gewagt hatten, Australien um Schutz zu bitten, nur, weil sie *fast* über die Grenze gegangen wären und Territorium betreten hätten, das Australien für sich beansprucht. Aber Australien hat seine Konzeption von seiner eigenen Grenze nie genau oder endgültig definiert. Tatsächlich war und ist diese Grenze – wie alle Grenzen – wandelbar und durchlässig und wird selektiv *benutzt*, um Kontrolle auszuüben, Land zu rauben, Macht und Kapital anzuhäufen und alle, die man nicht haben will, fern zu halten oder hinauszuwerfen. »Die Grenze ist elastisch«, schreibt Harsha Walia, »und die magische Linie kann überall sein.«

Und im Zweifelsfall kann sie auch nirgends sein.

»Mitten in der Nacht, wenn es am dunkelsten ist, wird man mehr denn je an die Macht der Zäune erinnert«, schreibt Boochani. Später fragt er einfach: »Was ist eine Grenze?« Er gibt darauf keine präzise Antwort, stellt aber fest, dass »mein ganzes Leben unter dem Einfluss dieses Konzepts der ›Grenze‹ stand«. Da ist er nicht der Einzige.

||||||

Kapitel 2: Das historische Argument

Die Geschichte der Vereinigten Staaten ist von einer Doppelzüngigkeit geprägt, die sogar noch heuchlerischer ist als die willkürliche Verschiebung der australischen Grenze.[12] Noch bevor die USA überhaupt gegründet waren, wurden ihre Grenzen schon mehr als ein Jahrhundert lang beansprucht, verworfen, gezogen und wieder neu gezogen: Der Prozess zog sich hin, von den hastig hingeworfenen und konkurrierenden imperialen Ansprüchen des britischen, französischen und spanischen Reichs über die durch die Appalachen gebildete Mauer bis zur *Proclamation Line* von 1763, die König Georg III. festlegte, indem er erklärte, es sei »für unsere Interessen und die Sicherheit unserer Kolonien äußerst wichtig, dass Nationen und Stämme der Indianer, mit denen wir verbunden sind und die unter unserem Schutz leben, nicht belästigt oder behelligt werden«. Mit dieser Proklamation wurde die Westgrenze der Kolonien festgelegt.

Diese Demarkierung der Grenze durch den König war einer der bedeutendsten, aber oft übersehenen Auslöser des Amerikanischen Unabhängigkeitskrieges: der Wille – die ›Bestimmung‹ – der Kolonist*innen, nach Westen vorzudringen und das Land mit *Weißen* zu füllen (›Bevölkern oder untergehen‹), ihre Weigerung, sich einschränken zu lassen, sich an irgendeine Grenze zu halten. Eine der Anklagen, die in der Unabhängigkeitserklärung gegen Großbritannien erhoben wurden, war, dass der König die Einwanderung *beschränkte*: »Er war bestrebt, die Besiedlung unserer Staaten zu hemmen: Zu diesem Zweck hat er den Vollzug der Einbürgerungsgesetze für Ausländer behindert; er hat sich geweigert, andere Gesetze zu verabschieden, welche deren Einwanderung nach hier fördern sollten, und er hat die Bedingungen des Neuerwerbs von Land erschwert.«[13] Die

---

12   Die Geschichte der kolonialen Siedlerstaaten USA, Kanada, Australien und später Israel folgt immer demselben Muster. Innerhalb von 150 Jahren, von 1800 bis 1950, siedelten 62 Millionen Europäer*innen in Kolonialgebiete auf der ganzen Welt über. Angesichts der gezielten Eroberung der Territorien und Ausrottung der ursprünglichen Bewohner*innen kann diese Art Mobilität nicht als normale Migration betrachtet werden. Allein in den etwas über hundert Jahren von 1492 bis 1600 wurden auf dem amerikanischen Kontinent etwa 56 Millionen indigene Menschen getötet oder starben durch Krankheiten und Hungersnöte, die direkt auf die Kolonisierung zurückgingen. Die Vernichtung war so enorm und ging so rasch vor sich, dass sich in großen Teilen des Landes die Vegetation veränderte, der Kohlenstoffausstoß zurückging und die Durchschnittstemperatur fiel.

13   Der indigene Historiker Nick Estes bezeichnet die Unabhängigkeitserklärung als eine »schlaue Umkehrung der Geschichte, in der die Aggressoren zu Opfern werden und der Kolonialismus als Selbstverteidigung erscheint«. Während die Siedler*innen sich über die Tyrannei von König Georg beklagten und das Ideal der

Kolonist*innen erachteten Freiheit (für einige) als so viel wichtiger als die Idee von Grenzen und territorialen Beschränkungen, dass sie sich explizit gegen Letztere wendeten.

Statt die Grenzen, die sie oft selbst gezogen und verteidigt hatten, zu respektieren, machten sich die Invasor*innen mit ihrer Landwirtschaft in den Jagdgebieten der Native Americans breit, rodeten Wälder, traktierten die Bevölkerung mit Alkohol, führten sie mit Glasperlen in Versuchung, infizierten sie mit Krankheiten – und wenn das nicht ausreichte, bildeten sie Mobs oder Milizen und gingen zum Angriff über. Dabei drängten sie immer weiter über die westwärts wandernde Grenze hinaus und rissen dabei so viel Land und Ressourcen an sich, wie sie konnten.

Nachdem die Kolonist*innen die britische Herrschaft abgeschüttelt und die neue Nation gegründet hatten, gingen sie noch aggressiver vor und öffneten, verschoben und modifizierten die offiziellen Grenzen etliche Male von neuem: Vermont, Kentucky, Tennessee und dann über die Appalachen hinaus bis Ohio. Mit dem *Jay Treaty* von 1794 wurden die Grenzen zum britisch beherrschten Kanada entlang dem Flussbett des St. Lawrence River gezogen, eine Linie, die später, begleitet von viel Verwirrung und etlichen Kontroversen, langsam und im Zickzack weiter nach Westen gezogen wurde, bis sie in einem geraden Strich von Minnesota aus den Pazifik erreichte. Darauf folgten in den 65 Jahren nach 1794 der riesige Landkauf namens *Louisiana Purchase* 1803 (der durch die entscheidende Schwächung Frankreichs durch die Revolution auf Haiti von 1791 bis 1804 möglich wurde), die Einverleibung von Texas, die Eroberung Mexikos, das Vordringen nach Nebraska und der gewaltsame Versuch der Durchsetzung der Sklaverei in Kansas.[14]

Freiheit feierten, rechtfertigten sie zugleich implizit den Völkermord an den »erbarmungslosen indianischen Wilden« – eine der eher seltener zitierten Passagen der Unabhängigkeitserklärung.

14 Der erbitterte und blutige Kampf um die Frage, ob die neuen Territorien Sklavenstaaten sein sollten oder nicht, fand nicht zwischen Befürworter*innen und Gegner*innen der Sklaverei statt, sondern zwischen Anhänger*innen der Sklaverei und ›Freistaatler*innen‹, wobei Letztere nicht nur keine Sklav*innen, sondern *überhaupt keine Schwarzen* in den betreffenden Territorien haben wollten. Der Kampf drehte sich also vorwiegend um die Frage, *wo* die Slaven sein sollten, nicht darum, *ob* Menschen versklavt sein sollten. Die Freistaatler*innen folgten einer siedlerkolonialen, nicht einer abolitionistischen Logik und wollten das Land für sich selbst und *nur* für sich selbst.

Kapitel 2: Das historische Argument

Die ständig in Bewegung befindlichen und sich ständig ausdehnenden Grenzen erfüllten zwei Funktionen: Sie dienten als ›versöhnliche‹ Angebote an die Native Americans und markierten zugleich das eigene Territorium der USA. Doch die Grenzen bezeichneten nicht das Ende der Nation, sondern bildeten, ähnlich wie die heutigen militärischen Auslandsstützpunkte, Ausgangspunkte zum Bau neuer Forts, zur Ansiedlung neuer oder zur Kontrolle bereits vorhandener Bevölkerungen und zur Vorbereitung militärischer Angriffe.

Ähnlich wie die Siedler*innen in Australien rechtfertigten die imperialen Siedler*innen der Vereinigten Staaten ihre völkermörderischen Raubzüge auf zweierlei Art: erstens mit der Entdeckungsdoktrin (und ihren Myriaden von ausufernden Legalismen) und zweitens mit ihrer schieren militärischen Übermacht.

Christoph Kolumbus, um nur von einem der vielen terroristischen Sklaventreiber zu sprechen, die dann für ihre ›Entdeckung‹ längst bewohnter Territorien gefeiert wurden, schrieb an seine Gönner*innen in Spanien, die Monarch*innen Ferdinand und Isabella, er habe in den von ihm »entdeckten« Gebieten »nichts von Bedeutung« gefunden. Diese Behauptung ist nur schwer zu verstehen, besonders angesichts der Tatsache, dass Kolumbus umfangreiche Berichte über die materiellen Vorteile schrieb, die man aus der Ausbeutung Amerikas ziehen könne. Aber wenn man sich klarmachen will, wie groß die Bedeutung des amerikanischen Kontinents, wo seinerzeit an die 100 Millionen Menschen lebten, nicht nur für die spanische Krone, sondern auch für die Geopolitik insgesamt war, mag man sich daran erinnern, dass die Verfassung der Vereinigten Staaten mit ihrem föderalen Regierungssystem zumindest teilweise von der Verfassung der indigenen Haudenosaunee kopiert war. Dieses Dokument, auch bekannt als das *Große Gesetz des Friedens*, beginnt laut einer der Übersetzungen folgendermaßen: »Wir, das Volk, um einen Bund zu gründen und Frieden, Gerechtigkeit und Ordnung zu schaffen…« und spricht dann von der staatlichen Gewaltenteilung und den Freiheiten des Individuums – Ideen, die damals im europäischen Denken immer noch als radikal galten.

Die Siedler*innen waren der Meinung, die Indigenen hätten das Land nicht landwirtschaftlich genutzt, weil ihnen die nicht-europäischen landwirtschaftlichen Techniken unbekannt waren oder sie sie nicht verstanden und daher ignorierten. Die Invasor*innen beschrieben die indigenen Bewohner*innen als Wesen, die die Gesetze Gottes und der Natur verrieten, und waren der Meinung, sie und ihr Land müssten auf den richtigen Weg gebracht werden – und daher schufen sie ein umfangreiches, jahrhundertelang praktiziertes System von Täuschung, Terror und Massenmord. Captain John Smith, ein Siedler in Jamestown, schrieb über die Indigenen: »Für ein Kupfermesser und ein paar Spielzeuge wie Perlen und Handbeile verkaufen sie ein ganzes Land.« Aber in Wirklichkeit taten sie das überhaupt nicht. Der Anführer der Squamish, Chief Sealth (nach dem Seattle benannt ist) entlarvte diese Behauptung viele Jahre später, 1854: »Der Präsident in Washington lässt uns wissen, dass er unser Land kaufen will. Aber wie kann man den Himmel kaufen oder verkaufen? Land kaufen oder verkaufen? Dieser Gedanke ist uns fremd.«[15]

Hinzu kommt, dass die Siedler*innen Land nicht einmal ›kauften‹. Sie teilten den indigenen Völkern einfach mit, dass sie es sich nehmen würden, und dann taten sie es. 1513 führte die spanische Monarchie ein ›Erfordernis‹ ein, das oft einfach als das *requerimiento* bezeichnet wird. Das war ein juristischer Text, den die Invasor*innen laut vorlesen mussten, um die Indigenen offiziell darüber zu informieren, dass sie nun zwei Möglichkeiten hatten: Sie konnten die Herrschaft der Kolonisator*innen akzeptieren und Untertan*innen oder Sklav*innen werden oder sie hatten einen ›gerechten Krieg‹ und die eigene Vernichtung zu erwarten.

Aufgrund der offensichtlichen sprachlichen Barrieren und der Absurdität der Verlautbarung gingen die Kolonisator*innen dazu über, das *requerimiento* vom Bug ihrer Schiffe aus den Bäumen vorzulesen, ohne jemanden im Besonderen anzusprechen, oder, wie der Historiker Lewis Hanke es in *The Spanish Struggle for Justice in the Conquest of America* ausdrückte, indem sie »am Rand schlafender indigener Siedlungen die theologischen Phrasen in die eigenen Bärte« murmelten. »Im Namen des Königs, Don Fernando«, proklamierten sie gegenüber den Blättern und dem Meer, »und Doña

---

15 Dieser Kommentar erinnert an das, was Simon Winchester in seinem Buch *Land* berichtet: Auch für einen Matabele-Anführer, der in Zimbabwe befragt wurde, war der Gedanke, Land zu kaufen oder zu verkaufen, unvorstellbar: »Dann könnte man ja auch den Wind kaufen.« Das Meer gehört bis heute zum größten Teil noch niemandem, es ist *res nullius* oder *res communis*, also herrenlos oder Gemeinbesitz. Im 17. Jahrhundert schrieb der niederländische Denker Hugo Grotius den berühmten Satz: »Das Meer ist etwas, was so offensichtlich allen gehört, dass sich im Besitz von niemandem außer Gott befinden kann.« Dass diese Art zu denken nicht auch auf das Land angewendet wird, hat viel mit dem rechtlichen Primat des Handels (das Meer ist eher eine Handelsroute als eine ausbeutbare oder bewohnbare Ressource, wie das beim Land der Fall ist) und der Inkonsistenz menschlichen Denkens zu tun.

Kapitel 2: Das historische Argument 57

Juanas, seiner Tochter, Königin von Kastilien, und Leon, Unterwerfer der barbarischen Nationen, tun wir, ihre Diener, euch so gut wir können kund und zu wissen«, dass diese Hoheiten nunmehr »die Könige und Herren dieser Inseln und dieses Landes sind.«

Das *requerimiento* konstatierte ferner, die Indigenen sollten diese Nachricht und ihre neuen Herr*innen so akzeptieren, »wie es sich für Untertanen geziemt, mit gutem Willen, ohne jeden Widerstand und sofort«.

Für den Fall, dass sie dies nicht tun und stattdessen die Unterwerfung unter ihre neuen Herr*innen und die Übergabe des Landes ihrer Ahnen »böswillig verzögern« sollten, warnten die Invasor*innen:

»Ich kündige euch an, dass wir mit Hilfe Gottes und mit Macht in euer Land eindringen werden und auf jede uns zur Verfügung stehende Art Krieg gegen euch führen und euch dem Joch und dem Gehorsam der Kirche und ihrer Hoheiten unterwerfen werden; wir werden euch und eure Frauen und eure Kinder ergreifen und Sklaven aus euch machen und euch, wie es ihre Hoheiten gebieten, als solche verkaufen oder behandeln; und wir werden euch euer Eigentum nehmen und euch so viel Ungemach und Schaden zufügen, wie wir können.«

Das war ein beeindruckend aufrichtiges Eingeständnis, dem die entsprechenden Taten folgten – sie fügten den Indigenen in der Tat Ungemach und unermesslichen Schaden zu, bis zum heutigen Tag.

»Als Staat können wir mit unserem eigenen Land tun, was wir wollen. Der Staat kann es sogar komplett zerstören.« Diese Sätze klingen, als stammten sie von Kolonisator*innen des 17. Jahrhunderts, aber sie fielen 2021 im Saal eines Bundesgerichts in Tucson, Arizona, wo ich über das Verfahren gegen Amber Ortega, eine Angehörige der indigenen Hia Ced O'odham, berichtete, die gegen den Bau der Grenzmauer protestierte, die ihr Land Schritt für Schritt in zwei Teile teilt und dabei eine heilige Quelle, die *Quitobaquito Springs*, zerstört. Diese ist heute Teil des *Organ Pipe Cactus National Monument* an der Grenze zwischen den Staaten Sonora (Mexiko) und Arizona (USA) und hat indigenen Menschen möglicherweise schon vor 16.000 Jahren als Oase gedient. Ortega war wegen widerrechtlichen Betretens des Landes ihrer Vorfahren festgenommen worden, während Bautrupps, Poller für Poller, die neun Meter hohe Mauer quer durch die Wüste zogen. Nach ihrer Festnahme wurde sie in ein privates Einwanderungsgefängnis gebracht und dann unter gleich zwei US-Regierungen strafverfolgt. Vor Gericht erklärte sie zu ihrer Verteidigung, die Mauer beeinträchtige ihre Freiheit der Religionsausübung: An den Quellen und in den umliegenden Gebieten befänden sich Grabstätten, an denen die O'odham religiöse Zeremonien abhielten und wo indigene ›Salt Runner‹ auf der Reise von der heutigen Zentralregion Arizonas zum Golf von Kalifornien Rast machen können.

Jetzt, wo die Mauer gebaut ist, müssen die Salt Runner der O'odham erst einen Antrag an das Heimatschutzministerium stellen, damit gigantische Türen in der Mauer für sie geöffnet werden. Die O'odham werden überall auf ihrem Land immer wieder von der Grenzpolizei angehalten und verhört, und manchmal auch schikaniert und gejagt.

Der stellvertretende US-Justizminister, Vincent J. Sottosanti, der die oben zitierten Sätze – »Als Staat können wir mit unserem Land tun, was wir wollen. Der Staat kann es sogar komplett zerstören« – vor Gericht geäußert hatte, erklärte, Ortegas religiöse Überzeugungen seien für die Frage, ob sie Landfriedensbruch begangen habe oder nicht, nicht maßgeblich. Das fragliche Gebiet im Süden Arizonas wurde 1853 nach dem sogenannten *Gadsden Purchase* offiziell zum Eigentum der US-Regierung. Wie sich an der anfänglichen Unentschlossenheit des Richters (der zunächst entschied, Ortegas freie Religionsausübung sei nicht beeinträchtigt worden, sich dann aber revidierte und zu ihren Gunsten entschied), den Aktionen Ortegas und der offenkundigen Nervosität und Verzweiflung der Staatsanwaltschaft zeigte, bleibt vorerst weiter unklar, wer die tatsächlichen Besitzer*innen oder Treuhänder*innen des Landes sind: Wer das Land bewohnen und wer es durchqueren darf, ist weiterhin stark umstritten.

In den 1920er-Jahren schrieb Chief Rickard, der Gründer der *Indian Defense League*:

> »Es wurde eine Grenze geschaffen, die die Kanadier*innen und die Amerikaner*innen trennte, aber wir haben nie geglaubt, dass sie auch die Indianer*innen trennen sollte. Dies war unser Land, unser Kontinent, lange bevor die ersten Europäer*innen einen Fuß darauf setzten. Unsere Sechs Nationen leben auf beiden Seiten der Grenze. Wir haben Ehepartner*innen und Verwandte und Freund*innen auf beiden Seiten. Wir gehen für unsere Zeremonien und Feste hinüber und wieder zurück. Unsere Menschen sind eins. Es ist ein Unrecht, Familien zu trennen und uns, den ursprünglichen Nordamerikaner*innen, die früher einmal ein freies Volk waren und die frei bleiben wollen, solche Beschränkungen aufzuzwingen.«

Als Sottosanti 100 Jahre später Ortega ins Kreuzverhör nahm, fragte er sie: »Ist Ihnen klar, dass das US-Land ist?« Ortega antwortete: »Es wird immer das Land der Hia Ced O'odham sein.« Und Ortega und andere O'odham-Aktivist*innen haben wiederholt darauf hingewiesen, dass es in ihrer Sprache kein Wort für ›Mauer‹ gibt.

||||||

Im 17., 18. und 19. Jahrhundert schlossen die Invasor*innen, während sie sich Meile um Meile über den Kontinent vorarbeiteten, die Grenzen hinter sich, als seien sie verschämte Übeltäter*innen, die lieber einen Vorhang über ihre Missetaten fallenlassen möchten. Sie bauten Festungen zur Sicherung der Grenzregionen, um ihre Kontrolle zu demonstrieren und zu zementieren: So machten sie klar, dass sie bleiben und alle, die vor ihnen da waren, und – je nach ›Rasse‹ und Herkunft – alle, die nach ihnen kamen, vertreiben würden.

In seinem Buch *Peacable Kingdom Lost* schreibt Kevin Kenny: »Die Feldzüge gegen die Indigenen im Rahmen des Amerikanischen Unabhängigkeitskrieges praktizierten in verheerendem Ausmaß die brutale Logik der Paxton Boys«, eines mörderischen, gegen die indigene Bevölkerung gerichteten Mobs, der 1763 gegründet wurde, weil die Regierung nach Ansicht ihrer Mitglieder bei der Ausrottung der Indigenen nicht forsch genug vorging. »Jetzt war die Gewalt systematisch statt nur sporadisch.« Die *Paxton Boys*, die nur der berüchtigtste unter vielen solcher Mobs waren, verteidigten ihre Annexion indigenen Territoriums im heutigen Pennsylvania, wo sie im Gebiet zwischen Philadelphia und Harrisburg operierten, ganz explizit unter Berufung auf das ›Recht auf Eroberung‹, laut dem die, die sich das Land mit Gewalt nehmen, es auch behalten dürfen. »Während der Revolution«, so Kenny, »wurde der totale Krieg gegen die Indigenen zu einem Akt des Patriotismus.« Wie die indigene Historikerin Roxanne Dunbar-Ortiz schreibt, sahen sowohl der *Militia Act* von 1792 als auch der *Insurrection Act* von 1807 »eine völkermörderische Politik gegen die indigenen Nationen des nordwestlichen Territoriums vor, die den Bundestruppen die Beseitigung aller widerspenstigen Gemeinschaften erlaubten, damit das Land von Siedler*innen in Besitz genommen werden konnte«.

Totaler Krieg bis zum Völkermord, tägliche Massaker und schamlose Schurkerei, begleitet von Schwelgereien über Unschuld und Überlegenheit – all das ging in den entstehenden Geist des Patriotismus ein. Die Dichterin Wendy Trevino schreibt dazu: »Gewalt, die niemand verwechseln kann / mit etwas andrem als Gewalt.« Die Herausbildung der Nation beruhte keineswegs nur auf hehren Ideen und Prinzipien, sondern – so eine Beschreibung des *Mystic Massacre* von 1637 im heutigen Connecticut – auch darauf, dass die indigene Bevölkerung »im Feuer gebraten« wurde.

Mitglieder der indigenen Penobscot und das Rechercheteam des Dokumentarfilms *Bounty* von 2021 haben gezählt, dass es in Neuengland, einem Gebiet, das zuvor als Land der Morgenröte bekannt war, von 1675 bis 1760 mindestens 69 staatliche Verordnungen über das Sammeln von Skalps gegeben hatte und dass in anderen Gebieten der Vereinigten Staaten bis 1885 mindestens 50 weitere solcher Erlasse erlassen wurden. Einige von ihnen richteten sich spezifisch gegen bestimmte Stämme und boten (nach heutigem Wert) bis zu 12.000 Dollar für einen männlichen und etwa die Hälfte für einen weiblichen Skalp.

Frederick Jackson Turner, der Begründer der Forschung zur ›Frontier‹, beschrieb diesen mörderischen Landraub als die »Fabrikation von Zivilisation«. Die Vertreibung der Indigenen und die darauffolgende Hinderung der ›Anderen‹ an der Beschmutzung des neu beanspruchten Territoriums – das war die Saat, aus der die neue Nation hervorging, und die Art, wie sie herangezogen wurde.

Dabei berufen die Invasor*innen sich gern auf Zitate aus der Bibel: »Seid fruchtbar und mehret euch, verbreitet euch über die Erde und macht sie euch untertan.« Die religiöse und philosophische Rechtfertigung wurde zum Teil von dem Philosophen der englischen Aufklärung John Locke geliefert, der schrieb, dass

> »Gott und seine Vernunft den Menschen befahlen, sich die Erde untertan zu machen, das heißt, sie zum Wohle des Lebens zu verbessern, und [dass] darin etwas lag, das die Erde zu der seinen, zur Frucht seiner Arbeit machte. Er, der gehorsam gegenüber dem Gebot Gottes einen Teil der Erde unterwarf und bearbeitete und einsäte, machte diesen zu seinem Eigentum, auf das ein anderer keinen Anspruch erheben oder ihm wegnehmen konnte, ohne ein Unrecht zu begehen.«

Sich das Land durch Raub »untertan« zu machen und es dabei zu zerstören – auf diese Art erhoben die Siedler*innen Anspruch auf die Gebiete, die Locke als »einige unbewohnte Orte im Innern Amerikas« bezeichnete.

Die Schriften John Lockes, in denen die Eroberung Amerikas häufig als Musterbeispiel für die Tüchtigkeit der Menschheit (tatsächlich sprach er natürlich nur von Männern) dargestellt wird, waren eine elaboriertere Version der drei Bullen, mit denen Papst Alexander VI. 1493 der Entdeckungsdoktrin seinen Segen gab und den Anspruch Spaniens auf neu ›entdeckte‹ Länder bestätigte. Die ›inter caetera divinae‹, wie man sie nannte, erklärten, die von Kolumbus beanspruchten Gebiete gehörten jetzt zu Spanien, weil sie zuvor »nicht von anderen entdeckt« worden seien.

Diese Dekrete stehen in direktem Bezug zu dem, was der Historiker Mahmood Mamdani als den eigentlichen Ursprung des Nationalstaates betrachtet. Während der Aufstieg der modernen Nation oft als Ergebnis des Westfälischen Friedens von 1648 aufgefasst wird, sieht Mamdani diese Entwicklung als Resultat zweier, simultan stattfindender ethnischer Säuberungskampagnen: der Ermordung und Vertreibung der Jüd*innen und Araber*innen auf der Iberischen Halbinsel sowie der ethnischen Säuberung der indigenen Völker auf der anderen Seite des Atlantiks durch die kastilische Monarchie.

||||||

Die Theorie von der großen Bedeutung des Westfälischen Friedens geht davon aus, dass die Nationalstaaten als Reaktion auf das jahrzehntelange Blutvergießen des Dreißigjährigen Krieges entstanden, was zur Forderung nach der Respektierung der territorialen Souveränität aller Staaten geführt habe. Dazu gehörte, wie der Politikwissenschaftler Matthew Longo es in *The Politics of Borders* formuliert, eine »Pufferlinie, die die Staaten voneinander trennt«. Aber diese Interpretation übergeht den Aufstieg von Nationalismen, der bereits in den Jahrhunderten zuvor stattgefunden hatte. Hier sollte man sich ein wenig Zeit für die Analyse der zunehmenden Prominenz von Nationalstaaten nehmen, sind sie doch die wichtigsten politischen Gebilde, die hinter der Ziehung und Durchsetzung von Grenzen stehen.

1648 versammelten sich Abgesandte von über hundert Reichen, Republiken, Fürstentümern und Konföderationen in Osnabrück und Münster zur Beendigung des Dreißigjährigen Kriegs durch gegenseitige Anerkennung ihrer territorialen Integrität und der Unverletzlichkeit ihrer Grenzen. Dabei wurden grobe Grenzen um die Staaten herum gezogen, um eine Schlangengrube heftig miteinander verfeindeter Gebilde auf dem ganzen Kontinent zu befrieden und zu entwirren. Aber diese Version der Ursprünge des Nationalstaats und der Grenzen verleiht diesen Konzepten einen friedensstiftenden Anstrich, der nicht nur die 30 Jahre Krieg, die den Verträgen in Münster und Osnabrück vorausgingen, sondern auch die Spannungen ignoriert, die durch die vorherigen 150 Jahre imperialer Eroberungen auf dem amerikanischen Kontinent erzeugt worden waren. Die gegenseitige Anerkennung der Souveränität der Staaten Europas und die Achtung für ihre Grenzen basierten auf der gewaltsamen *Ablehnung* der Ansprüche indigener Völker auf ihr Land sowie auf der Prämisse, dass es dort keine Grenzen gab, die den mörderischen Abenteuern der Europäer*innen auf anderen Kontinenten im Weg stehen könnten. Während des ›Zeitalters der Entdeckungen‹ waren die imperialen Mächte zur gegenseitigen Anerkennung ihrer Territorien gezwungen, wenn sie sich Gebiete aneignen wollten, deren Bewohner*innen oder ›Eigentümer*innen‹ sie *nicht* anerkannten. Wie Mamdani bemerkt, basierte die gegenseitige Anerkennung der europäischen Nationalstaaten »nicht so sehr auf der Achtung vor den bestehenden Grenzen in Europa, sondern auf der Notwendigkeit, einen gemeinsamen Umgang mit den neu eroberten Territorien zu finden«.

»Grenzen werden durch Macht geschaffen«, schreibt Elie Kedourie in seinem Buch *Nationalism*, »und außerdem durch die konstante und kommunizierte Bereitschaft, sie mit Waffengewalt zu verteidigen.« Es war nicht (wie in der Mythologie der Nationalstaaten gern behauptet) das Westfälische Prinzip der gegenseitigen Anerkennung, Volkssouveränität und Achtung vor den Grenzen, das das politische Konzept der Grenze leitete, sondern ein massiver Eroberungsfeldzug, dessen integraler Bestandteil Skalp-Jagden, Vergewaltigung und Ausrottung waren.[16]

Die politische Moderne, so Mamdani weiter, ist »weniger ein Motor der Toleranz als ein Motor der Eroberung. Das Konzept der Toleranz musste dem Nationalstaat lange nach seiner Geburt erst einmal aufgezwungen werden, um das von ihm verursachte Blutvergießen zu beenden.«

---

16 Das Wort ›Nation‹ kommt von *natio*, Geburt. Aber Länder (und ihre Grenzen) sind eher Zustände des Todes als solche der Geburt. In diesem Kontext ist auch die Herkunft des Wortes ›Politik‹ aufschlussreich. Es ist sowohl mit dem Wort ›Polizei‹ und auch mit dem Wort *polis*, Stadt, verwandt, und eine noch weiter zurückgehende Suche führt uns zu dem Begriff *pūr* im Sanskrit: eine Mauer oder ein Wall.

1558 schickte Königin Elizabeth Sir Humphrey Gilbert auf den amerikanischen Kontinent.[17] Sein Auftrag dort war, sämtliche Personen, mit denen er in Kontakt kam und die kein »besonderes Recht« hatten, diese Gebiete zu bewohnen, zu »bekämpfen, zu vertreiben, zurückzustoßen und abzuwehren«. Eine Vertreibung aus einem Gebiet setzt natürlich eine Linie oder Grenze voraus, und Vertreibungsaktionen wie diese dienten als Mechanismen der Konstruktion der Nation, der Homogenisierung der Bevölkerung und des frühen Aufbaus eines Nationalstaats.

Bacons Rebellion von 1676/77 ist ein Beispiel für dieses Muster. Sie löste Kämpfe der Kolonisator*innen untereinander aus, während sie sich gleichzeitig bemühten, die Indigenen zu enteignen und ihrer gemeinsamen Kontrolle zu unterwerfen. Der Konflikt begann, als der Kolonialgouverneur William Berkeley die Forderung des Plantagenbesitzers Nathaniel Bacon nach der Vertreibung indigener Menschen aus einem Gebiet im Norden Virginias abwies. Je tiefer die Kolonisator*innen in den Kontinent eindrangen, um dort ihre Souveränität zu etablieren, desto mehr Land wollten sie und desto aggressiver agierten sie, um es zu schützen. Am Ende der Rebellion – die durch den Zorn darüber angestachelt wurde, dass die Küsteneliten ihre eigene politische Agenda über die Interessen der kleineren ländlichen Farmer*innen stellten, eine Dynamik, die ja auch heute nicht unbekannt ist – brüstete Bacon sich interessanterweise nicht mit seinem Sieg über Gouverneur Berkeley, gegen den er doch angeblich rebelliert hatte, sondern rief die Bewohner*innen Virginias auf einmal zur Einheit auf, um »uns gegen den gemeinsamen Feind zu verteidigen«.

Dieser gemeinsame Feind waren natürlich die Indigenen. Der Krieg diente, wie es so oft der Fall ist, weniger dem Versuch einer Behebung spezifischer Missstände als einer Zurschaustellung von Macht, einer Festigung der Nation und einer Bekräftigung autoritärer Ansprüche. Die Verlier*innen von Bacons Rebellion waren ganz eindeutig die Indigenen, darunter besonders die Susquehannocks, die in diesem Konflikt fast vollständig vernichtet wurden. Diese Opfer am Rande der imperialen Kriege waren nicht nebensächliche Kollateralschäden, sondern ein wesentlicher Teil der Expansion nach Westen. Ihr Schicksal war typisch dafür, wie Land erwor-

---

17 Gilbert war ein Bruder des berühmteren Sir Walter Raleigh und hatte einst die Menschen in Irland unterdrückt, wo er dafür berüchtigt war, dass er die Ir*innen in Angst und Schrecken versetzte, indem er die abgeschlagenen Häupter seiner Opfer öffentlich zu Schau stellen ließ.

ben und die Indigenen misshandelt oder ausgemerzt – in Bacons Worten »ruiniert« und »ausgerottet« – wurden und wie die Kolonisator*innen die Grenzen immer neu verschoben und befestigten, typisch also dafür, wie die Nation geschmiedet wurde. Der Krieg zwischen den USA und Mexiko Mitte des 19. Jahrhunderts ist ein weiteres Beispiel.

Roxanne Dunbar-Ortiz bezeichnet die siedlerkolonialistischen Invasor*innen als die »Schocktruppen der ›Westwärts-Bewegung‹ in Nordamerika«. Diese Schocktruppen nahmen zum einen den Indigenen ihr Land, aber zum anderen pflanzten sie dort auch ihre Flaggen gegen die anderen imperialen Staaten auf. Ein Blick auf die Karte der nordamerikanischen Siedlungen im Hinterland Ende des 17. Jahrhundert macht klar, dass es sich bei den Gebieten unter europäischer Kontrolle nur um einige Einsprengsel entlang der Küste handelte, die sich um Boston und Plymouth herum konzentrierten und sich am Ufer entlang bis ins heutige Maine zogen. Außerdem gab es einige Siedlungen um Chesapeake Bay herum, einige Vorposten im späteren Bundesstaat North Carolina und hier und da ein paar Siedlungen in der Gegend von Charles Town und St. Augustine in South Carolina und Florida. An den restlichen Küsten und im Inneren des Kontinents befand sich das ganze Land in den Händen Hunderter verschiedener Stämme und Völker, die darüber wachten, die es verwalteten und die manchmal auch miteinander darum kämpften. Nur etwa hundert Jahre später beanspruchten die Vereinigten Staaten das gesamte Land an der Ostküste und Hunderte von Kilometern ins Innere hinein für sich. Im selben Zeitraum explodierte die Kolonialbevölkerung von einigen Tausend im Jahr 1625 auf 2,5 Millionen im Jahr 1776.

¡Pasaremos! war der trillernde Refrain der Kolonisator*innen, der sich dann, sobald sie hinter sich blickten, in ¡No pasarán! verwandelte.

Musketen, Festungen, die Pocken – auf die dann bald die drei Gewalten der US-Regierung folgten – reduzierten die Bevölkerung der Native Americans, die sich plötzlich im Laufe dessen, was Mamdani als »den ersten Völkermord in der modernen Geschichte […] und den brutalsten und vollständigsten, der je unternommen wurde«, bezeichnet, von der neuen Nation eingeschlossen sahen. Bei einem Großteil dieses Völkermords wurden Grenzverschiebungen als Instrument eingesetzt: Neu gezogene Grenzen und jede Verletzung dieser Grenzen wurden zur Rechtfertigung gewaltsamer Strafaktionen genutzt. Diese Blutbäder vollzogen sich in mehreren Wellen und kulminierten Mitte des 19. Jahrhunderts.

Während es in den USA, auf dem Rest des amerikanischen Kontinents und in Australien zahlreiche Beispiele unverfrorener und von Bunkermentalität bestimmter Grenzziehung gibt, zeigen die für die Feldzüge in der ersten Hälfte des 19. Jahrhunderts charakteristische unermessliche Zerstörung, Gewalt und Heuchelei nicht nur die zugrundeliegende Niedertracht, sondern auch, wie die damalige Grenzpolitik und die ersten Anfänge einer Einwanderungspolitik schon die Grundlinien der heutigen Politik vorzeichneten.

Die ›Indianerfrage‹ im 19. Jahrhundert ist mit der ›Judenfrage‹ verglichen worden, die im darauffolgenden Jahrhundert in Europa zum Zivilisationsbruch führte, aber der Autor des Buchs *Unworthy Republic*, Claudio Saunt, bemerkt, es gebe auch »einige verblüffende Ähnlichkeiten zwischen der Vertreibung der indigenen Völker in den 1830er-Jahren und den staatlich organisierten Massendeportationen des 20. Jahrhunderts in der Türkei, in Griechenland, Deutschland und der Sowjetunion«. Tatsächlich waren die USA der erste Staat der Moderne, der eine solche Massendeportation durchgeführt hat.[18] Die mörderischen Vertreibungen, die perfiden Mechanismen der Enteignung und die direkte Massakrierung der Native Americans von Florida bis Ohio etablierten und zementierten in den USA wesentliche Ideen über Staatsbürgerschaft, Souveränität und die Grenzregionen.

Die Motivation hinter diesen Vernichtungsfeldzügen im 19. Jahrhundert war nicht nur der Hass auf die Native Americans und die Furcht vor ihnen (obwohl beides in reichlichem Maß vorhanden war), sondern auch eine rabiate Gier, die in dem Ahnenland der Indigenen eine Möglichkeit zur Expansion der auf Sklaverei basierenden Baumwollindustrie sah. Besonders in Georgia, Alabama, and Mississippi setzten *weiße* Farmer*innen und ihre meist nördlichen Geldgeber*innen alles daran, weitere Flächen mit dem Weißen Gold zu bepflanzen. Die Politiker auf lokaler, bundesstaatlicher

---

18 Massenvertreibungen hat es auch in früheren Jahrtausenden schon gegeben, wie zum Beispiel die Deportation eroberter Völker und aufrührerischer Untertanen im neoassyrischen Reich im achten und neunten Jahrhundert vor Christus. Tatsächlich waren Massendeportationen – obwohl man diese auch als Massenimporte auffassen kann – für die neoassyrischen Bemühungen zum Aufbau des Staates sehr wichtig. Wie James C. Scott schreibt, wurden dabei »ganze Bevölkerungen und Viehbestände des eroberten Gebiets von einem Territorium am Rand des Königreichs in ein näher am Zentrum gelegenes Gebiet gebracht, wo sie dann zwangsangesiedelt wurden«.

und nationaler Ebene, darunter auch Präsident Andrew Jackson, taten, was sie konnten, um die gerade erst gezogenen Grenzen zu den indigenen Gebieten wieder niederzureißen und das Territorium der Indigenen mit Sklavenhalter*innen und Sklav*innen zu überfluten. Dabei improvisierten sie rasch eine neue Grenze, die nach ihrer Vorstellung direkt westlich des Mississippi liegen sollte.

Das Oberste Gericht der USA segnete diesen immer weiteren Vormarsch bei gleichzeitiger Vertreibung ab und so konnte der Vorsitzende Richter, John Marshall, 1832 im Gerichtsbeschluss zum Fall *Worcester v. Georgia* schreiben: »Macht, Krieg und Eroberung verleihen Rechte, die nach der Inbesitznahme von der Welt anerkannt werden und an denen die, gegen die sie sich richten, niemals rütteln können.« Der Oberste Gerichtshof proklamierte hier ganz einfach die Maxime: *Wer die Macht hat, hat das Recht.*

Diese neuen Grenzen dienten nicht dem Schutz, sondern als Auslöser und Vorwand für neue Überfälle und Kriege – die wichtigsten Elemente des Nationalismus. Der italienische Politikwissenschaftler Maurizio Ferrera hat diese Dynamik als »die Erzeugung von innerem Zusammenhalt durch äußere Grenzziehung« bezeichnet.[19] Mitte der 1830er-Jahre zwangen US-Truppen indigene Menschen, in Ketten durch Alabama zu marschieren, und jagten in den Sümpfen Floridas hungernde Familien von einem Lager zum anderen. Dabei beteiligten sich zunehmend auch private Söldner am Geschäft der Enteignung, bei dem – um Roxanne Dunbar-Ortiz zu paraphrasieren – heiliges Land in Immobilien verwandelt wurde. Ein Großteil der Spekulation und der politischen Planung ging von Geschäftsleuten in New York aus, die in die Urbarmachung indigenen Territoriums investierten, damit Sklav*innen dort Baumwolle anbauen konnten. Und obwohl der berüchtigte Pfad der Tränen im Süden verlief, wo sich ein Großteil der Massendeportationen und Massenmorde ereignete, wurden die Native Americans auch aus den Nordstaaten auf ähnliche Weise vertrieben. In

---

19 Nehmen wir zum Beispiel NAFTA, das 1994 zwischen den USA, Mexiko und Kanada unterzeichnete *Nordamerikanische Freihandelsabkommen*, das zur selben Zeit, zu der die USA die Grenze zu Mexiko militarisierten, zu einer beispiellosen Überschwemmung Mexikos mit Waren US-amerikanischer Großkonzerne führte. Die Kriegserklärung der Zapatist*innen am 1. Januar 1994 war letztlich eine Reaktion darauf, dass die USA, Kanada und der mexikanische Staat den Zapatist*innen, anderen indigenen Gruppen in Mexiko und den Millionen von marginalisierten und ausgebeuteten Arbeiter*innen von Cleveland bis San Cristóbal mit der Durchpeitschung von NAFTA einen Finanzkrieg erklärt hatten.

Ohio sahen neugierige *weiße* Kolonisator*innen der Zwangsdeportation zu, als sei sie ein Schauspiel. Sie versammelten sich um improvisierte Lager, um zuzuschauen, wie die ›Indianer*innen‹ vorbeihumpelten und die wenigen Besitztümer, die sie hatten mitnehmen durften, mit sich schleppten. (Manchmal durften sie auch gar nichts mitnehmen.) Und es ging nicht nur um Unterhaltung: Als Mitglieder der indigenen Seneca aus Ohio nach Westen getrieben wurden, eilten, wie Saunt schreibt, »ihre *weißen* Nachbar*innen herbei, um ihre Unterkünfte zu demontieren und Fenster und Türen mitzunehmen, Ziegel- und Steinschornsteine auseinanderzubauen und wegzukarren und Fußböden und Zäune herauszureißen und mit sich zu schleppen. Einige von ihnen zogen einfach in die gerade leergewordenen Häuser ein.« Wie Dunbar-Ortiz in ihrem Buch *Not a ›Nation of Immigrants‹* schreibt:

»Nur durch einen gnadenlosen Krieg der Aufstandsbekämpfung – die Zerstörung indigener Städte, das Verbrennen von Ernten und Nahrungsvorräten und die Vertreibung der Bewohner*innen in Randgebiete, wo sie zu Flüchtlingen wurden – gewannen die Vereinigten Staaten die Oberhand, wobei sie den größten Teil des heutigen Ohio annektierten.«

In den Jahren danach folgten auf diese Vertreibungen Gesetze, die die Einwanderung aus Europa fördern sollten, darunter besonders der *Homestead Act* von 1862 und der *Act to Encourage Immigration* von 1864.

Die Politik der erzwungenen Migration – die die Absicht verfolgte, das Leben der indigenen Bevölkerung so unerträglich zu machen, dass sie ihre Heimat ›freiwillig‹ verließen – erinnert an eine Strategie, die auch fast 200 Jahre später immer noch eingesetzt wird und für die die von dem Republikanischen Präsidentschaftskandidaten Mitt Romney entwickelte Idee der ›Selbstabschiebung‹ als Beispiel dienen kann: Dabei sollte das Leben in den USA für Immigrant*innen ohne Papiere so furchtbar gemacht werden, dass sie aus eigenem Antrieb gehen oder, wie Senator Romney hoffte, »sich selbst abschieben« würden. Es lässt außerdem an die von der Grenzpatrouille betriebene Politik der ›Prävention durch Abschreckung‹ denken, die das Überschreiten der Grenze absichtlich so gefährlich macht, dass Migrant*innen bei dem Versuch, in den USA Freiheit zu finden, vielfach leiden und sterben, was andere davon abschrecken soll, es ebenfalls zu versuchen. (Das Problem ist, dass diese Politik – die Anwendung einer ganzen Palette vorsätzlich brutalisierender und entmenschlichender Taktiken – heute, fast zwei Jahrhunderte später, dennoch nicht funktioniert.) Prävention durch Abschreckung oder Abschreckung durch Tod ist letztlich eine Methode, mit der man Menschen wie Vieh einpfercht. Tatsächlich ist das Einpferchen von Menschen eine der Funktionen praktisch jeder modernen Grenztechnologie. »Indem sie die Migration aus Mexiko erzwingt und einen trichterförmigen Zaun schafft«, schreibt der politische Philosoph Thomas Nail, »wird die Grenze zwischen den USA und Mexiko im Endeffekt zur größten Menschenjagdanlage der Welt.« Nichts von alldem passiert zufällig oder aus Versehen. Der Spezialist für Internationales Recht Itamar Mann beschreibt den australischen Komplex der Immigrationshaft ganz ähnlich als »absichtsvolle Grausamkeit«.

Präsident Andrew Jackson, der sich energisch für den *Indian Removal Act* einsetzte, schrieb 1828: »Ich habe unsere Nation von allen Beschuldigungen freigesprochen und überlasse jetzt die armen, getäuschten Creeks und Cherokee ihrem Schicksal und ihrer Vernichtung.« Im selben Jahr verabschiedete Georgia ein Gesetz, das den Creek verbot, ohne Erlaubnis den Staat zu betreten. Wer beim illegalen Betreten des Territoriums ertappt wurde, konnte für zehn Tage ins Gefängnis gesperrt werden.

Allein im Lauf der 1830er-Jahre, in denen die Kolonisator*innen in fieberhaftem Tempo Native Americans vertrieben und töteten, wuchs die Zahl der Sklav*innen in Alabama auf das Doppelte an. Gegen Ende des Jahrzehnts bestellte fast ein Viertel von ihnen Land, das nur ein paar Jahre zuvor den Creek gehört hatte.

Saunt hat ausgerechnet, dass die Vertreibung der Menschen aus ihrer Heimat den US-amerikanischen Staat in heutigen Zahlen etwa eine Billion Dollar gekostet hat. Allein 1836 flossen mehr als 40 Prozent des Bundeshaushalts in die Deportationspläne. Grenzen zu schaffen, kostet sehr viel Geld, aber es kann auch viel einbringen. In den 1820er- und 1830er-Jahren, die maßgeblich durch die indigene Vertreibung gekennzeichnet waren, fuhr die Regierung mit dem Verkauf von Land, das sie den Indigenen weggenommen hatte, fantastische Gewinne ein, die ihre Ausgaben mehr als wettmachten.[20]

---

20 Siehe Kapitel 4 über die Wirtschaft: Während die genaue Zahl variiert, haben unabhängige Beobachter*innen berechnet, dass die US-Behörde ICE (*Immigration and Customs Enforcement*) täglich über 200 Dollar pro Kopf für die Inhaftierung von Migrant*innen in Haftzentren ausgibt. Bei der Rekordzahl von 55.000 Menschen, die im Sommer 2019 Tag für Tag eingesperrt waren, kommen wir auf elf Millionen

Kapitel 2: Das historische Argument

Aber es war nicht nur die Grenze, die den Native Americans die Luft abschnürte. Es war auch die Staatsbürgerschaft selbst. Das Konzept der Staatsbürgerschaft ist schon immer eine schwer greifbare Sache gewesen. Nehmen wir zum Beispiel die Art, wie Bürger*innen nach dem Einbürgerungsgesetz von 1790 in den Vereinigten Staaten zuerst als »freie weiße Personen« (womit Männer gemeint waren) »von gutem Charakter« definiert wurden.[21] In der Zeit vor dem Pfad der Tränen appellierten einige Südstaaten an die US-Regierung, die Staatsbürgerschaft auf diverse Stämme auszudehnen. Das war allerdings kein Akt der Wohltätigkeit, sondern eher eine Drohung, die Indigenen den USA einzuverleiben: Nachdem man ihnen lange und wiederholt Selbstbestimmung und Souveränität versprochen hatte, würden die Native Americans als Bürger*innen den Gesetzen, der Besteuerung und der vollen Jurisdiktion der US-Regierung und den Regierungen der Bundesstaaten unterworfen sein. Die Südstaatler*innen schwenkten die Staatsbürgerschaft also in Wirklichkeit als Waffe. Oder wie Mamdani schreibt: »Gerade die Politik, die auf dem Papier am klarsten die indigene Staatsbürgerschaft zu fördern schien, war in Wirklichkeit ein Werkzeug dafür, indigenes Land in das Eigentum *weißer* Siedler*innen zu verwandeln.«

In seiner Autobiografie *Fighting Tuscarora* schreibt Chief Clinton Rickard:

»Nach unseren alten Verträgen erwarteten wir den Schutz der Regierung. Der weiße Mann besaß jetzt den größten Teil unseres Landes und wir waren der Meinung, dass er verpflichtet sei, uns dafür etwas zurückzugeben, nämlich den Schutz des Landes, das uns noch gehörte, aber wir wollten nicht in seine Gesellschaft absorbiert und eingegliedert werden. Die Einbürgerung in die Vereinigten Staaten war nur eine andere Art, uns zu absorbieren und unsere Gebräuche und unsere Regierungsform zu zerstören. [...] Wir fürchteten, dass die Staatsbürgerschaft außerdem unseren Vertragsstatus in Gefahr bringen und zur Besteuerung unseres Landes führen würde. Wie können Bürger*innen einen Vertrag mit ihrer eigenen Regierung haben?«

Dollar am Tag, nur um Migrant*innen hinter Gittern zu halten. Da etwa 62 Prozent der Gefängnisplätze von privaten, gewinnorientierten Gefängnissen gestellt werden, ist leicht auszurechnen, dass Privatunternehmen zu Zeiten wie diesen in dieser Branche knapp sieben Millionen Dollar Umsatz am Tag machen.

21 Diese Bestimmung wurde zwar nicht kontinuierlich betrieben, blieb aber bis 1952 in Kraft.

Der *Indian Citizen Act* von 1924, der unilateral allen Indigenen, die noch keine Bürger*innen waren, die Staatsbürgerschaft verlieh, wurde nur eine Woche vor dem *Immigration Act* von 1924 unterzeichnet, der rassistisch motivierte Einwanderungsquoten enthielt, mit denen die Absicht verfolgt wurde, Menschen aus Ost- und Südeuropa auszusieben. (Asiat*innen wurden komplett ausgeschlossen.) Der scheinbar diametrale Gegensatz zwischen der Einbeziehung in die Nation (die Ausdehnung der Staatsbürgerschaft auf die Indigenen) und dem Ausschluss aus der Nation (die Verwehrung des Zutritts für bestimmte Ausländer*innen) bildet in Wirklichkeit nur die zwei Seiten ein und derselben Medaille der Nationenbildung: die Stärkung der Grenzen zwecks Assimilierung der widerspenstigen Fremden im Innern und Abwehr der von außen kommenden Fremden. Diese beiden fast gleichzeitig vollzogenen Schritte hatten für indigene Menschen, die sich außerhalb der gerade zuvor gezogenen US-Grenzen befanden (da indigene Gebiete sich sowohl im Norden als auch im Süden des Landes über die Grenzen hinaus erstreckten), verheerende Konsequenzen. »Dies war eine Verletzung unserer Souveränität«, schreibt Chief Rickard über den *Indian Citizen Act*. »Unsere wahre Staatsbürgerschaft befand sich in unseren eigenen Nationen.«

Ein weiterer unverfrorener Einsatz der Grenze nicht etwa, um ihre Verletzung generell zu verhindern, sondern um selektiv Bewegungsfreiheit für das Abschlachten indigener Menschen zu schaffen, war der Vertrag zwischen Mexiko und den USA von 1882, der festlegte, dass »reguläre Bundestruppen der beiden Republiken auf die jeweils andere Seite der Grenze wechseln dürfen, wenn sie die Verfolgung einer Bande wilder Indianer aufgenommen haben«. Der Vertrag wurde geschlossen, um die letzten Apachen töten zu können, die die Grenze als Schutzschild benutzt hatten, hinter den sie sich in ihrem Überlebenskampf gegen die mexikanischen Kolonisator*innen auf der einen und die US-amerikanischen Kolonisator*innen auf der anderen Seite zurückziehen konnten.

Die räuberischen Landaneignungen des 19. Jahrhunderts waren natürlich nicht das Ende der Geschichte. Die Enteignungen – begleitet von Angriffen auf ihre Kultur, Sprache, Geschichte und Alltagspraktiken – gingen auch weiter, lange nachdem der rechtliche Titel auf das Land schon gesichert war. In Kanada – einem weiteren Land mit einer obszönen Geschichte der Dezimierung und Vernichtung der indigenen Bevölkerung – betrieb der Staat mittels des Systems der *Indian Residential Schools* (Internatsschulen für indigene Kinder) seit dem Ende des 19. Jahrhunderts bis 1996, als die

Kapitel 2: Das historische Argument   71

letzte dieser Schulen geschlossen wurde, die Zwangsassimilierung indigener Kinder. Über 150.000 Kinder wurden zum Besuch dieser Schulen gezwungen, wo sie unbezahlte körperliche Arbeit leisten mussten, man ihnen die Haare abschnitt, man sie nur auf Hungerniveau ernährte, sie verprügelte, wenn sie ihre Muttersprachen verwendeten, sie sexuell missbrauchte und wo man ihnen erklärte, ihre eigenen Traditionen, Zeremonien, Religionen und Weltanschauungen seien Teufelswerk. Und wie eine Reihe von Wahrheits- und Versöhnungskommissionen später enthüllte, wurden sie nicht nur von ihren Eltern und Communitys getrennt, sondern vielfach dort auch getötet.

2021 fanden Vertreter*innen der Tk'emlups te Secwepemc First Nation und der Cowessess First Nation in unmarkierten Gräbern auf dem Gelände einer Residential School in British Columbia und einer weiteren Schule in Saskatchewan die Leichen von über tausend Kindern. Die Zahl der Kinder, von denen inzwischen feststeht, dass sie an solchen Schulen getötet wurden, beträgt über 5.000, obwohl viele Beobachter*innen der Meinung sind, dass die tatsächliche Zahl mindestens dreimal so hoch ist. In den Worten des ehemaligen Premierministers John A. Macdonald fungierten die Schulen als Mechanismus, um »das Indianische aus dem Kind zu vertreiben« – eine Praxis, die in dem Bericht der Wahrheits- und Versöhnungskommission Kanadas als »kultureller Völkermord« bezeichnet wird. (Rechtlich gesehen ist es außerdem auch Völkermord ohne qualifizierendes Adjektiv.) In dem Bericht heißt es weiter: »Der kanadische Staat verfolgte diese Politik des kulturellen Völkermords, weil er sich der rechtlichen und finanziellen Verpflichtungen gegenüber den indigenen Menschen entledigen und die Kontrolle über ihr Land und ihre Ressourcen erlangen wollte.«

Wie Peter McFarlane und Doreen Manuel in ihrem Buch *From Brotherhood to Nationhood* berichten, beschrieb der indigene Führer George Manuel die Residential School, die er besuchen musste, als »das Laboratorium und die Produktionsstätte des Kolonialsystems«. Naomi Klein bezeichnete die Schulen als »Horte der Vergewaltigung« und schrieb weiter:

> »Bei der Folter in diesen Schulen handelte es sich nicht um Sadismus um seiner selbst willen, sondern um Sadismus im Dienst eines höheren, hochprofitablen Zwecks – nämlich Landraub in großem Maßstab. Die Schulen räumten das Land auf effektivere Art, als ein Bulldozer es gekonnt hätte.«[22]

---

22 Das von Kanada beanspruchte Land, auf dem diese Schulen ihren Terror ausübten, wurde in Wirklichkeit niemals an den kanadischen Staat abgetreten. Es hat nie einen Vertrag, einen Kauf oder ein Landabkommen darüber gegeben – nie.

In den Vereinigten Staaten verfolgten fast 400 derartige Internatsschulen auf ähnliche Weise das Ziel einer Zwangsassimilierung indigener Kinder. Der Historiker und Aktivist Nick Estes schreibt in einem Artikel der *High Country News* von 2019, die Schulen in den USA hätten eine Schlüsselrolle dabei gespielt, die »unbeugsamsten Stämme« dazu zu bewegen, »nachzugeben und ihr Land zu verkaufen«, indem sie »ihre Kinder als Geiseln nahmen«. 2020 legte die Abgeordnete des Repräsentantenhauses Deb Haaland (die jetzt Innenministerin in Präsident Bidens Kabinett ist) den *Truth and Healing Commission on the Indian Boarding School Policy Act* vor, der die Schaffung einer US-Version der kanadischen Wahrheits- und Versöhnungskommission vorsah. Das Gesetz konnte keine Mehrheit erreichen.

||||||

Wie im Fall der Politik des ›Weißen Australiens‹ waren die ersten Formen der Einwanderungspolitik in den USA – nachdem man genügend Native Americans aus dem Weg geräumt oder getötet hatte – explizit rassistisch. Das erste Einwanderungsgesetz auf Bundesebene, der *Page Act* von 1875, richtete sich im Besonderen gegen chinesische Frauen. Die nachfolgenden *Chinese Exclusion Acts*, eine Reihe von Gesetzen, die Chines*innen die Einwanderung oder, wenn sie sich bereits im Land befanden, die Einbürgerung verwehrten, waren insgesamt 60 Jahre gültig und wurden erst 1943 aufgehoben. Doch diese extreme Art antichinesischer Politik war damals eine relativ neue Haltung der US-Regierung. Noch kurz vor dem *Page Act* waren Chines*innen willkommen geheißen und sogar zur Einwanderung in die Vereinigten Staaten ermutigt worden.

Die Behandlung der Chines*innen unter den US-Einwanderungsgesetzen demonstriert perfekt und auf tragische Art die gefährlich unberechenbare Natur der Grenz- und Einwanderungspolitik. Vor der Verabschiedung der Gesetze, die allen Chines*innen die Einwanderung oder Einbürgerung verwehrten, hatten die USA mit einer Reihe von Verträgen versucht, die Einwanderung von Menschen aus China zu ermutigen: Auf den Vertrag von Wangxia von 1844, den Vertrag von Tientsin von 1858 (die beide den Handel mit China und die Einwanderung von dort ankurbeln sollten) und den Burlingame-Vertrag von 1868 (in dem es hieß, dass die USA und China »aufrichtig das angeborene und unveräußerliche Recht des Menschen auf den Wechsel seiner Heimat und Zugehörigkeit und den wechselseitigen

Kapitel 2: Das historische Argument

Vorteil der freien Migration und Emigration ihrer Bürger und Untertanen von einem Land zum anderen aus Zwecken der Neugier, des Handels oder der permanenten Ansiedlung anerkennen« – alles in allem ein Manifest für offene Grenzen) folgten nur wenige Jahre später Gesetze, die chinesischen Arbeiter*innen unter Androhung einer Haftstrafe von zehn Jahren untersagten, den Boden der Vereinigten Staaten zu betreten.

Was kann diese radikale Umkehr erklären? Auch hier war die Grenz- und Einwanderungspolitik des Landes nicht von den inhärenten Bedürfnissen oder von den Rechten einer Nation als Nation bestimmt, sondern von politischen Motiven und der wechselnden Nachfrage nach Arbeitskraft. Die Verabschiedung der Gesetze war begleitet von einem schockierenden Ausbruch mörderischer und staatlich unterstützter antichinesischer Hysterie, die von Wyoming bis Washington State zu pogromartigen Massakern führte, bei denen Dutzende von Chines*innen ermordet und zusammen mit ihren Häusern verbrannt wurden. 1871 organisierten migrationsfeindliche Fanatiker*innen in Los Angeles ein Pogrom, das als der größte Lynchmord der USA in die Geschichte eingegangen ist. Angestachelt von Jahren der antichinesischen Gesetzgebung und der Hasspropaganda vor Ort – die Chines*innen seien »Barbaren, die den Weißen die Arbeit wegnehmen«, hieß es in einem Leitartikel der *Los Angeles News* – machte sich ein Mob anlässlich einer Auseinandersetzung in einem chinesischen Viertel, bei der der *weiße* Eigentümer eines Saloons getötet wurde, wutentbrannt an die Jagd auf Chines*innen und erhängte mindestens 15 Personen. Einem Bericht zufolge hackten *weiße* Bewohner der Stadt mit Spitzhacken Löcher in das Dach eines Wohnhauses, um mit ihren Gewehren ins Innere feuern zu können. Unter den Menschen, die an diesem Tag aufgehängt wurden, war auch ein 14-jähriger Junge.

In Seattle stürmte ein organisierter, von den Behörden unterstützter Mob von etwa 1.500 Menschen die Wohnungen der Chines*innen der Stadt, bedrohte sie, schleifte sie auf die Straße und säuberte die *gesamte* Stadt von allen Chines*innen. Ein Forscher kommt auf beinahe 200 Kommunen in den USA, die von 1885 bis 1887 all ihre chinesischen Bewohner*innen vertrieben oder zumindest den Versuch dazu unternahmen. In San Francisco wurde chinesischen Kindern der Besuch öffentlicher Schulen verboten und es wurde Chines*innen untersagt, sich im städtischen Krankenhaus behandeln zu lassen. In Kalifornien ging man bis zur Verabschiedung eines Zusatzes zur kalifornischen Verfassung, der festlegte, dass »keine in China geborene Person, kein Idiot, keine geisteskranke Person und keine Person, die wegen eines schweren Verbrechens verurteilt ist, [...] je das Privileg ausüben kann, in diesem Staat an Wahlen teilzunehmen«. Der *Geary Act* von 1892 legte fest, dass alle in China geborenen Menschen im Land eine Aufenthaltsgenehmigung mit sich zu führen hatten – das erste Beispiel für eine Ausweispflicht innerhalb der Vereinigten Staaten –, und sah für den Verstoß gegen diese Bestimmung eine Strafe von einem Jahr Zwangsarbeit oder Deportation vor. Das Gesetz wurde 1893, gerade einmal 25 Jahre nach der von den USA und China unterzeichneten aufrichtigen Anerkennung »des angeborenen und unveräußerlichen Rechts des Menschen auf den Wechsel seiner Heimat und Zugehörigkeit«, vom Obersten Gericht der USA bestätigt.

Dieser halsbrecherische Wandel der Politik zeigt deutlich, wie formbar Grenzen sind. Sie sind nichts Natürliches, sondern werden gewaltsam gemacht. Sie sind Werkzeuge, die als Waffe eingesetzt werden, keine Linien, die einfach so da sind. Grenzen sind genauso mobil – und so verletzbar – wie menschliche Wesen.

|||||||

Kehren wir zu der Idee der ›terra nullius‹ zurück. Stellen wir uns vor, subalterne Subjekte – arme Migrant*innen, Asylsuchende, Indigene, die erwarten, sich überall im Land frei bewegen zu können – würden einen solchen Anspruch erheben. Stellen wir uns vor, sie würden sagen: »Nun ja, die Grenze ist nichts wirklich Festgelegtes, sie ist selektiv durchlässig, und das Gebiet, wo ihr jetzt lebt, das die Heimat eurer Familien und der Ort eurer Häuser und Wohnungen und Träume ist – wir sehen dieses Land als leer, als *unbewohnt* an. Und wir beschließen jetzt einfach, die Grenze um ein paar Meilen zu verschieben und weil wir unsere eigenen rechtlichen, religiösen und kulturellen Institutionen und Praktiken als besser betrachten als eure, bestimmen wir auch per Dekret darüber, wer bleiben darf, wer die Grenze überschreiten darf und wo diese sich befindet und wie sie durchgesetzt wird.« Stellen wir uns vor, dass diese Subalternen wie dereinst die Regierung Australiens sagen würden, sie müssten das Land *bevölkern oder untergehen*. Stellen wir uns eine nigerianische Migrantin vor, die auf der italienischen Insel Lampedusa ankommt und behauptet, sie hätte sie entdeckt. Stellen wir uns vor, wie sie, lautstark, ein *requirimiento* verliest. Stellen wir uns eine Frau vor, die aus Guatemala kommt und sagt, wenn die Bewohner*innen von Texas sich nicht willig und vollständig den Herrscher*innen Guatemalas unterwerfen und zu ihren Untertanen würden, würden sie getötet, ihre Frauen vergewaltigt, ihr Land mit Gewalt genommen und sie selbst versklavt werden. Stellen wir uns einen flüchtenden Hazara vor, der auf einer australischen Insel anlegt, drei Salven abfeuert und sagt, das Land gehöre jetzt ihm. Stellen wir uns die volle Wucht der Reaktion der australischen Regierung vor.

Aber wir müssen uns all das gar nicht vorstellen. Wir sehen jeden Tag, wie die Sicherheitskräfte der enormen, einwanderungsfeindlichen und unmenschlichen Maschinerien Italiens, der Europäischen Union, Australiens und der Vereinigten Staaten nicht etwa gegen Invasor*innen und Kolonisator*innen aggressiv vorgehen und sie niedermachen, sondern gegen Asylsuchende und Migrant*innen.[23]

Der Erwerb von Territorium durch Eroberung ist heute illegal. Das ›Recht auf Eroberung‹, das bis Ende des Zweiten Weltkrieges offiziell anerkannt war, wurde im Zug der radikalen Umorientierung nach dem Krieg durch das Konzept der ›territorialen Integrität‹ ersetzt (und mit den Nürnberger Prinzipien von 1950 wurde Ersteres für widerrechtlich erklärt). Der Begriff der territorialen Integrität ist letztlich eine Festschreibung des post-westfälischen Systems, das den Status quo zementiert und den Siegern für immer ihre Beute zugesteht, ganz gleich, wie rücksichtslos sie diese vielleicht erworben haben. Wie der Philosoph Frédéric Gros schreibt, bedeutet die Entscheidung zur Respektierung und Aufrechterhaltung territorialer Integrität letztlich immer, dass wir davon ausgehen, »dass die Momentaufnahme einer spezifischen historischen Kräftebalance als absolut und unantastbar betrachtet werden muss«. Aber die Geschichte, und besonders die Geschichte der Grenzen, zeigt uns klar, dass nichts absolut und unantast-

---

23 An dieser Stelle muss unterstrichen werden, dass die beiden Situationen ungeachtet meiner hypothetischen Formulierung keineswegs gleich sind. Bei den heutigen Migrant*innen handelt es sich nicht um Kolonisator*innen, die Menschen auf räuberische Art misshandeln und ihr Land erobern und in Besitz nehmen. Außerdem waren die Kolonisator*innen des ›Zeitalters der Entdeckung‹, einschließlich der Siedler*innen in den USA, *keine Migrant*innen* im echten Sinn des Wortes: Statt sich an die bereits existierende Gesellschaft anzupassen oder sich in sie einzugliedern und zu einem Teil von ihr zu werden, strebten sie danach, sie auszulöschen und ihre eigene Gesellschaft aufzubauen – kein Akt der Migration, sondern ein Akt der Eroberung, der der exklusiven Besiedlung und dem Profit diente.

bar ist. Grenzen werden vorgeschoben, zurückgezogen, gebrochen, festgelegt und dann wieder verändert. Man denkt sie sich aus, sie werden abgeschafft, gewaltsam durchgesetzt oder komplett ignoriert. Sie erheben sich, sie machen Lärm, sie gehen durch die Wechselfälle ihres Lebens – genau wie es Nationen und Menschen tun.

Wir haben gefragt: »Woher kommt die Autorität, eine Grenze zu ziehen und sie durchzusetzen?« Die Autorität, auf die man sich beruft, um die Grenzen Australiens oder der Vereinigten Staaten (oder jeder anderen Nation) durchzusetzen, ist in keiner Weise ›natürlich‹, moralisch zu rechtfertigen oder durch die Geschichte gestützt. In Wirklichkeit basiert sie auf den Waffen der Grenzwachen und den schwarzen Talaren der Richter*innen an den Einwanderungsgerichten und wird durch diese aufrechterhalten.

Kapitel 3:
Shafa und die harten, kinetischen Lösungen

»Wir waren auf dem Weg«, sagte Shafa, ein 14-jähriges Mädchen aus Niger, über die Reise nach Algerien, die sie mit ihrer Mutter, ihren beiden jüngeren Schwestern und etwa hundert weiteren Migrant*innen unternahm. Sie reisten in einer Karawane durch den Sahel, einen wüstenartigen Landstrich, der sich quer durch Afrika zieht und den Kontinent zwischen der Sahara im Norden und der tropischen Savanne im Süden teilt. Über kreuz und quer verlaufende Sandpisten, die schon Millionen von nigrischen, nigerianischen, guineischen, ghanaischen, sudanesischen, südsudanesischen, kongolesischen, kamerunischen und Menschen der Burkinabé als Migrationsrouten gedient haben, fliehen Millionen aus kriegsverwüsteten Staaten und vor Völkermord, Dürre, Hunger und allen Arten von Entbehrung, Elend und Not nach Nordafrika: Marokko, Libyen und Algerien. In diesen Ländern schuften sie, um Geld nach Hause schicken zu können, oder ziehen weiter zur Nordküste Afrikas und über das Meer in Richtung Europa, dessen offizielle Sprecher*innen sie manchmal willkommen heißen – aber in der Regel werden sie vertrieben, ›abgefertigt‹ oder zurückgestoßen, manchmal direkt ins Meer, indem man sie auf unlenkbar umhertreibenden Flößen nach draußen zieht und sie dann den Fluten und dem Ertrinken überlässt. Oder man lädt sie auf libysche Fischerboote, die in Apparate zum Menschenfang und schwimmende Einwanderungsgefängnisse verwandelt wurden, Schiffe, die die Migrant*innen zurück nach Afrika bringen, wo sie eingesperrt oder geschlagen oder deportiert und manchmal auch versklavt werden. Dieses mögliche Schicksal, das Schicksal selbst und Orientierungspunkte gleich welcher Art im Sand lagen im Moment noch Hunderte von Meilen im Norden[1] und Shafa befand sich

---

1 Die Europäische Union finanziert direkt die Libysche Küstenwache, die keine formale staatliche Behörde ist, sondern ein Durcheinander von örtlichen Patrouillen mit Beziehungen zu Milizen, deren ›Vertreter‹ manchmal Migrant*innen an Geheimgefängnisse verkaufen, wo sie ohne Zugang zur Außenwelt festgehalten, misshandelt, vergewaltigt, ermordet und manchmal erneut verkauft werden.

noch im trockenen Ozean des Sahel, mit ihrer Mutter und ihren beiden Schwestern in einem Lastwagen zusammengedrängt. Sie klammerten sich zusammen mit Dutzenden von anderen Menschen an Holzstangen, die auf der Ladefläche angebracht waren oder stapelten sich in der Kabine, aus der man die Sitze herausgerissen hatte, während sie über die offenen Weiten rumpelten, die sich diesig und heiß bis zum Horizont zogen – Routen, die lange Zeit von den Tuareg und den Toubou dominiert waren, die über sie (mindestens seit dem Sklavenhandel des 6. Jahrhunderts) Menschen und alle Arten von Gütern transportiert haben, darunter zu heutiger Zeit Zigaretten und Kokain aus Südamerika, Tomaten aus dem grüneren Süden sowie anderes geschmuggeltes Gemüse und alle Arten von toxischer Konterbande, und Shafa bedeckte ihr Gesicht gegen den Staub, die Sonne, den brutalen Andrang der Hitze.

Und dann, so Shafa, »ging unser Lastwagen kaputt«. Während einige der Führer sich am Motor zu schaffen machten, tranken die Migrant*innen ihr letztes Wasser aus. Es gelang ihnen, einen Brunnen ausfindig zu machen, und sie stiegen hinein und gruben und kratzten mit einer improvisierten Hacke und einige von ihnen konnten etwas trinken. »Wir anderen blieben weiter durstig«, sagte Shafa. »Die Führer sagten uns, wir sollten warten, aber nach einer Nacht und einem Tag waren sie immer noch nicht zurückgekommen. An die 15 von uns starben an diesem zweiten Tag ohne Wasser.« Und dann, endlich – zuerst als Wolke am Horizont und dann als Rumpeln, das sie mehr fühlen als hören konnte – stach ihr der scharfe Geruch von Diesel in die Nase und der zweite Laster kehrte zurück. *Dieu merci*, und einige der Männer führten die Reparatur zu Ende, und die Migrant*innen stapelten sich wieder übereinander, während sie weiterfuhren und der Sand in Wolken hinter ihnen her wirbelte, die sich nie zu legen schienen. Shafa merkte nicht, dass sie eine Grenze überquert hatten, bis sie auf einmal in einem der Dörfer, durch die sie kamen, Arabisch hörte.

Sie sah Männer mit weinroten Berets und goldenen Schulterklappen. Es waren algerische Soldaten, die in Aufstandsbekämpfung ausgebildet waren (bei der man sich laut dem Innenminister Algeriens auf »harte, kinetische Lösungen« konzentrierte), Wachen, die die unmarkierte Grenze zwischen Niger und Algerien schützten, die erstmals 1905 zwischen Französisch Westafrika und Französisch Algerien gezogen und die dann nach der Unabhängigkeit Algeriens zumindest auf den Landkarten beibehalten worden war. Es war eine Grenze, die von Kartografen gezogen worden war, die nicht mit den kulturellen, tribalen oder sprachlichen Wechselfällen und Mischungen der Region vertraut waren und die die Flüsse oder Berge Afrikas nicht kannten, aber die Grenzen dennoch zogen und dabei auch Gebilde wie Lesotho schufen, das komplett durch das riesige Südafrika eingekreist ist, oder über dem Norden Botswanas einen Landstreifen einzeichneten, der zu Namibia gehörte, oder Kamerun in einem seltsamen Bogen fast bis nach Niger reichen ließen. 1860 bemerkte Lord Salisbury, die Europäer hätten sich

> »darangemacht, an Stellen Linien auf Karten einzuzeichnen, an die kein weißer Mann je seinen Fuß gesetzt hat; wir haben einander freigiebig Berge und Flüsse und Seen geschenkt und mussten uns dabei nur mit dem kleinen Hindernis auseinandersetzen, dass wir nie genau wussten, wo sich diese Berge, Flüsse und Seen eigentlich befanden.«

Heute bestehen 44 Prozent der internationalen Grenzen in Afrika aus geraden Linien. Und 40 Prozent der Ländergrenzen auf der ganzen Welt wurden von nur zwei Ländern gezogen, nämlich Großbritannien und Frankreich.

Für jeden Menschen, der im Mittelmer stirbt, das häufig als die für Migrant*innen tödlichste Zone der Welt bezeichnet wird, sterben laut den Vereinten Nationen weitere zwei Personen auf dem Weg dorthin in der Wüste. »Es gibt nichts, was man tun kann, um das zu verhindern. Der Drang ist zu stark«, erklärte mir Giuseppe Loprete, ein Vertreter der *International Organization of Migration* (IOM), der jahrelang in der Sahelregion gearbeitet hat, zur Migration in der Region. »Es ist noch nicht einmal ein Rechenexempel«, sagte Loprete. »Die Menschen müssen fortgehen.«

Mahmood Mamdani schreibt in seinem Buch *Neither Settler Nor Native*:

> »Autor*innen, die über Afrika schreiben, beklagen oft den künstlichen Charakter der von den Kolonialmächten gezogenen Grenzen – künstlich insofern, als sie quer durch kulturell zusammengehörige Gemeinschaften verliefen. [...] Diese Art Kritik dient der Stärkung der modernistischen kolonialen Ideologie, indem sie den Gedanken suggeriert, interne Grenzen zwischen als Stämmen territorialisierten ethnischen Gruppen seien irgendwie natürlich.«

Mamdani und andere sind der Meinung, dass das Konzept ›Stamm‹ – zumindest als territorialisierte Gruppe, die exklusiv an eine markierte Grenze gebunden ist – selbst schon ein koloniales Zwangskonstrukt ist und eine Grenze impliziert, die genauso tödlich ist wie die künstlichen Demarkationslinien, die um die Nationalstaaten herumgezogen wurden und werden.

Vor der Kolonisierung folgte die staatliche Macht in Afrika auf fluide Art dem Aufstieg und Fall von Königreichen, die in wechselnden Regionen und in wechselndem Maß die Kontrolle über Land und Bewohner*innen ausübten. Das Hin und Her des nomadischen Lebens, das lockere und wechselnde Zusammentreffen von Sprachgruppen und Gebräuchen, der Aufstieg von Städten und Stadtstaaten sowie Handel und Krieg vermischten sich alle miteinander und machten Unterschiede tendenziell unwichtig und nebensächlich. Was bis zur europäischen Eroberung nicht geschah, war die territoriale Abgrenzung der Völker in Afrika: *dieses Volk hier und nur hier, jenes Volk dort und nur dort.*

Die Grenzen dessen, was zu afrikanischen Nationalstaaten werden sollte – Gebiete, die zur Definition von Majorität und Minorität innerhalb spezifischer Territorien markiert wurden –, wurden seit Beginn des ›Wettlaufs um Afrika‹ gezeichnet und ins Leben gerufen, als die europäischen Reiche auf der Berliner Konferenz von 1884 den Kontinent zwischen Frankreich, Großbritannien, Belgien, Italien, Deutschland, Portugal und, in etwas geringerem Maß, Spanien aufteilten.[2] Im 20. Jahrhundert wurden diese selben Grenzen befreit, verloren, gewonnen und dann durch die Entkolonisierungsbewegungen, die alle erneut zu einer Verhärtung der Grenzen führten, wieder zurückgewonnen. »Die Zulus und die Xhosas hatten ihre Differenzen, lange bevor sie je irgendwelche Europäer*innen zu Gesicht bekamen«, schreibt der Geograf Tim Marshall. »Aber der Kolonialismus setzte mit Gewalt einen Zustand durch, in dem diese Differenzen innerhalb einer künstlichen Struktur gelöst wurden – dem europäischen Konzept des Nationalstaates.«

Heute, wo mehr Afrikaner*innen als je zuvor sich auf den Weg in Richtung Europa, USA, Australien oder ihrer afrikanischen Nachbarstaaten machen, werden weitere Linien gezogen: In den letzten zehn Jahren sind überall in Afrika 50 verschiedene Unabhängigkeitsbewegungen entstanden, die Befreiung und neue Linien der ›Kontrolle‹ versprachen und versprechen. Aber wie wir weiterhin, unter anderem an der südsudanesischen

---

2 Der preußische Ministerpräsident Otto von Bismarck rechtfertigte die Aufteilung und Beherrschung des Kontinents durch Europa damit, dass dies »die Eingeborenen Afrikas in den Einflussbereich der Zivilisation bringen« würde.

Kapitel 3: Shafa und die harten, kinetischen Lösungen

Unabhängigkeitsbewegung, sehen, ist ethnische Separation und Definition durch Grenzen – die Strategie von ›definiere und herrsche‹ – nicht nur unmöglich zu erreichen, sondern auch immer gewalttätig. Heute befinden sich 4,4 Millionen Südsudanes*innen auf der Flucht und können nicht in ihre Heimat zurückkehren, was *Refugees International* dazu veranlasst hat, das Land als eine »Nation auf der Flucht« zu bezeichnen. Nationen stellen selbst Akte permanenter Vertreibung dar.

Niger, das Land, aus dem Shafa kommt, ist das letzte der Länder der *Economic Community of West African States* (ECOWAS), zu der außerdem Benin, Burkina Faso, Cap Verde, die Elfenbeinküste, Gambia, Ghana, Guinea, Guinea-Bissau, Liberia, Mali, Niger, Nigeria, Senegal, Sierra Leone und Togo gehören. Es ist eine Region, in der das Überqueren von Staatsgrenzen oft eine Sache von Bestechung, einer langen Busfahrt und einer kleinen Erpressung ist. Von Niger nach Libyen und Algerien zu kommen, die sich außerhalb der ECOWAS-Region befinden, ist schwieriger, kostspieliger und gefährlicher.[3] 2015 übte die Europäische Union Druck auf Niger aus, etwas gegen die Migration nach Norden zu tun. Niger verabschiedete Gesetz 36, mit dem Busfahrer*innen und die Führer*innen von Migrant*innen zu Menschenhändler*innen erklärt wurden und trieb die Migrant*innen damit in die Arme von Schmuggler*innen, die sich jetzt an diesem Geschäft beteiligten und bereit waren, immer gefährlichere Routen quer durch die Wüste zu benutzen.

Geschäftstüchtige Ortsansässige verkaufen Holzstangen, die man als Haltegriffe verwenden kann, damit die Migrant*innen nicht aus den Lastwagen fallen und in der See aus Sand begraben werden. Sie verkaufen Wasserbeutel, Zigaretten, warme Mäntel für die kalten Nächte. Sie kommen an Uranminen und an US-Luftstützpunkten vorbei, über denen Drohnen in den Himmel aufsteigen, um nach Rebell*innen Ausschau zu halten oder eine Rakete auszuspucken. Samantha Reho, eine Sprecherin des US-

---

3 »Die derzeitige Schmuggelwirtschaft im nördlichen Niger kann bis in die 1970er-Jahre zurückverfolgt werden«, schreiben Peter Tinti und Tuesday Reitano, »als Netzwerke entstanden, um den illegalen Fluss subventionierter Güter wie Benzin und Nahrungsmittel von Libyen und Algerien in den Niger und das benachbarte Mali zu organisieren, während gleichzeitig Vieh und Arbeitskräfte in die entgegengesetzte Richtung gingen. Dabei wurden offizielle Kanäle fast immer vermieden und so bildete sich die Basis eines informellen Handelsnetzes in der gesamten Region heraus.« Darüber hinaus verwendeten Händler*innen in der Sahelzone Sklav*innen zum Transport von Salz, das einstmals die wertvollste Ware der Region war.

Kommandos in Afrika, sagte: »Der Feind nutzt diese Grenzen aus – die ganze Zeit.« Der ›Feind‹ tut genau das, wofür Grenzen gezogen werden. Kurz nachdem Shafa die roten Berets und die Schulterklappen gesehen hatte, wendeten die Laster abrupt, um wieder nach Süden zu rasen. Nach einer Weile hielten sie an »und die Führer befahlen uns, abzusteigen und uns in einem Graben zu verstecken«, berichtete Shafa der BBC. Die Führer spielen ein Spiel – sie wissen, wann sie aufgeben und wann sie fliehen müssen, wann man eine Ladung besser verliert und wann man noch mit Bestechung weiterkommt. Sie machen Werbung auf Facebook und auf WhatsApp: Kinder reisen umsonst, Zahlen bei Ankunft, bis zu 2.000 Menschen pro Woche. Sie transportieren Kokain aus Kolumbien nach Guinea-Bissau und Menschen aus West- oder Zentralafrika in Richtung Norden und von dort weiter nach Europa. Und wenn sie es nicht schaffen, warten sie. Noch einmal 35 Dollar, noch einmal nach Norden, noch einmal 50, Verhandlungen über das Bestechungsgeld, Suche nach einem neuen Grenzübergang. Shafa kauerte sich in den flachen Graben, während die Führer hastig redeten und in ihre Handys bellten, und als eine der Frauen, die in dem Graben warteten, es nicht mehr aushielt und anfing, sich zu beklagen, nahmen die Führer Schläuche heraus und fingen an, die Menschen zu schlagen und die Männer und Frauen durch Prügel zum Schweigen zu bringen.

Einige der Kinder starben in dieser Nacht. Ihnen war erneut das Wasser ausgegangen. Die Führer sagten, sie könnten nicht mehr weiterfahren und sie müssten nach Niger zurück, und so befahlen sie den Leuten, wieder auf die Lastwagen zu steigen, und fuhren nach Süden in Richtung des von Staub überzogenen Horizonts. Und dann ging bei einem der Laster der Motor aus; er hatte kein Benzin mehr und kam stotternd zum Halt, und die Führer befahlen den Leuten, wieder abzusteigen und sagten ihnen, sie würden wegfahren, um sich nach Treibstoff umzusehen, und sie ließen sie wieder in dem Meer aus Sand zurück.

2020 baute Niger mit Geldern der italienischen Regierung und der *International Organization of Migration* (IOM) eine kurze Grenzmauer und eine Grenzstation, wo es vorher nur einen mobilen Grenzposten gegeben hatte.

Alarme Phone Sahara, eine Organisation, die sich auf die Rechte und die Rettung von Migrant*innen konzentriert, begann im Frühjahr 2020 über ›nicht-offizielle‹, das heißt, illegale Massenabschiebungen aus Algerien nach Niger zu berichten. Hunderte von Migrant*innen, manchmal tausend pro Tag, wurden in Lastwagen, Busse und Fahrzeuge aller Art geladen, nach

Süden über die Grenze gefahren und dort Dutzende von Meilen von jeder Stadt und jeder sonstigen menschlichen Ansiedlung entfernt in der Wüste abgeladen. Während einer solchen Abschiebung kam es zu einem Busunfall, bei dem 60 Migrant*innen starben. Im selben Monat verübten Militante in der Tilla-Region einen Terroranschlag und ermordeten mindestens 161 Menschen. Mit der Blockierung traditioneller Migrationsrouten ist die Reise tatsächlich noch gefährlicher geworden. Auf der Website von *Alarme Phone* ist eine Liste von Ratschlägen für Menschen aufgeführt, die planen, die Reise durch die Wüste zu unternehmen: »Wir hoffen, dass diese Informationen Ihr Leben retten werden, aber Sie sollten schon vorher wissen, dass ihre Reise trotzdem schwierig und gefährlich sein wird!« Die IOM schätzt, dass sie in den drei Jahren von 2016 bis 2019 mehr als 20.000 Menschen gerettet hat, die bei dem Versuch der Migration nach Norden in der Sahara gestrandet waren.

Shafa und die anderen warteten zwei weitere Tage in der Wüste, während immer mehr Menschen starben und die anderen über die Toten wachten. »Wir waren insgesamt acht«, sagte Shafa,

> »zusammen mit meiner Mutter und meinen jüngeren Schwestern. Als wir müde wurden, setzten wir uns unter einen Baum und da starb dann eine meiner Schwestern. Wir begruben sie dort. Dann gingen wir weiter und einen Tag später starb meine zweite Schwester. Und dann, am dritten Tag, starb meine Mutter. Ich habe sie alle selber begraben.«

Die Leichen der anderen wurden von Goldschakalen zerfetzt und aufgefressen.

Kapitel 4: Das wirtschaftliche Argument

Das Wort *Ökonomie* stammt aus dem Griechischen und bedeutet ›Gesetz des Hauses‹. Man stellt sich Grenz- und Einwanderungspolitik oft als eine Sache vor, bei der es um Entscheidungen und Regeln im Hinblick auf das ›eigene Haus‹ geht: Man lässt Menschen ein oder man hält sie draußen. Grenzkontrollen sind weitgehend eine Sache der Ökonomie.

»Fragen Sie sich doch einmal«, heißt es in einem Anti-Immigrations-Video der extrem rechten *Federation for American Immigration Reform* (FAIR), dem viele Hardliner sicherlich zustimmen würden, »warum wir nachts unsere Türen abschließen?« Und die suggestive Antwort: »Unter anderem deshalb, weil wir verhindern wollen, dass ungeladene Gäste einfach zu uns hereinkommen.« »Warum also«, so der Erzähler weiter, »sollten wir an die Sicherung unserer Grenzen irgendwie anders herangehen?«

Mir schrieb einmal ein Internet-Troll und warnte mich nach einer langen und größtenteils zusammenhangslosen Suada vor einem »Illegalen, der sich in Ihrem Gästeschlafzimmer breitmacht«.

Zunächst einmal habe ich gar kein Gästeschlafzimmer. Zweitens ist die Analogie, obwohl sie vielleicht einleuchtend wirkt, sowohl billig als auch falsch. Der Schluss von den Notwendigkeiten und der Verwaltung einer Wohnung oder eines Hauses auf die Verwaltung eines Nationalstaates mit einigen hundert Millionen Einwohner*innen ist ungefähr so angemessen wie der Vergleich zwischen einer Qualle und einem Menschen. Es gibt da zwar einige grundlegende Ähnlichkeiten, wie zum Beispiel, dass Quallen genau wie Menschen Körper haben, auf Stimuli reagieren sowie Nahrung zu sich nehmen und Abfälle ausscheiden, aber darüber hinaus gibt es kaum Gemeinsamkeiten.

Eine Wohnung oder ein Haus ist ein privater, oft als unantastbar betrachteter Raum, der durch Gesetze über Privateigentum und Verfassungsrechte wie das, keine Truppen in seinem Haus einquartieren zu müssen, geschützt ist. Eine Wohnstätte ist nicht nur etwas mehr oder weniger Statisches, sondern beherbergt im Allgemeinen auch nur eine einzelne Familie, egal, ob ein Apartment mit nur einigen Zimmern oder eine Villa mit Dutzenden von Räumen diesem Zweck dient. Länder dagegen wachsen oder schrumpfen in Bezug auf ihr Territorium und ihre Einwohnerzahl, sind wesentlich größer als Häuser oder Wohnungen und dienen – ungeachtet einer langen Geschichte und der heutigen Realität der Unterdrückung von Minderheiten – der Beherbergung einer enormen Vielzahl von Menschen.

Hausbesitzer*innen haben aufgrund der in einem Großteil der Welt geltenden vielfältigen Eigentumsgesetze die Position kleiner Despot*innen. Sie können sich weigern, Leute einziehen zu lassen, die ihre Meinungen nicht teilen, und außerdem Menschen auf der Basis von Religion, Geschlecht oder sogar der Hautfarbe benachteiligen. Sie können in ihrem Haus und auf ihrem Grundstück letztlich tun, was sie wollen, solange sie niemanden physisch bedrohen oder verletzen, obwohl auch das hinter verschlossenen Türen durchaus geschieht. Hausbesitzer*innen könnten auch Regeln festlegen, die Meinungs- und Religionsfreiheit garantieren, aber sie sind in keinster Weise verpflichtet, dies zu tun. Wenn wir jedoch hier Staat und Regierung denselben Spielraum gewähren wollten wie den Hausbesitzer*innen, würden wir damit dem Totalitarismus – Wortspiel beabsichtigt – Tür und Tor öffnen.

Der Gedanke, die von Hausbesitzer*innen so sehr geschätzten Rechte könnten auf den Staat ausgedehnt werden, ist beängstigend, aber im Bereich der Einwanderungspolitik geschieht derzeit letztlich genau das. Tatsächlich ist es die Ökonomie im gängigen finanziellen Sinn, die uns den Schlüssel dazu liefert, zu verstehen, warum Länder starke Einwanderungsbeschränkungen als Hebel einsetzen und warum eine starke Liberalisierung der Einwanderungskontrollen sowohl für die Einheimischen als auch für die Immigrant*innen ein großer wirtschaftlicher Gewinn sein würde.

Aber hier tut sich auch eine Falle auf, in der wir uns nur allzu leicht verfangen können. Indem wir uns bemühen, andere davon zu überzeugen, dass Migrant*innen keine Belastung für die Wirtschaft sind und dass sie in Wirklichkeit sowohl für die lokale als auch für nationale Wirtschaft einen Stimulus darstellen, laufen wir Gefahr, die Einwander*innen noch weiter in eine Verhandlungsmasse, eine Ware zu verwandeln. Und genau das – der Versuch, Migrant*innen zur Ware zu machen, aus ihnen all ihre Arbeitskraft auszupressen und ihnen dafür so wenig zu zahlen wie möglich, sie nur halb in die nationale Wirtschaft zu integrieren, nur um sie dort auszubeuten und sie dann wieder auszuspucken –, genau das ist eine der Haupttriebkräfte für geschlossene Grenzen und die restriktive Durchsetzung von Einwanderungsbeschränkungen. Die Bilanz zurechtzurücken und, wie Jeremy Harding es formulierte, zu sagen, dass Immigrant*innen »ihren fiskalischen Gegenwert aufwiegen« und kein Nachteil für die Wirtschaft sind, ist wichtig und ich tue das in diesem Buch auch, aber es ist ebenso wichtig, sich die Ökonomie der Grenzen nicht nur vom Standpunkt der reinen wirtschaftlichen Kalkulation anzusehen, sondern auch von dem einer Arbeiter- und Klassenperspektive. Mehr Migrant*innen in ein Land hineinzulassen, ist nicht nur ein Stimulus für das Wachstum des BIP, obwohl es auch das ist, sondern auch ein Weg, der es erleichtert, Arbeiter- und Menschenrechte zu schützen und Solidarität über die Grenze hinweg aufzubauen. Das alles soll besagen, dass wir die Grenzen öffnen sollten, weil es gut für die Menschen ist, und uns nebenbei auch an den sekundären Vorteilen (zu denen, wie ich zeigen werde, ein Wachstum des BIP, der Löhne und der Beschäftigung zählen) erfreuen sollten. Aber wir sollten die Grenzen nicht *wegen* des BIP öffnen.

||||||

Geld – entweder der schmerzliche Mangel daran oder das quälende Begehren danach – treibt viele Millionen von Menschen zur Migration. Geld treibt außerdem auch Länder dazu, die Migration aufhalten oder kontrollieren zu wollen. Und große Unternehmen verdienen Millionen von Dollar an der Migration, indem sie migrantische Arbeiter*innen ausbeuten, wobei sie die Grenzen dazu ausnutzen, diesen Menschen niedrigere Löhne und weniger Sozialleistungen zu zahlen. Auch Sicherheitsunternehmen verdienen Milliarden an Aufträgen zur Militarisierung der Grenze. Laut einer Studie des *Transnational Institute* von 2021 wird das jährliche Wachstum des Marktes für die Sicherung von Grenzen in den kommenden Jahren auf 8,6 Prozent steigen, was im Jahr 2025 zu einem Gesamtumsatz von 70 Milliarden Dollar führen würde.

Die Ursprünge der Einwanderungskontrolle in den Vereinigten Staaten waren weitgehend ökonomischer Natur. Schon im 17. Jahrhundert führten viele Städte und Orte in Massachusetts und New York eine ganze Reihe von Armengesetzen ein. Eine Regelung für die Siedlung in der Massachusetts Bay von 1639 gewährte den Bürger*innen der Siedlung das »Recht, über alle Angelegenheiten des gesetzlichen Status und der

Sorge für arme Menschen zu bestimmen«, und außerdem das »Recht, alle nicht angesiedelten Personen an Orte zu bringen, die sie im Hinblick auf den Lebensunterhalt solcher Personen und Familien und das Wohl des Landes für die besten halten«. Den Bürger*innen wurde damit also das Recht gegeben, Menschen zu vertreiben, weil sie arm waren. Gegen Mitte des 19. Jahrhunderts betrachteten viele Amerikaner*innen an der Ostküste – und wieder in Massachusetts und New York – die vermehrt ins Land kommenden irischen Migrant*innen als direkte wirtschaftliche Bedrohung. Einige Amerikaner*innen sahen die Ir*innen als ›Blutsauger‹ und arbeiteten daraufhin die ersten staatlichen Abschiebungsgesetze aus, um sie aus dem Land herauszuhalten oder hinauszuwerfen. Diese nativistische antiirische Stimmung bereitete den Boden für Einwanderungsgesetze auf Bundesebene, die ebenfalls von Klassenvorurteilen gegen die Armen geprägt waren und dieser Diskriminierung noch explizit rassistische und frauenfeindliche Aspekte hinzufügten.

Bis ins 19. Jahrhundert hinein waren die USA nicht nur ein Land, *aus* dem Migrant*innen abgeschoben wurden, sondern auch eines, *in das* sie deportiert wurden. So wurden Menschen, die man in Großbritannien als ›überzählige Arbeiter*innen‹ betrachtete, gegen ihren Willen auf Schiffe geladen und über den Atlantik gebracht. Im 18. Jahrhundert wurden mindestens 10.000 sogenannte Vagabund*innen und verurteilte Verbrecher*innen in die Vereinigten Staaten verschifft – eine Praxis, die die Brit*innen als ›Herausschaufeln‹ bezeichneten. Sie spiegelt auf wichtige Art wider, wie Diskriminierung zum Keim des Einwanderungsregimes wurde, das damals Gesetze zur Abschiebung sowohl aus den USA und als auch in die USA einschloss.

Dabei bestand – und besteht – die wirtschaftliche Angst darin, dass Migrant*innen knappe Ressourcen für sich beanspruchen könnten: Wohnungen, Gesundheitsversorgung, Sozialleistungen, Bildung, Arbeitsplätze, Löhne. Wichtig ist jedoch an diesem Punkt, dass weder Volkswirtschaften noch Arbeitsmärkte ein Nullsummenspiel sind. In einem abgeschlossenen System sind Geld und Arbeitsplätze nur in begrenztem Maß vorhanden: Wenn ein Dollar an eine bestimmte Person geht, geht er nicht an eine andere. Aber so funktionieren Volkswirtschaften nicht, und besonders nicht heute, wo sie auf verwickelte Art in den Weltmarkt integriert sind und wo das Geld – das ganze Finanzsystem – seit Langem vom Goldstandard und jedem anderen materiellen Standard abgekoppelt ist.

In Volkswirtschaften schaffen Arbeitsplätze weitere Arbeitsplätze und Dollars schaffen zumindest der Möglichkeit nach noch weitere Dollars – sie verhalten sich wie die magischen Besen in der Geschichte vom Zauberlehrling.

In ökonomischer Hinsicht markiert das Ziehen einer Grenze nicht die Grenzen einer Gemeinschaft, sondern drei separate Kategorien von Bevölkerungsgruppen: Eine der Gruppen wird besteuert und erhält Sozialleistungen, eine weitere (aufenthaltsberechtigt, aber Nicht-Bürger*innen) wird besteuert, aber erhält weniger Leistungen, und eine dritte Gruppe (Migrant*innen ohne Papiere) wird ausgebeutet, bekommt fast keine Sozialleistungen und wird manchmal eingesperrt und abgeschoben. (Eine Kategorie dazwischen sind ›Gastarbeiter*innen‹, zeitweilige Migrant*innen, die gezwungen sind, für einen einzigen Arbeitgeber zu schuften, und nur die elementarsten Rechte haben, wobei es auch dafür kaum eine echte Garantie gibt.)

In der Praxis werden Grenzen nicht einfach zur Festlegung der geografischen Ausbreitung politischer Gebilde gezogen, sondern zur Maximierung von Kontrolle und Profit und zur Ausbeutung der Minderheit, nämlich jener dritten Kategorie, der Migrant*innen ohne Papiere, die besteuert werden, aber fast keine sozialen Leistungen dafür erhalten.

In den USA leben mindestens elf Millionen Menschen ohne Papiere; in Europa sind es fünf Millionen und in Indien möglicherweise bis zu 20 Millionen. Außer den Menschen ohne Papiere gibt es weltweit Zig Millionen von Gastarbeiter*innen. In den Vereinigten Staaten sind es etwa eine Million und in den arabischen Golfstaaten leiden mehrere Millionen von ihnen unter dem ultra-ausbeuterischen sogenannten Kafala-System. Diese Arbeiter*innen ohne Papiere und diese Gastarbeiter*innen sind oft an unsichere oder unterbezahlte Arbeitsplätze gebunden, haben nur beschränkte oder manchmal gar keine Arbeiterrechte und sind Opfer von Misshandlung, unberechtigter Entlassung, sexuellen Übergriffen, Erniedrigung und tödlicher Gewalt.

Noch klarer als die Not und Prekarität, in der Migrant*innen ohne Papiere und Gastarbeiter*innen leben, sind die Ungleichheiten, die durch Grenzen durchgesetzt werden. Ein Beispiel hierfür sind die Lohnabstände, die man findet, wenn man von den USA nach Mexiko, von Israel nach Gaza, von Spanien nach Marokko und von Costa Rica nach Nicaragua blickt. 1960 waren die Bürger*innen der reichsten Länder im Durchschnitt

Kapitel 4: Das wirtschaftliche Argument 89

33-mal wohlhabender als die Menschen in den ärmsten Ländern. Im Jahr 2000 betrug der Faktor schon 134. Grenzen erhalten etwas aufrecht, was der Ökonom Thomas Piketty als »Regime der Ungleichheit« bezeichnet.

Bevor wir zu den positiven Argumenten kommen, die zeigen, warum eine Öffnung der Grenzen gut für die jeweilige heimische Wirtschaft und gut für die Migrant*innen sein würde, warum eine Öffnung der Grenzen die Ungleichheiten verringern würde und warum eine Öffnung der Grenzen zur Förderung der Menschenrechte und mehr Gerechtigkeit beitragen würde, müssen wir zunächst ein grundlegendes Missverständnis im Hinblick auf Grenzen ausräumen: Im Gegensatz zu einer weitverbreiteten Stimmungsmache führt eine Zunahme der Einwanderung nicht zu niedrigeren Löhnen und höherer Arbeitslosigkeit im Land.

2018 kamen über 1,1 Millionen legale Migrant*innen in die Vereinigten Staaten. Die Zahl der illegalen Migrant*innen in diesem Jahr war ebenfalls hoch, auch wenn sie schwerer zu bestimmen ist. Es war ein Jahr mit starker Einwanderung, fiel aber in dieser Hinsicht nicht aus dem Rahmen. Der Trend der Löhne in diesem und den folgenden Jahren war normal, was heißt, dass die Löhne kaum nach oben gingen, obwohl die Produktivität weiter stieg. Die Arbeitslosigkeit sank bald auf ein Rekordtief und der jährliche Anstieg des BIP war höher als in den meisten Jahren des vergangenen Jahrzehnts. Obwohl die Einwanderung sich nahe am Rekordniveau bewegte, waren keine negativen Auswirkungen auf Arbeitsmarkt und Löhne zu verzeichnen. Dieses Muster entspricht dem Muster, das wir auf der ganzen Welt und in der gesamten Geschichte finden. 2022 wanderten nach einem mehrjährigen Rückgang erneut über eine Million Migrant*innen in die USA ein, von denen die meisten Erwachsene im arbeitsfähigen Alter waren. Trotz aller Ängste vor einer steigenden Inflation und einer Rezession entwickelte sich der Arbeitsmarkt auch weiterhin besser als erwartet, und es gab mehr Arbeitsplätze, als von den Prognosen vor der Pandemie vorhergesagt. Der Ökonom Paul Krugman sagte dazu: »Es ist eine Übertreibung, die jedoch einiges an Wahrheit enthält, wenn man sagt, dass die Immigrant*innen derzeit die US-Wirtschaft retten.«

Eine 2007 von dem Professor für Wirtschaftswissenschaft an der University of California at Davis, Giovanni Peri, veröffentlichte Studie fand »keine Beweise dafür, dass der Zustrom von Immigrant*innen in der Zeit von 1960 bis 2004« – eine Periode mit starker Einwanderung – »die Beschäftigungsmöglichkeiten von Einheimischen mit vergleichbarer Bildung und Erfahrung verschlechtert hat«. Tatsächlich kam Peri zu dem Ergebnis, dass die Einwanderung in der Dekade der 1990er-Jahre »für die einheimischen Arbeiter*innen im Durchschnitt einen Reallohnzuwachs von vier Prozent ausgelöst hat«. Wie der Autor und ehemalige Kolumnist des *Wall Street Journal* James Riley meint, »haben Immigrant*innen in der Regel einfach den wirtschaftlichen Kuchen vergrößert und nicht die einheimischen Arbeiter*innen verdrängt«.

Eine Studie von 2011 kam zu dem Ergebnis, dass »Immigrant*innen fast die Hälfte der 50 wichtigsten Risikokapitalunternehmen Amerikas gegründet haben und in mehr als 75 Prozent der führenden innovativen Unternehmen unseres Landes zum Management oder den Produktentwicklungsteams gehören«. Laut einer weiteren Studie haben Immigrant*innen mehr als die Hälfte der Startups in den USA mit einem heutigen Wert von einer Milliarde Dollar oder mehr gegründet. Während der Einfluss der Einwanderung auf Volkswirtschaften und Kulturen sehr komplex ist, ist eines klar: Migrant*innen, egal, ob es sich dabei nun um Tech-Unternehmer*innen, Akademiker*innen, Beschäftigte in der häuslichen Pflege oder Bauarbeiter*innen handelt, fungieren als Katalysator*innen und Stabilisator*innen für den Markt.

Nicht die Migrant*innen, sondern die Reichen sind das Problem

Die USA sind eines der ungleichsten Länder der Welt, und zudem wächst die Kluft zwischen den Klassen rapide. Heute besitzen die obersten zehn Prozent der Verdiener*innen mehr als 48 Prozent des Vermögens des Landes. Zugleich gibt es in den USA 540 Milliardär*innen, während etwa 350.000 Menschen in ›absoluter Armut‹ (also von weniger als zwei Dollar am Tag) leben und sich fast 20 Millionen in ›großer Armut‹ befinden (die durch ein Jahreseinkommen von weniger als 12.000 Dollar für eine vierköpfige Familie definiert ist).[1] Im Lauf der COVID-19-Pandemie wurde die Kluft zwischen den Superreichen und den Armen noch größer. Harsha Walia sagte mir zu diesem Thema: »In unserem Kampf gegen die kapitalistische Sparpolitik müssen wir klarmachen, dass unsere Feind*innen sich

---

1   Das mittlere persönliche Jahreseinkommen von Migrant*innen lag 2018 bei knapp 32.000 Dollar und das von Familien bei 59.000 Dollar, was sich etwa in der Mitte zwischen der offiziellen Armutsgrenze und dem Durchschnittseinkommen von Einheimischen befindet.

Kapitel 4: Das wirtschaftliche Argument

in einer Limousine befinden und nicht auf einem Flüchtlingsboot.« Wenn man sich also wirklich Sorgen um die Volkswirtschaft macht und in diesem Bereich Abhilfe schaffen möchte, ist die Minderheit, der man die Schuld geben (oder die man abschieben) sollte, nicht die der armen Migrant*innen, sondern die der Superreichen.

Zwischen Mitte der 1980er- bis Mitte der 1990er-Jahre, als der Neoliberalismus das Denken von Ökonom*innen und Politiker*innen infizierte, verfünfzehnfachte sich der grenzüberschreitende Handel, und die weltweiten Auslandsinvestitionen stiegen um mehr als 500 Prozent. Ende der 1990er-Jahre hatte der internationale Handel einen Gesamtwert von etwa sechs Billionen Dollar erreicht. Hier ist Nandita Sharmas Zusammenfassung des Tributs, den dieser Handel den armen Ländern abforderte: »Die Weltbank schätzt, dass von 1978 bis 1982 etwa 80 Milliarden Dollar an Krediten und Investitionen in die 17 meistverschuldeten Entwicklungsländer *hinein*flossen, aber dass zur selben Zeit 130 Milliarden Dollar in Form von Schuldenzahlungen aus ihnen *heraus*flossen.« Ende der 1980er-Jahre betrug der *jährliche* Nettoabfluss bereits 40 Milliarden Dollar. Die Disparität zwischen Reich und Arm wächst also nicht nur innerhalb der reichen Länder, sondern auch zwischen den reichen und den ärmeren Ländern – und diese Kluft ist eine der wichtigsten Triebkräfte der Migration.

In den Vereinigten Staaten war die Steuerrate für die reichsten Bürger*innen 2021 so niedrig wie noch nie zuvor in den letzten 90 Jahren. Sie entwickelte sich von über 60 Prozent Anfang der 1930er-Jahre, über 90 Prozent während der gesamten 1950er zu einem Satz von um die 70 Prozent in den 1960ern und 1970ern, um dann seit den 1980ern sehr stark nach unten zu gehen. In der zweiten Hälfte der 2010er-Jahre betrug der Grenzsteuersatz 37 Prozent, und so können Hunderte von amerikanischen Milliardär*innen sich in Enklaven des Überflusses einigeln.

In den ersten neun Monaten der COVID-19-Pandemie vergrößerte die Milliardärsklasse der Welt ihr Vermögen um mehr als ein Drittel und schaufelte mehr als eine Billion Dollar in ihre ohnehin schon überquellenden Geldspeicher. Während massive Ausgaben für das Militär und die Militarisierung der Grenzen getätigt werden und die Verteidigungs- und Polizeietats weltweit in die Höhe schießen, tauschen Länder rund um den Globus den Sozialstaat gegen einen Staat ein, in dem Polizei und Grenzen eine immer größere Rolle spielen.

Besonders zu Zeiten einer anhaltenden Finanzkrise besteht die Versuchung, die Verantwortung für alle Probleme auf Bevölkerungsgruppen abzuwälzen, die ohnehin schon im Visier sind. Aber ein Blick auf einige historische Beispiele beweist, dass solche verzweifelten Schuldzuweisungen keine Substanz haben und in die Irre gehen.

Kurz nach dem Börsenkrach von 1929 wurde in den USA der *Mexican Repatriation Act* verabschiedet, durch den an die zwei Millionen Menschen aus dem Land abgeschoben wurden, von denen viele US-Bürger*innen waren. Die Logik dabei war, dass Arbeitsplätze knapp seien und die Abschiebung eines großen Teils der Arbeitskräfte dieses Problem lösen könne, aber Studien über die Auswirkungen der Deportationen auf den Arbeitsmarkt zeigten, dass die Löhne der Einheimischen, besonders in ländlichen Gegenden, aus denen viele Mexikaner*innen und Mexican-Americans abgeschoben worden waren, in Wirklichkeit fielen. Das allgemeine Produktionsniveau sank, die Farmer*innen kämpften mit der Ernte und die Geschäfte hatten weniger Kund*innen.

»Die Rückführung der Mexikaner*innen, die Arbeiter*innen und Farmarbeiter*innen waren«, schlossen die Forscher Jongkwan Lee, Giovanni Peri und Vasil Yasenov, »reduzierte die Nachfrage nach anderen Tätigkeiten, besonders nach gelernten Handwerker*innen, sowie nach Verwaltungs-, Administrations- und Verkaufstätigkeiten, die hauptsächlich von Einheimischen ausgeübt wurden.« Keine der versprochenen Verbesserungen für die einheimischen Arbeitskräfte auf dem Arbeitsmarkt realisierte sich. Ihre Löhne sanken, während gleichzeitig die Arbeitslosigkeit wuchs.

Nun, wo wir die Sorgen über negative ökonomische Auswirkungen der Einwanderung ausgeräumt haben, sollten wir uns ansehen, inwiefern und für wen Einwanderung eine hilfreiche Sache ist.

Migration hilft den Immigrant*innen

Studien zeigen, dass Migrant*innen, die aus Mexiko in die USA kommen, dadurch ihre Löhne um das zwei- bis sechsfache steigern, während Migrant*innen, die aus dem Afrika südlich der Sahara nach Europa einwandern, ihre Löhne sogar um noch größere Faktoren erhöhen. Eine Person, die aus dem Jemen in die USA migriert, würde ihren Lohn für annähernd dieselbe Arbeit um das 14-fache steigern; im Fall Haitis wäre der Faktor sogar größer als 23. Wenn man selbst den eigenen Lohn für vergleichbare Arbeit verdoppeln, verdreifachen, vervierfachen, ver-x-fachen könnte, wäre man da nicht auch versucht auszuwandern?

Aber außer den klaren Vorteilen im Bereich der Löhne – sehr viel mehr Geld für vergleichbare Arbeit – bieten die Länder und Regionen, in denen sich die Migrant*innen ansiedeln, im Allgemeinen auch mehr Arbeiterrechte, einen besseren Arbeitsschutz, eine bessere Infrastruktur und ein größeres Maß an bürgerlichen und politischen Freiheiten.

Sich an einen Ort zu begeben, an dem man mehr verdienen und das Verdiente besser schützen kann, ist ein Aspekt dessen, was als ›Standortprämie‹ bezeichnet wird: In Gesellschaften mit größeren Ressourcen und besseren wirtschaftlichen Institutionen können Arbeiter*innen um ein Mehrfaches produktiver sein als in ihrem Herkunftsland. Eine der klaren Lehren aus solchen Fakten ist, dass in vielen Ländern der Welt Arbeitsmobilität der beste Weg zur Reduzierung der Armut von Haushalten ist, viel besser als fast jede andere politische oder fiskalische Intervention.

Über 40 Prozent des BIP Tadschikistans basiert auf Geldern, die von im Ausland lebenden Migrant*innen zurück in die Heimat geschickt werden. Ähnliches gilt für ein Drittel des BIP von Nepal und über 20 Prozent des BIP El Salvadors. In vielen Ländern halten sich Familien und manchmal ganze lokale Wirtschaften nur durch solche Überweisungen am Leben. Und während das Ziel wirtschaftlicher Autonomie attraktiver oder nachhaltiger erscheinen mag, sind etliche Communitys seit langer Zeit für dringend benötigte Mittel und Ressourcen von den Aktivitäten ihrer Mitglieder weit entfernt im Ausland abhängig. Und auf dem heutigen globalen Markt schickt jedes Land schon längst seine Unternehmensscouts oder Unternehmensmigrant*innen aus, damit sie dort zu Wohlstand kommen und einen Teil davon zurück nach Hause schicken.

Transnationale Communitys sind im Grunde genommen das Gegenstück zum Outsourcing. Konzerne wie Ford, Nike und Apple lassen ihre Produktionsstätten migrieren und holen die Profite für ihre Aktionär*innen nach Hause zurück. Wenn wir diese transnationalen Unternehmen akzeptieren können, warum können wir uns dann nicht andere, lose und schöpferische Konfigurationen von Identität und Zugehörigkeit vorstellen, die internationale Trennlinien überschreiten? Vielleicht liegt das, wie die indigene Linguistin Yásnaya Elena Aguilar Gil schreibt, daran, dass staatliche Grenzen »sogar noch unsere Vorstellungskraft kolonisiert haben«.

Tatsächlich sind viele Gemeinschaften schon seit Langem de facto transnational. Gil setzt sich in einem Artikel für die Zeitschrift *The Baffler* damit auseinander, warum Gemeinschaften und sogar Nationen nicht notwendigerweise an einem Nationalstaat gebunden sein müssen. Sie bringt dazu das Beispiel des Territoriums der Yuma, das genau wie das anderer indigener Gruppen aufgeteilt wurde, sodass eine Hälfte in Mexiko und die andere Hälfte in den USA liegt. Das Territorium der Maya an der südlichen Grenze Mexikos wurde auf ähnliche Art auseinandergerissen. Heute haben Migrant*innen aus dem mexikanischen Bundesstaat Oaxaca Tausende Meilen nördlich von ihren traditionellen Heimatgebieten ihre eigenen höchst lebendigen Gemeinschaften etabliert. Der Mythos territorialisierter Gemeinschaften oder Nationen (die an ein bestimmtes und unveränderliches Stück Land gebunden sind) widerspricht sowohl der Geschichte als auch der Realität. Und die Mitglieder der Garifuna, die gegenwärtig in Guatemala, Honduras, Nicaragua, Belize und auf einigen karibischen Inseln leben, betrachten sich ungeachtet der Aufspaltung der mittelamerikanischen Landenge in separate Nationalstaaten in den 1830er-Jahren als Teil einer gemeinsamen Nation.

Trotz der starken wirtschaftlichen Rezession zu Beginn der COVID-19-Pandemie wuchsen die Auslandsüberweisungen aus den USA nach Mexiko 2020 auf über 3,5 Milliarden Dollar an, was die Stärke transnationaler Bindungen ein weiteres Mal illustriert.

Der sogenannte Brain-Drain – der angeblich dadurch eintritt, dass Menschen mit einer guten Ausbildung emigrieren und somit ihre Heimatländer ungebildeter zurücklassen – ist weniger eine Realität als ein unbegründetes xenophobes Argument gegen Einwanderung. Das dabei am häufigsten vorgebrachte Argument lautet, dass die Öffnung der Tore für eine größere Anzahl von Immigrant*innen aus ärmeren Länder dazu führen würde, dass es dann in diesen Ländern nicht mehr genügend dringend benötigte Ärzt*innen und Mitarbeiter*innen im Gesundheitssektor geben würde. Und während dieses Argument simplifizierend ist und übersieht, dass die Erfahrung von Beschäftigten im Gesundheitssektor im Ausland für die Gesundheitsversorgung in ihren Herkunftsländern von hohem Nutzen sein kann, besteht durchaus Grund zur Sorge. Laut einer Studie trägt »Afrika 24 Prozent der weltweiten Krankheitslast, verfügt aber nur über drei Prozent der Beschäftigten im Gesundheitssektor, die sich um die Kranken kümmern können«. Aber Mauern lösen dieses Problem nicht. Durch eine

Beendigung der wirtschaftlichen Ausbeutung, die Zahlung von Reparationen für die in der Kolonialzeit angerichteten Verwüstungen sowie Investitionen in Ausbildung und den gegenseitigen Austausch von Wissen und Expertise käme eine schnellere und nachhaltigere Lösung zustande. Und das Vorhaben, Ärzt*innen oder andere gelernte Arbeitskräfte, die auswandern wollen, nicht nur an der Einreise ins Zielland, sondern auch am Verlassen ihres Heimatlandes hindern zu wollen, wirft eine ganze Reihe weiterer moralischer Fragen im Hinblick auf Mobilitätsrestriktionen auf. Schließlich könnte dasselbe Argument auf gut ausgebildete Arbeitskräfte angewendet werden, die die ländlichen Gebiete der USA oder anderer Länder verlassen, was zur Verkümmerung der Gesundheitsversorgung ganzer Landstriche führt. Das Argument, man müsse wegen des Brain-Drains die Grenzen schließen, führt in eine gefährliche Richtung und könnte dazu benutzt werden, auch allen möglichen anderen Beschäftigen die Bewegungsfreiheit zu nehmen, wenn der Staat es für angebracht hält.

Migration erhöht den Wohlstand – für alle

Die Verfechter*innen einer restriktiven Einwanderungspolitik in den USA beschuldigen die Migrant*innen seit Langem, die Kassen der Sozialversicherungen zu plündern, wobei viele dieser politischen Kräfte ohnehin alle Sozialleistungen streichen wollen. 2019 gab die Trump-Regierung eine Order heraus, mit der alle Angestellten des Heimatschutzministeriums angewiesen wurden, Immigrant*innen den Zutritt zu den USA zu verwehren, wenn eine Wahrscheinlichkeit gesehen wurde, dass sie »der Öffentlichkeit zur Last fallen«, also bestimmte öffentliche Leistungen wie Lebensmittelmarken oder Wohnzuschüsse in Anspruch nehmen würden.

Trump rechtfertigte die Anweisung – die Neuauflage eines Mechanismus zum selektiven Ausschluss aus dem 19. Jahrhundert – als Mittel, dafür zu sorgen, dass Immigrant*innen »finanziell selbständig« sind, und kommentierte: »Ich habe es satt, zu sehen, wie unsere Steuerzahler dafür aufkommen, dass Leute in unser Land kommen und dann sofort Sozialhilfe beantragen.«

Im selben Jahr schlug Ken Cuccinelli, der Direktor der *United States Citizenship and Immigration Services*, eine Neufassung des Gedichts von Emma Lazarus vor, das als Plakette auf dem Sockel der Freiheitsstatue angebracht ist: »Gebt mir eure Erschöpften und Armen, die auf eigenen Füßen stehen können und der Öffentlichkeit nicht zur Last fallen werden.« Er wurde dafür rundweg ausgelacht, aber sein Standpunkt spiegelte die Realität besser wider als die Originalzeile von Lazarus.

2020 versuchte das Heimatschutzministerium Asylsuchende noch weiter nach Vermögenskriterien auszusieben: Es führte eine Gebühr für den Antrag auf Asyl ein und schloss Asylsuchende aus, die sich auf dem Weg in die USA länger als 14 Tage in einem Transitland aufgehalten hatten. Aber für die überwältigende Mehrheit der Asylsuchenden aus Mittelamerika, deren einzige Hoffnung auf Rettung darin besteht, die US-amerikanisch-mexikanische Grenze zu erreichen, ist es schlicht unmöglich, in weniger als zwei Wochen durch ganz Mexiko zu reisen. (Während diese Gebühr und die 14-Tage-Bestimmung bis jetzt, 2023, nicht in Kraft getreten sind, sind in der Zwischenzeit andere, sehr ähnliche Bestimmungen vorgeschlagen worden.)

Die Order von 2019, die verhindern sollte, dass Migrant*innen »der Öffentlichkeit zur Last fallen«, wurde immer wieder vor Gericht verhandelt und gegen Ende der Trump-Regierung für gesetzwidrig erklärt. Sie geht auf das Einwanderungsgesetz von 1882 zurück, das »allen Sträflingen, Verrückten, Idioten und allen Personen, die nicht für sich selbst sorgen können, ohne der Öffentlichkeit zur Last zu fallen«, den Zutritt zum Land verwehrte. Außerdem erhob dieses Gesetz eine Kopfsteuer von 50 Cent auf sämtliche Immigrant*innen. 1903 wurde dann auch »berufsmäßigen Bettlern« der Zutritt zum Land verboten.

Aber wie wir gesehen haben, geht diese – völlig im Gegensatz zum nationalen Mythos stehende – Praxis des Ausschlusses der Armen sogar bis auf die Zeit vor der Gründung des Landes zurück. 1701 beschloss die Kolonialregierung von Massachusetts ein Gesetz zum Ausschluss bestimmter Kategorien von Personen, das von Schiffskapitänen verlangte, Kautionen für Passagiere zu hinterlegen, die »leistungsunfähig, lahm oder anderswie behindert« seien oder die »wahrscheinlich der Öffentlichkeit zur Last fallen« würden.

Fast 300 Jahre später, 1996, unterzeichnete Präsident Clinton den *Illegal Immigration Reform and Immigrant Responsibility Act* (IIRIRA), der von Immigrant*innen verlangte, ihre Fähigkeit zum Erwerb eines Einkommens oberhalb der Armutsgrenze nachzuweisen. Dieses Gesetz verlangte außerdem von allen familiären Bürg*innen für Visumsbewerber*innen einen Nachweis, dass sie die Immigrant*innen, für die sie bürgten, mit einem

Einkommen versorgen konnten, das mehr als 25 Prozent über der Armutsgrenze lag. Aber der Ausschluss der Immigrant*innen, deren familiäre Bürg*innen dieser Anforderung nicht genügen, ist wenig sinnvoll, weil die große Mehrheit der Einwander*innen nicht nur genug verdient, um sich selbst zu ernähren, sondern auch, um >in den Topf< einzuzahlen – einen Topf, den sie dann jahrelang selbst nicht in Anspruch nehmen können. Das heißt, dass Immigrant*innen im Endeffekt mehr geben als sie nehmen.

Immigrant*innen zahlen Steuern. Eine Beseitigung der Migrationshindernisse würde es ihnen ermöglichen, noch mehr zu bezahlen. Eine Studie des *Institute on Taxation and Economic Policy* von 2016 kam zu dem Ergebnis, dass Immigrant*innen ohne Papiere in den Vereinigten Staaten jedes Jahr über 11,7 Milliarden Dollar an kommunalen und einzelstaatlichen Steuern zahlen. Im Durchschnitt zahlen diese Immigrant*innen etwa acht Prozent ihres Einkommens an ihren jeweiligen Einzelstaat und ihre Kommune. Unterdessen zahlt das oberste Prozent der Steuerzahler*innen im Durchschnitt 5,4 Prozent ihres Einkommens in Gestalt solcher Steuern. Mit anderen Worten: Die superreichen Amerikaner*innen zahlen hier einen geringeren Prozentsatz ihres Einkommens als Immigrant*innen ohne Papiere.

Bei den meisten dieser von Migrant*innen gezahlten Steuern handelt es sich um Dienstleistungssteuern auf einzelstaatlicher oder lokaler Ebene. Aber viele der Immigrant*innen ohne Papiere, schätzungsweise 50 Prozent, bezahlen über ihre persönliche Steueridentifikationsnummer auch die Bundeseinkommenssteuer, und es könnte sogar sein, dass der tatsächliche Prozentsatz dieser Personen bei bis zu 75 Prozent liegt.

Hinzu kommt, dass Migrant*innen ohne Papiere weniger staatliche Leistungen in Anspruch nehmen. 2016 betrug der durchschnittliche von Immigrant*innen verbrauchte Wert an öffentlichen Leistungen pro Person 3.718 Dollar, während er sich für in den USA geborene Menschen auf 6.081 Dollar belief.

Ungeachtet der Behauptungen der Panikmacher*innen haben Migrant*innen ohne Papiere gar keinen Anspruch auf die meisten der oft unter Akronymen bekannten Sozialprogramme der Bundesregierung wie SNAP (*Supplemental Nutrition Assistance Program*), CHIP (*Children's Health Insurance Program*), TANF (*Temporary Assistance for Needy Families*), SSI (*Supplemental Security Income*) oder auf die Bundesprogramme *Medicaid* und *Medicare*. Und sie erhalten keine Zahlungen aus den Sozialversicherungen. Während sie Anspruch auf medizinische Notfallversorgung haben und manchmal Hilfe durch das Programm zur Zusatzernährung für Frauen, Säuglinge und Kinder WIC (*Women, Infants, and Children*) bekommen, sind sie generell von allen bedürfnisorientierten Sozialleistungen ausgeschlossen. Selbst legale Immigrant*innen mit Green Cards haben in den ersten fünf Jahren keinen Anspruch auf die meisten Sozialleistungen; die Idee dabei ist, dass sie erst einmal ›einzahlen‹ müssen. Und bevor Inhaber*innen von Green Cards Zahlungen von *Medicare* oder aus der Rentenversicherung bekommen können, müssen sie erst einmal 40 Quartale, das heißt, zehn Jahre lang in diese eingezahlt haben.

2017 gab das Gesundheitsministerium eine Studie über die fiskalischen Auswirkungen der Anwesenheit von Flüchtlingen und Asylsuchenden in den USA in Auftrag. Die Ergebnisse standen in Gegensatz zu dem, worauf die Trump-Regierung gehofft hatte, und so wurde die Studie ad acta gelegt, kam aber am Ende doch ans Licht. Ihr zufolge zahlten Flüchtlinge und Asylsuchende in den USA von 2005 bis 2014 63 Milliarden Dollar mehr an Steuern ein, als sie an Leistungen erhielten. Dabei lag der Pro-Kopf-Nettoüberschuss bei den Flüchtlingen und Asylsuchenden bei 2.205 Dollar, während er im nationalen Durchschnitt in derselben Zeit nur 1.848 Dollar betrug.

Und eine Reihe von einzelstaatlichen Studien zeigen ein ganz ähnliches Bild. In Arizona zahlen Immigrant*innen jedes Jahr 2,4 Milliarden Dollar ein und erhalten etwa 1,4 Milliarden Dollar an Sozialleistungen. In Florida zahlen Immigrant*innen – sowohl solche mit als auch solche ohne Papiere – pro Kopf etwa 1.500 Dollar mehr ein, als sie an Leistungen bekommen.

Auch in Europa fanden verschiedene Studien denselben Trend. 2014, gerade einmal zwei Jahre, bevor die Brexit-Kampagne in Großbritannien überall eine Flut von Lügen über Migrant*innen verbreitete, stellte das University College London fest, dass Migrant*innen aus der EU in Großbritannien über 20 Milliarden Pfund mehr an Steuern zahlten, als sie an Leistungen erhielten. Auch laut einer Studie in Dänemark von 2017 leisteten dortige Immigrant*innen aus der EU langfristig gesehen einen beträchtlichen positiven Nettobeitrag zum dänischen Sozialstaat.

Trotz zahlreicher und konsistenter Forschungsergebnisse, laut denen, wie es in einer Studie des *Cato Institute* heißt, »sämtliche Sozialprogramme in geringerem und oft in erheblich geringerem Maß von Nicht-Bürger*innen als von Einheimischen genutzt werden«, ist es leicht, Studien zu finden, die zu dem entgegengesetzten Schluss kommen. So weisen Verfechter*innen von Einwanderungsbeschränkungen darauf hin, dass junge Menschen ohne Papiere ein Recht auf kostenlose Bildung und Schulspeisungsprogramme haben und dass alle Menschen, die sich in den USA aufhalten, ein Anrecht auf kostenlose medizinische Notfallversorgung haben. Außerdem nutzen Immigrant*innen ohne Papiere Straßen, profitieren vom Stromversorgungsnetz und können im Notfall die Feuerwehr und sogar die Polizei rufen. Das alles stimmt. Aber auch hier leisten sie in all diesen Bereichen auch einen Beitrag: Sie bauen Straßen, legen und reparieren elektrische Leitungen, sind bei der Feuerbekämpfung tätig und rufen weit weniger oft als andere die Polizei (sie begehen auch weitaus weniger Verbrechen).

Wieviel sie bezahlen und leisten, ist klar, aber in welchem Maß sie weniger kalkulierbare Leistungen oder Infrastruktur wie etwa Straßen nutzen, ist wesentlich schwerer messbar. Aber was wir sehr wohl ermessen oder zumindest beschreiben können, sind die schädlichen Auswirkungen ihrer gesellschaftlichen Marginalisierung und eines Lebens in rechtlicher Prekarität – und diese sind auf lange Sicht außerordentlich gravierend.

Forscher*innen der University of Connecticut kamen zu dem Ergebnis, dass die »Stressfaktoren, denen migrantische Schüler*innen ausgesetzt sind, ihre Fähigkeit zur Bewältigung ihrer Lage erschöpfen und das Risiko schulischer Misserfolge erhöhen können«. Diese Kinder und Jugendlichen, so die Studie, sind ständig Unsicherheit, Furcht und Stress ausgesetzt, was zu psychologischen Problemen wie Depressionen, Angstzuständen und einem erhöhten Selbstmordrisiko führt. Die ständig lauernde Furcht vor Abschiebung führt bei den Kindern zu einem negativen Selbstbild. Wenn der Staat sie entwertet und marginalisiert und sowohl die Kinder als auch die Eltern drangsaliert und bedroht, halten sie sich für etwas Schlechteres als ihre einheimischen Altersgenoss*innen.

In einer schockierenden und doch alltäglichen Szene in der Dokumentarserie *Immigrant Nation* bringen Agent*innen der Einwanderungsbehörde ICE in Kampfmontur eine Familie in New York City durch ein Täuschungsmanöver dazu, ihnen die Tür zu öffnen. »Wir sind von der Polizei«, sagen sie und dann verhaften sie einen Mann vor den Augen seiner Frau und seiner Familie. Einer der Beamten erlaubt der dreijährigen Tochter des Mannes, die in Schluchzen ausgebrochen ist, sich von ihrem Vater zu verabschieden. Dieser umarmt und küsst sie und wird dann weggezerrt und in einen Transporter gesteckt. »In meinem Team sind wir alle Eltern«, sagt einer der Beamten nach der Aktion, »und daher achten wir immer auch auf die Kinder und die Familie [...]; wir versuchen einfach, diese vermutlich unerfreuliche Situation für alle ein bisschen leichter zu machen.« Vergessen wir, obwohl das nicht leicht ist, für den Augenblick einmal die Tatsache, dass dieses ICE-Team hier einen Familienvater vor den Augen seiner Frau und seiner kleinen Tochter kidnappt, vergessen wir auch das schwere und bleibende Trauma, das dies bei allen Beteiligten (vermutlich auch den ICE-Beamt*innen selbst) hinterlässt und betrachten wir einmal die wirtschaftlichen Auswirkungen. Was wird diese Familie tun? Wie wird sie in New York City überleben, wenn nicht unter größten Entbehrungen, durch die Gaben anderer oder vielleicht sogar Betteln? Und was ist mit der Tochter? Wie stark werden die bleibenden psychischen Auswirkungen des Erlebten und die sekundären Auswirkungen der Situation, die ihre Familie jetzt durchmachen muss, ihre Fähigkeit mindern, die Schule zu bewältigen, einen Arbeitsplatz zu finden und ein nützliches Mitglied der Gesellschaft zu werden? Und wieviel kosten diese Festnahme und diese Abschiebung? Laut der Einwanderungsbehörde selbst betrugen die durchschnittlichen Kosten für die Identifizierung, Festnahme, Inhaftierung, Datenregistrierung und Abschiebung eines einzigen Migranten oder einer einzigen Migrantin 10.854 Dollar.[2] Im Einzelfall variiert diese Zahl jedoch sehr stark und kann auch beträchtlich höher sein. Es verursacht Kosten, eine Person abzuschieben. Auf der Seite der Abgeschobenen bringt es noch viel größere Kosten mit sich. Das Auseinanderreißen von Familien ist keine gute Wirtschaftspolitik.

||||||

Es gibt da diesen berühmten Ausspruch des Wirtschaftsnobelpreisträgers Milton Friedman: »Man kann nicht gleichzeitig freie Einwanderung und einen Sozialstaat haben.« Friedman war ein kluger Mann, aber hier hatte er unrecht. Michael Clemens, ein führender Immigrationsökonom, schätzt, dass eine komplette Öffnung der Grenzen das weltweite BIP verdoppeln und der globalen Wirtschaft buchstäblich Billionen von Dollar hinzu-

---

2   Eine Studie von 2016 kam zu dem Ergebnis, dass die Abschiebung sämtlicher Migrant*innen ohne Papiere aus den Vereinigten Staaten das BIP um 4,7 Billionen Dollar verringern würde.

fügen würde. In einem extern begutachteten Artikel schreibt Clemens, dass Schätzungen über die Summen, die durch Einwanderungsbarrieren verloren gehen, »die Wirtschaftswissenschaftler*innen komplett verblüffen sollten.« Clemens sah sich eine Vielzahl von Studien an, die sich mit den Effizienzgewinnen durch die Beseitigung von Hürden für Handel, Kapitalfluss und menschliche Bewegungsfreiheit beschäftigen. Die Eliminierung aller politischer Barrieren für den Handel würde das BIP seiner Schätzung nach zwischen 0,3 und 4,1 Prozent erhöhen. Ein freier Kapitalfluss würde das BIP zwischen 0,1 und 1,7 Prozent steigern. Eine Zulassung freier Migration jedoch würde zu einem Wachstum des gesamten BIP um einen Betrag zwischen 67 und 147,3 Prozent führen. Wenn wir diese Berechnungen zugrunde legen, ist ein Sozialstaat, und sogar ein stark erweiterter Sozialstaat, bei offenen Grenzen mehr als machbar.

Aber Clemens hat auch Kritiker*innen. So führt der Harvard-Wirtschaftswissenschaftler George Borjas Kosten auf, die in einer hypothetischen Welt vollkommen freier Migration meist unerwähnt gelassen werden, und er unterstreicht, dass es unter solchen Verhältnissen zwar zu einer Steigerung des BIP kommen könnte, es aber dabei auch Gewinner*innen und Verlierer*innen geben würde und dass die größten unter den Gewinner*innen die Unternehmen wären. »Das politisch korrekte Narrativ«, so Borjas,

> »ist falsch: Einwanderung ist *nicht* gut für alle. Und wir würden die Aufgabe, herauszufinden, was zu tun ist, viel besser bewältigen, wenn wir die Behauptung fallenlassen könnten, dass es allen bessergehen würde, und uns stattdessen mit den Problemen beschäftigen würden, die sich daraus ergeben, dass es hier sowohl Gewinner*innen als auch Verlierer*innen gibt.«

Auch Borjas hat wiederum seine Kritiker*innen, aber sein Punkt ist auf jeden Fall wichtig. Die Öffnung der Grenzen ist kein Heilmittel für all unsere Probleme. Wir müssen uns auch mit anderen tiefsitzenden Problemen wie denen befassen, die die Art von Unternehmensspekulation ermöglichen, aus der dann solche Gewinner*innen und Verlierer*innen hervorgehen.

Wenn die politischen Entscheidungsträger*innen nicht von dem wirtschaftlichen, physischen und existentiellen Schaden geschlossener Grenzen zu überzeugen sind und immer noch fürchten, eine Öffnung sei zu teuer, gibt es noch eine letzte weitere Lösung: die Beschränkung von Leistungen, die frisch hinzugekommenen Immigrant*innen geboten werden, oder eine höhere Besteuerung als die der Einheimischen. Das könnte eine Version des Arguments für eine »Mauer nicht um den Nationalstaat, aber um den Sozialstaat« sein. Die wenigen Menschen, die aufgrund der gewachsenen Konkurrenz durch neue Migrant*innen Nachteile erleiden, können so auf gerechte Art entschädigt werden, da ja dafür genügend Extrasteuereinnahmen zur Verfügung stehen. Das wäre das, was als Schlüssellochlösung bekannt ist: Man erkennt an, dass so gut wie keine Veränderung der nationalen Politik absolut allen nützen wird, und entschädigt dann jene, auf die diese Politik eine negative Auswirkung hat. Wenn offene Grenzen für die große Mehrheit der Bevölkerung eines Landes überwältigende Vorteile bieten, sich aber auf kleine Teile eines kleinen Sektors der Arbeitskräfte negativ auswirken, kann ein Teil des wirtschaftlichen Zugewinns für diejenigen abgezweigt werden, die unter diesen widrigen Auswirkungen zu leiden haben. Während ein solches System kompliziert klingt, unterscheidet es sich in Wirklichkeit nicht allzu sehr von anderen gezielten öffentlichen Leistungen wie Sozialhilfe, Kinderabzügen oder anderen Mechanismen, mit denen der Staat in den allgemeinen Topf greift, um den Bedürftigen zu helfen.

Einer der offensichtlichsten Vorteile einer erhöhten Migration für viele Länder im globalen Norden besteht in der Besetzung freier Stellen. 2019 wurden in den USA 3.454 Lehrer*innen über das J-1-Visum angestellt. Im Juni 2020 fror die Trump-Regierung dann plötzlich die Visa für zeitweilig Beschäftigte aus dem Ausland ein, wodurch diese Lehrer*innen, selbst diejenigen, die schon Verträge hatten, auf einmal in der Luft hingen. Die Regierung rechtfertigte diesen Schritt mit der Behauptung, dadurch würden ausländische Arbeitskräfte davon abgehalten, während der durch die Pandemie ausgelösten Arbeitslosenkrise Amerikaner*innen den Job wegzunehmen. Dieser Schritt entsprach ganz den langjährigen Bemühungen des Beraters des Weißen Hauses, Stephen Miller, des Architekten eines Großteils der Antieinwanderungspolitik Trumps, der schon von Anfang an versucht hatte, Visa für Beschäftigte aus dem Ausland zu eliminieren.

Gleichzeitig sehen wir einen permanenten und wachsenden Lehrermangel an den öffentlichen Schulen der USA, besonders an öffentlichen Highschools, speziell in armen Gebieten. Während die US-Bevölkerung auch weiterhin wächst, ist die Gesamtzahl der Lehrer*innen in den letzten Jahren zurückgegangen. Aus einer Studie des *Economic Policy Institute* geht hervor, dass zwischen 2012 und 2017 die Lücke zwischen dem Bedarf an Lehrer*innen und der Zahl der zur Verfügung stehenden Lehrer*innen von 64.000 auf 110.000 gewachsen ist. Und wenn man sich lediglich die Schulen in den Gebieten mit einem hohen Armutsanteil ansieht, ist die Kluft sogar noch größer. 2021 ist dieser Mangel zu einer Krise geworden: In der öffentlichen K-12-Bildung fehlten mehr als eine halbe Million Arbeitskräfte. Aber die Vergabe zeitlich beschränkter Visa, die nur für eine kurze Aufenthaltszeit gelten, führt, besonders wenn sie dann auch noch den Launen der Politik unterliegt, zu unsicheren und unproduktiven Arbeitsplätzen, und das nicht nur in Schulen, sondern auch in anderen Gewerbezweigen, die inzwischen viele temporäre, leicht kündbare und prekäre Arbeitskräfte beschäftigen.

Wären Lehrer*innen, die sich einer Stadt oder Nachbarschaft verpflichtet fühlen, die mit der Community vertraut sind, die die Feinheiten der Kultur kennen und verstehen lernen und die sich in ihrer Position und im Hinblick auf ihre berufliche Zukunft sicher und zuversichtlich fühlen, für den Unterricht nicht viel besser geeignet? Angesichts des großen Lehrermangels in den USA sowie in Ländern wie Italien, Großbritannien und Japan wäre es sowohl für die Schüler*innen als auch die Gesellschaft besser, wenn man Lehrkräften aus dem Ausland ermöglichen würde, ins Land zu kommen und sich dort gut einzurichten, statt sie draußen zu halten oder sie als provisorische und entbehrliche Arbeitskräfte zu benutzen.

Abgesehen von ungewöhnlichen Umständen wie der COVID-19-Pandemie und der Weltwirtschaftskrise hatten die meisten Einzelstaaten in den USA fast immer ein Überangebot an Arbeitsplätzen, das heißt, es gab mehr offene Stellen als Arbeitssuchende. 2019 kam *Pew Trusts* auf 39 Staaten mit einem Stellenüberangebot. Insgesamt gab es in den USA Ende 2019 7,1 Millionen freie Stellen. Unverzichtbare Gewerbezweige wie Landwirtschaft, Technologie, Fischerei, Bau, Fleischverarbeitung und Tourismus stützen sich in hohem Maß auf Gastarbeiterprogramme. Aber die Abhängigkeit von diesen Programmen macht sowohl den Unternehmer*innen, die sich oft mit beschwerlichen Visaerfordernissen und -anträgen herumschlagen müssen, als auch den Beschäftigten das Leben und die Arbeit unnötig schwer.

Es gibt allerdings gute und schlechte Arten der Besetzung offener Stellen. Ein Beispiel, das auf beklemmende Weise den destabilisierenden Charakter von Gastarbeiterprogrammen klarmacht, ist die bizarre, gegenläufige Entwicklung der Tomatenproduktion in Italien und Ghana. In Italien sind mittlerweile ein Drittel der landwirtschaftlich Beschäftigten Migrant*innen, von denen die meisten durch das *caporalato*- oder ›Gangmaster‹-

System rekrutiert werden, unter dem, wie Harsha Walia in *Border and Rule* erklärt, »ihre Löhne oft zurückgehalten werden, sie gezwungen werden, leistungssteigernde Drogen zu nehmen, und regelmäßig Gewalt durch ihre Arbeitgeber*innen oder Arbeitsvermittler*innen erleben«. Darüber hinaus leben sie oft in abgeschotteten Ansammlungen von Hütten außerhalb der Städte, wo sie kaum oder gar keinen Zugang zu fließendem Wasser, Strom oder irgendeiner Gesundheitsversorgung haben. Viele von denen, die für die Schufterei auf italienischen Höfen rekrutiert werden, sind arme Afrikaner*innen. In Ghana selbst ist die Tomatenindustrie, die einst für viele Arbeitsplätze sorgte und eine wichtige Zutat der ghanaischen Küche produzierte, verschwunden, und stattdessen ist das Land zu einem der größten Importeure von Tomatenmark der Welt geworden. Viele der arbeitslos gewordenen ghanaischen Bäuer*innen ernten jetzt Tomaten in Italien und senden diese dann in ihr Heimatland zurück.

Die tomatenverarbeitenden Fabriken in Ghana haben zugemacht und so verkaufen Italien und China zahllose Tonnen Dosentomaten an ein Land, in dem die Hälfte der Bevölkerung von der Landwirtschaft lebt. Gleichzeitig macht dieses jetzt vorwiegend importierte Gemüse (genaugenommen eine Frucht) 40 Prozent der Gemüseverkäufe in Ghana aus. Der Import von Tomaten ist in den 20 Jahren von 1996 bis 2015 um mehr als 1.000 Prozent gestiegen. Unterdessen verschaffen umfangreiche Subventionen dem Export italienischer Dosentomaten einen beträchtlichen Vorteil gegenüber den in Ghana angebauten Tomaten.

Die fern der Heimat in Italien schuftenden Tomatenpflücker*innen aus Ghana bekommen nur Niedrigstlöhne, von denen außerdem noch ein Teil an die *caporali*, die ›Rekrutierer*innen‹, abgeführt wird, die oft mit dem organisierten Verbrechen in Verbindung stehen. Einer dieser Männer aus Ghana fasste seine Arbeitssituation gegenüber der *Deutschen Welle* mit den Worten zusammen: »Wir verkaufen unser Leben.« Ein anderer meinte: »Vielleicht wären wir besser zu Hause geblieben, statt in diese Wildnis zu kommen.«

Dieser paradoxe Zusammenhang zwischen der Arbeitslosigkeit der Tomatenbäuer*innen in Ghana und ihrer Beschäftigung als Tomatenpflücker*innen in einem fremden Land entwickelte sich, nachdem die *Welthandelsorganisation* (WTO) Ghana durch ihre Politik der Strukturanpassung zu einer dramatischen Senkung seiner Einfuhrzölle zwang, die auf zehn Prozent gesenkt wurden, was subventioniertem Gemüse aus dem Ausland die Dezimierung der heimischen Industrie ermöglichte. Die Bäuer*innen in Ghana waren nun erwerbslos und gezwungen, das Land zu verlassen, um nach Arbeit zu suchen. Sie fanden sie in den wachsenden Gewerbezweigen im Ausland – wie dem Tomatenanbau. Einige Kritiker*innen gehen so weit zu sagen, dass die WTO in Ghana gegen »ihre Pflicht zur Respektierung des Rechts auf Nahrung verstoßen hat«.

Alles in allem schafft eine solche Politik durch Konstellationen wie die zwischen Italien, der WTO und Ghana – oder zwischen Kanada, den Vereinigten Staaten und Mexiko im Rahmen von NAFTA – »fügsame« Arbeit, wie Walia es formuliert. Laut der *Internationalen Arbeitsorganisation* (ILO) gibt es weltweit etwa 164 Millionen temporäre migrantische Arbeiter*innen. Dabei sind die meisten Gastarbeiter*innen in Italien und anderswo an ihre Arbeitserlaubnis gefesselt, die ihre Chef*innen als Erpressungsmittel benutzen können, indem sie mit deren Entzug (und damit zugleich auch mit dem Widerruf ihrer Aufenthaltsgenehmigung) drohen, wann immer die Arbeiter*innen sich gegen schlechte Behandlung auflehnen, ausstehende Löhne einfordern oder sich einfach nur organisieren und für ihre Rechte eintreten.

Ich habe im Rahmen meiner Arbeit als Journalist über Gastarbeiter*innen im Hudson Valley in New York berichtet und dort eine ähnliche Dynamik vorgefunden wie bei den aus Ghana kommenden Arbeiter*innen in Italien: Die meisten von ihnen waren Mexikaner*innen, die ihre Höfe zu Hause verlassen mussten, um jetzt auf Farmen im Ausland zu schuften. Während die Zahl etwas schwankt, leisten Jahr für Jahr durchschnittlich etwa eine viertel Million Gastarbeiter*innen in den USA vielerlei Arten von harter Arbeit, die die US-Amerikaner*innen entweder nicht tun wollen oder nicht tun können. Diese ausländischen Arbeiter*innen haben die Erlaubnis, hier zu leben und zu arbeiten, aber nur unter sehr bestimmten und oft entmenschlichenden Bedingungen. *Farmworker Justice,* eine Gruppe, die für die Rechte von Farmarbeiter*innen eintritt, bezeichnet das Programm, das im Lauf der letzten zehn Jahre rapide ausgeweitet wurde, als »Modell zur Ausbeutung temporärer Schuldknechtschaft«, und einige Gastarbeiter*innen gehen, besonders wenn sie hohe Rekrutierungsgebühren bezahlen müssen, um einen Arbeitgeber zu finden, tatsächlich verschuldet in ihre Heimat zurück. Die Verträge zwischen Arbeitgeber*innen und Arbeiter*innen legen eine Reihe von einzuhaltenden Rahmenbedingungen fest, aber diverse Berichte, darunter auch ein Exposé des *Southern Poverty Law Center*, »Close To Slavery«, zählen eine ganze Litanei von Rechtsverstößen auf: verweigerte Lohnzahlungen, gefährliche – und manchmal tödliche – Arbeitsbedingungen, elende Unterkünfte, das Fehlen von medizinischer Versorgung für am Arbeitsplatz erlittene Verletzungen und ein Leben »mehr oder weniger in der Gefangenschaft der Arbeitgeber*innen«.

Einige der Arbeiter*innen, mit denen ich sprach, hatten während der Hochsaison Arbeitstage von 14 bis 16 Stunden, und sie alle lebten in überfüllten und elenden Wohnquartieren, hatten so gut wie keine Freizeit und wurden oft bei der Arbeit verletzt. Einer der Männer, Omar Garcia, sagte mir: »Hier gibt es für mich nichts außer Arbeiten und Schlafen.« Er erzählte mir, dass er einen Job als Gastarbeiter annahm, weil er arm war und weil er in seiner Wohnung in Mexiko ein Badezimmer haben und seine Kinder in die Schule schicken wollte – und weil es sonst keine andere Möglichkeit dafür gab.

Der *Globale Pakt für eine sichere, geordnete und reguläre Migration* von 2018 propagiert diese moderne Form von Knechtschaft und viele Befürworter*innen solcher Pläne führen die ihrer Ansicht nach offensichtlichen Vorteile – billige Arbeitskräfte für die reichen Länder, ein Sicherheitsventil für arme Länder mit hoher Arbeitslosigkeit – ins Feld, übersehen aber die gravierenden Schattenseiten. Walia sagt dazu: »Migrantische Arbeiter*innen versorgen liberale Kapitalinteressen mit verbilligter Arbeit, ohne die ethnische Zusammensetzung der Gesellschaft durch permanente Einwanderung zu verändern.«

Das *Bracero Program* in den USA, das von 1942 bis 1964 betrieben wurde, behandelte Arbeiter*innen, wie der Name schon sagt (*Bracero* ist vom spanischen *el brazo*, ›der Arm‹, abgeleitet), als reine Arbeitskräfte. Die Vertreter*innen der US-Agrarindustrie wollten keine Arbeiter*innen, sie wollten nur ihre Arbeit. Diese Haltung, die auch heute noch vertreten wird, findet sich in der Beobachtung des Schweizer Schriftstellers Max Frisch wieder: »Wir riefen Arbeitskräfte, und es kamen Menschen.«

Im April 2021 verkündete das Heimatschutzministerium, »um sicherzustellen, dass amerikanische Unternehmen mit den benötigten Ressourcen zur erfolgreichen Wiederherstellung und Förderung der wirtschaftlichen Gesundheit der örtlichen Communitys versorgt sind«, werde es das Programm H-2B *Temporary Non-Agricultural Worker* mit weiteren 22.000 Visa aufstocken. Gleichzeitig schob dasselbe Ministerium jeden Monat Tausen-

Kapitel 4: Das wirtschaftliche Argument

de von Migrant*innen ab, das Oberste Gericht befasste sich mit einem Fall, in dem es um die Verhinderung der Einbürgerung von Migrant*innen mit sogenanntem *Temporary Protected Status* ging, und Millionen von Menschen durften nicht legal arbeiten.

Es handelt sich hier allerdings nicht um Heuchelei, sondern um ein gut funktionierendes System, das darauf ausgelegt ist, Menschen auszupressen und auszubeuten.[3]

In Malaysia bilden Gastarbeiter*innen aus anderen Ländern Süd- und Südostasiens ein Drittel aller Beschäftigten des Landes. Und nirgends stellen Gastarbeiter*innen einen größeren Anteil aller Arbeiter*innen dar als in den Staaten des Golf-Kooperationsrats GKR (Bahrain, Kuwait, Oman, Katar, Saudi-Arabien und den Vereinigten Arabischen Emiraten) sowie in Jordanien und dem Libanon. Das dort praktizierte sogenannte Kafala-System wurde von den Brit*innen entwickelt und eingeführt.

»Weil das System unter die Zuständigkeit der Innenministerien und nicht der Arbeitsministerien fällt, genießen die Arbeiter*innen nicht den Schutz der Arbeitsgesetze des jeweiligen Landes«, heißt es in einem Bericht des *Council on Foreign Relations* über Kafala-Arbeiter*innen. »Dies macht sie zum leichten Ziel von Ausbeutung und verweigert ihnen Rechte wie die Möglichkeit, legal einen Arbeitskampf zu beginnen oder einer Gewerkschaft beizutreten.« Und weil die Beschäftigung der Arbeiter*innen und ihre Aufenthaltsvisa aneinandergekoppelt sind und nur die Arbeitgeber*innen diese entweder erneuern oder auslaufen lassen können, »überträgt das System Privatbürger*innen statt dem Staat die Kontrolle über den rechtlichen Status der Arbeiter*innen und schafft so ein Machtungleichgewicht, dass die Arbeitgeber*innen ausnutzen können«.

Migrant*innen sehen sich in Ländern überall auf der Welt einem systemischen Druck gegenüber, unerträgliche Opfer zu bringen, da die rechtlichen Normen und die Marktkräfte dies begünstigen. Hausangestellte sind im Kafala-System mit besonders üblen Bedingungen konfrontiert, da sie als Quasi-Gefangene in den privaten Räumlichkeiten der Arbeitgeber*innen untergebracht und sexuellem Missbrauch und manchmal sogar tödlicher

---

3 Die USA beuten außerdem auch Gastarbeiter*innen im Ausland aus, und zwar zumeist auf ihren Militärstützpunkten, wo private Söldnerunternehmen wie *Halliburton* Tausende von importierten Niedriglohnarbeiter*innen beschäftigen, die unter extremem Stress, Diskriminierung, Lohndiebstahl, sexuellen Übergriffen und körperlicher Gewalt zu leiden haben.

Gewalt ausgeliefert sind. Ein Artikel in *Newsweek* fasste das kafkaeske Kafala-System im Libanon folgendermaßen zusammen:

> »[Es] schließt ausländische Arbeiter*innen von den Arbeitsgesetzen des Landes aus und bindet stattdessen ihren Aufenthalt im Land an ihre Arbeitgeber*innen. Dadurch sind Hausangestellte in besonderem Maß Gefangenschaft, Ausbeutung und Misshandlungen ausgesetzt.«

Es ist bekannt, dass libanesische Arbeitgeber*innen oft die Pässe[4] und die Handys ihrer Hausangestellten beschlagnahmen und die Beschäftigten manchmal in ihren Wohnungen einsperren.

Insgesamt machen migrantische Arbeiter*innen in den GKR-Staaten fast 70 Prozent aller Beschäftigten aus, und so schufteten 2017 etwa 30 Millionen Arbeiter*innen in diesem System. Saudi-Arabien, wo 80 Prozent der Arbeitskräfte des Landes Gastarbeiter*innen sind, führte 2021 einige Reformen ein, verlangt aber weiterhin ein Ausreisevisum, was bedeutet, dass Gastarbeiter*innen, wenn sie aus gleich welchem Grund, darunter auch Misshandlung, das Land verlassen wollen, zuerst das Ministerium für Arbeit und soziale Entwicklung darum bitten und dessen Zustimmung erhalten, eine Gebühr von 200 Riyal (53 US-Dollar) begleichen und sämtliche ausstehenden Verkehrsstrafen bezahlen müssen. Wenn Arbeiter*innen versuchen sollten zu ›verschwinden‹, können sie eingesperrt oder abgeschoben werden. Ein Bericht von *Human Rights Watch* kam zu dem Ergebnis, dass über 3,7 Millionen Hausangestellte Opfer »ernster Machtmissbräuche [waren], darunter ausbleibende und verzögerte Lohnzahlungen, lange Arbeitszeiten ohne freie Tage, Beschlagnahmung der Pässe und obendrein auch noch gewaltsames Festhalten, Isolation sowie körperliche und sexuelle Misshandlungen«. Hinzu kommt, dass diese migrantischen Arbeiter*innen in Zeiten wirtschaftlicher Rezession so schnell wie möglich aus dem Land geschafft werden. Im Jahr 2017 wurden in Saudi-Arabien 2,1 Millionen Migrant*innen verhaftet.

---

4 In den 1980er-Jahren führten verschiedene indigene Völker in Australien ihren eigenen ›Aborigine-Pass‹ ein, der jedoch vom australischen Staat nicht anerkannt wurde. Die als Irokes*innen bekannten Haudenosaunee geben seit 1923 ihre eigenen Pässe heraus, um damit ihren Anspruch auf Souveränität zu unterstreichen, der jedoch von den USA nicht anerkannt wird. Und in Kanada mussten Angehörige der First Nations, die sich an Wahlen beteiligen wollten, dafür in der ersten Hälfte des 20. Jahrhunderts im Gegenzug ihre indigenen Rechte aufgeben.

»Die Entwicklung eines auf Ausschluss zielenden Regimes der nationalen Staatsbürgerschaft und eine legalisierte Segregation migrantischer Arbeiter*innen von den Bürger*innen«, schreibt Walia, »fungieren als eine wirksame Brandmauer gegen Solidarität.« Am beeindruckendsten an Walias Arbeit ist ihre Kritik am Gastarbeiterprogramm Kanadas, bei dem migrantische Arbeiter*innen zeitweise und prekär in gefährlichen oder sogar potenziell tödlichen Jobs eingesetzt werden und wo es ebenfalls häufig zu Lohndiebstahl kommt. Expert*innen schätzen, dass temporär angestellte Farmarbeiter*innen und Hausangestellte in Kanada pro zweijährigem Beschäftigungsvertrag im Durchschnitt um 20.000 beziehungsweise 10.000 Dollar betrogen werden.

Um zurück zu den USA zu kommen: Im Jahr 2021 konnte man in einem Gerichtsantrag in Georgia von »Gastarbeiter*innen« lesen, deren

»Pässe und Visa konfisziert worden waren, die Opfer von Schlägen, Gewaltandrohungen und Abschiebungen bei vorgehaltener Waffe waren, für wenig Geld auf Feldern in Georgia, Florida und Texas arbeiten mussten und dabei in überfüllten und unhygienischen Unterkünften untergebracht waren.«

Der politische Theoretiker Michael Walzer ist der Meinung, dass demokratische Bürger*innen vor einer Wahl stehen:

»Wenn sie neue Arbeiter*innen ins Land bringen wollen, müssen sie bereit sein, die Mitgliedschaft ihrer Gruppe zu erweitern; wenn sie aber keine neuen Mitglieder akzeptieren wollen, müssen sie auf dem heimischen Arbeitsmarkt Mittel und Wege finden, dafür zu sorgen, dass die gesellschaftlich notwendige Arbeit getan wird. Und dies sind tatsächlich ihre einzigen beiden Optionen.«

Wie Walzer erklärt, zielt der Status der Gastarbeiter*innen, der temporär ist und sie davon abhält, sich zu organisieren, den Arbeitsplatz zu wechseln oder ihre Rechte zu verteidigen, explizit darauf ab, »sie daran zu hindern, ihre Lage zu verbessern«. Dieser Status macht sie letztlich heimatlos und verdammt sie zu etwas, was Walzer als eine »selbstauferlegte Gefängnisstrafe« bezeichnet. Diese mag insofern selbstauferlegt sein, als die Migrant*innen den Bedingungen ursprünglich zugestimmt haben oder dies vielleicht (im Fall von Gastarbeiter*innen, die ihre Verträge erneuern oder nach einer Pause zu ihrer Arbeit zurückkehren) auch wiederholt tun, aber das heißt nicht, dass sie in dieser Sache echte Handlungsfreiheit haben. Eine zutreffende Beschreibung würde nicht von einer selbstauferlegten, sondern von einer »durch das System auferlegten« Gefängnisstrafe sprechen. Oder von einem Körper und Seele vernichtenden System der Ausbeutung, auf das der Westen sich stützt, damit er immer frischen Salat und Pasta-Sauce hat.

Der Fall der kubanischen Flüchtlinge in Miami

Aber was geschieht, wenn große Mengen von Migrant*innen kommen und das sehr rasch, wie es wohl der Fall wäre, wenn die Grenzen plötzlich geöffnet würden? Man kann ja keine neue Variable in ein geschlossenes System einführen, ohne dass es zu gravierenden Veränderungen kommt, oder? Eine Methode, ein Bild von den Auswirkungen einer sich rasch vollziehenden Massenmigrationen zu bekommen, ist ein Blick auf sogenannte ›historische Experimente‹.

Die Episode des sogenannten *Mariel Boatlift*, als 1980 innerhalb weniger Monate etwa 125.000 Kubaner*innen nach Miami kamen, ist das meistzitierte solche ›Experiment‹ zum Thema Migration, und es ist unbedingt eine Untersuchung wert. Allerdings muss hier, wie für das Verständnis jedes soziologischen Phänomens, auch der historische Kontext berücksichtigt werden.

Als sich die Kubaner*innen 1959 erhoben, um sich ihr Land von dem von den USA unterstützten Diktator Fulgencio Batista zurückzuholen, der 1952 durch einen Staatsstreich an die Macht gekommen war, waren die Vertreter der USA sehr beunruhigt. Für die Vereinigten Staaten war ein gehorsames Kuba mehr als ein halbes Jahrhundert lang ein wichtiger Mechanismus zur Kontrolle über die Karibik gewesen. Diese Bemühungen um Kontrolle begannen spätestens 1897, als Teddy Roosevelt, der in sich den Drang zum Imperium verspürte, erklärte, die USA »sollten so gut wie jeden Krieg begrüßen, weil dieses Land meiner Ansicht nach einen Krieg braucht«.

Als Roosevelt sich nach Kuba begab, um dort einen dieser Kriege zu führen, nahm er, wie der Historiker Daniel Immerwahr berichtet, »zwei Pferde, seinen Schwarzen Diener, einen Revolver, der aus dem Wrack der *Maine* geborgen worden war, und sein Exemplar von Edmond Demolins Buch *Anglo-Saxon Superiority* [Die Überlegenheit der Angelsachsen] mit«. Mit Teddy an der Spitze des Feldzugs eroberten die Vereinigten Staaten die Insel; sie schlugen das imperiale Spanien zurück und eröffneten eine neue Ära US-amerikanischer Kolonialeroberungen.

Als alles vorbei war, verkaufte Spanien die Philippinen für 20 Millionen Dollar an die USA und gab ihnen auch noch Puerto Rico und Guam dazu. Aufgrund des Verfassungszusatzes von 1898 (*Teller Amendment*) konnten die USA Kuba nicht annektieren, aber sie durften es bis zur Installierung einer ›angemessenen Regierung‹ besetzen und ihrer Kontrolle unterwerfen. Die Definition von ›angemessen‹ oblag dabei dem Militärgouverneur Kubas, einem Amerikaner namens Leonard Wood, der im Jahr 1900 an Präsident McKinley schrieb: »Wenn man mich fragt, was ich unter stabiler Regierung verstehe, sage ich, ›eine Profitrate von sechs Prozent‹« – das heißt, eine Wirtschaftspolitik, die US-Investitionen lohnend machte. Vor dem Hintergrund der gerade stattgefundenen Invasion und solcher Investitionsversprechen enthielt die kubanische Verfassung folgerichtig eine Klausel, die den USA im Zweifelsfall das Recht zu einer erneuten Invasion gab, was denn in den folgenden Dekaden auch viermal geschah. Aufgrund eines begleitenden Abkommens musste Kuba den USA die Guantánamo Bay verpachten.

Zur Sicherung ihres Zugriffs auf die Macht auf Kuba sorgten die Vertreter der USA dafür, dass dort immer gehorsame Leute, die den USA zu Willen waren, das Ruder in der Hand hatten. Ende der 1950er-Jahre war Kuba letztlich ein US-Protektorat, in dem zwischen Stadt und Land sowie zwischen den *weißen* Landeigentümer*innen und der Schwarzen Bevölkerung eine enorme, geradezu mörderische Ungleichheit herrschte. Die *Macheter@s* – die Erntearbeiter*innen im Zuckerrohranbau, die nur saisonal beschäftigt wurden – litten permanent unter einer erdrückenden Schuldenlast. Viele der Bäuer*innen des Landes waren unterernährt und konnten nicht lesen; sie hatten keinen Zugang zu Bildung oder irgendeiner Form von Gesundheitsversorgung. Wie in einer PBS-Dokumentation zu sehen war, war eine der großen Schnellstraßen Kubas von kleinen Friedhöfen gesäumt, »die die Orte anzeigten, an denen Menschen gestorben waren, während sie auf eine Fahrt in die nächsten Krankenhäuser und Kliniken in Santiago de Cuba gewartet hatten«.

Mit der Machtübernahme Batistas 1952 war der Boden für weitere Revolten und weiteren Widerstand bereitet. »Der Coup Batistas öffnete die Büchse der Pandora«, erklärt der kubanische Exilautor und Journalist Carlos Alberto Montaner. »Institutionen waren jetzt nicht länger wichtig. Was zählte, war Mut, waren Einzelne, die fähig zur gewaltsamen Aktion waren.« Aber als Fidel Castro und sein Kampfgefährte Che Guevara schließlich 1959 die Kontrolle über die Insel zurückgewannen, unternahmen die Vereinigten Staaten außergewöhnliche Anstrengungen zur Unterminierung dieser Kontrolle. Neben zahlreichen Versuchen zur Ermordung Castros war eines der Mittel zur Untergrabung seiner Kontrolle und Legitimität die Ermunterung der Kubaner*innen zur Emigration.[5] *Operation Peter Pan*, *Operation Free Ride*, *Freedom Flights*, der *Cuban Adjustment Act* – das waren vier Versuche der USA zur Schwächung der kubanischen Regierung und zur direkten Ermutigung der Kubaner*innen zur Emigration. Das Resultat war, dass sich in Wellen immer wieder Menschen über die Floridastraße auf den Weg nach Norden machten, und hierher gehören auch einige sehr aufschlussreiche Monate im Herbst 1980 – der berühmte sogenannte *Mariel Boatlift*.

Bevor wir uns mit den Auswirkungen des Boatlift auf Miami beschäftigen, kann ein wenig Hintergrund hilfreich sein, nicht nur, um zu erklären, was später aus den Migrant*innen wurde, sondern auch, *warum* sie nach Florida kamen. Im Jahr vor dem Boatlift, 1979, war in Kuba fast die gesamte Tabakernte durch Blauschimmel verlorengegangen, wodurch der kubanische Staat gezwungen war, 26.000 Arbeiter*innen zu entlassen. Man könnte denken, dass die kubanische Tabakindustrie einfach gute Zigarren herstellt, aber in Wirklichkeit geht es hier um wesentlich mehr. Ende der 1970er-Jahre exportierte Kuba pro Jahr 125 Millionen Zigarren, die dem Land mit etwa 100 Millionen Dollar circa 15 Prozent der gesamten Exporterlöse einbrachten. Im selben Jahr, in dem es in der kubanischen Tabakindustrie zur Blauschimmelepidemie kam, wurde das Zuckerrohr von Braunrost befallen, wodurch ein Drittel der Ernte verlorenging. Kuba exportierte damals fast acht Millionen Tonnen Zucker und war damit zu einem der führenden Zuckerexporteure der Welt geworden. Die Macheter@s standen unter extremen, manchmal sklavenartigen Bedingungen in Sümpfen, schlugen auf Moskitos ein und schnitten das Zuckerrohr, nur um es dann zu verbrennen.

In demselben schicksalhaften Jahr schlossen diverse antikommunistische Regierungen Kuba aus verschiedenen Gewässern aus, in denen es traditio-

---

5 Der Kontext imperialistischer Einmischung und Eroberung darf in keiner Geschichte der Migration übersehen werden. Die Schwächung von Menschenrechten und Demokratie und die Ausbeutung der Rohstoffe und Menschen einer Nation haben immer bleibende Auswirkungen, die vielleicht im Einzelnen nicht klar festzumachen sind, aber zu denen sicherlich Instabilität, geschwächte Institutionen und Auswanderung gehören. Unkenntnis der Geschichte oder Blindheit ihr gegenüber gehören zu den größten Hemmnissen für eine ›Lösung‹ der Einwanderungskrisen.

nell gefischt hatte. Blauschimmel, brauner Rost und die Einschränkung der Fischereirechte: Zehntausende von Kubaner*innen hatten auf einmal keine Arbeit mehr und viele von ihnen waren jetzt mittellos.

Ich möchte hier nicht im Einzelnen auf die Politik Fidels und seiner bärtigen Genossen eingehen, aber es ist unbestreitbar, dass man, wenn man von der Parteilinie abwich oder sich zu weit von der neu etablierten kulturellen Orthodoxie entfernte, zur Zielscheibe politischer Repression wurde, was einem das Leben sehr stark erschweren konnte – eine Realität, die oft zu verzweifelten Ausreiseversuchen führte. Ein weiterer, oft vergessener Aspekt dieser Zeit Ende der 1970er-Jahre ist, dass Castro kubanischen Exilant*innen, die in den USA lebten, erlaubte, die Insel zu besuchen, und dass 1979 über 100.000 *Cuban Americans* dieses Angebot auch wahrnahmen. Wie William M. LeoGrande und Peter Kornbluh in ihrer Geschichte *Backchannel to Cuba* schreiben, stellten die Emigrant*innen ihren (bescheidenen) Wohlstand in der Heimat zur Schau und »machten damit ein implizites Statement, das besagte, dass ihre Entscheidung zur Ausreise die richtige gewesen war«.

Nach der Aussetzung des Programms *Freedom Flights* durch die Nixon-Regierung 1973 war es für Kubaner*innen genauso schwierig wie für alle anderen, in die USA zu gelangen. Wenn sie es also nach Florida schaffen wollten, mussten sie paddeln, segeln oder mit dem Motorboot über die Floridastraße fahren. 1979 begannen verzweifelte Kubaner*innen, Schiffe zu kapern und in den Norden nach Florida zu fahren, wo sie als Held*innen in Empfang genommen wurden. Nachdem eine Gruppe von Kubaner*innen die Kontrolle über einen liberianischen Frachter übernommen und ihn nach Florida entführt hatte (wo die Entführer*innen von den USA nicht angeklagt wurden), rief ein hoher Vertreter Kubas den US-Diplomaten Wayne Smith an und sagte ihm: »Wir sind mit unserer Geduld am Ende. Wenn Ihre Regierung Leute in kleinen Booten haben möchte, können wir Ihnen mehr davon geben, als Sie gebrauchen können.« Bald konnte Kubas Nachbar im Norden dann sehen, was er mit dieser Drohung gemeint hatte.

Ungefähr zur selben Zeit stiegen Kubaner*innen in Havanna über die Tore ausländischer Botschaften, um dort Asylanträge zu stellen. Im April 1980 entführten sechs Kubaner*innen einen Bus und fuhren gewaltsam durch das Tor der peruanischen Botschaft. Bei der Auseinandersetzung wurde ein kubanischer Polizeibeamter getötet. Fidel wollte den Zwischenfall als Lektion nutzen, um zu zeigen, was passieren würde, wenn eine noch viel größere Zahl von Migrant*innen die Botschaft stürmte, um Asyl zu verlangen, und ordnete die Entfernung der (von kubanischen Polizeibeamt*innen kontrollierten) Tore und der Wachposten vor der Botschaft an. Binnen weniger Tage stürmten über zehntausend Kubaner*innen die peruanische Botschaft, wo sie Hof und Gebäude füllten und sogar auf die Bäume kletterten und sich dort in den Ästen festsetzten. Das war der letzte Auslöser, der zum ›Boatlift‹ führte.

»Unsere Gedanken sind bei den fast 10.000 freiheitsliebenden Kubaner*innen«, kommentierte Präsident Carter das Ereignis in der Botschaft Perus und sprach damit letztlich eine Einladung an die Kubaner*innen aus, in die USA zu kommen. Castro reagierte mit einem Leitartikel in einer kubanischen Zeitung, in dem er schrieb, die *Cuban Americans* in Florida könnten gerne mit dem Schiff nach Süden fahren und ihre Verwandten in der kubanische Hafenstadt Mariel abholen.

Und genau das taten sie, sehr viele von ihnen.

In den folgenden Monaten machten sich 125.000 Kubaner*innen in einer Aktion, die bald als die ›Freiheitsflottille‹ bezeichnet wurde, auf die Schiffsreise nach Miami. Die meisten der neu Eingetroffenen erhielten Asylstatus; was das ermöglichte, war der *Cuban Adjustment Act* von 1966, der es Kubaner*innen schon nach einem Jahr Aufenthalt in den USA ermöglichte, eine Green Card zu bekommen. Das Gesetz gewährte ihnen auch eine Arbeitsgenehmigung, ganz gleich, auf welchem Weg sie in die USA gekommen waren.

»Es wird offene Grenzen geben«: Migrant*innen nach dem *Mariel Boatlift*

Hier ist es wichtig, sich nicht nur mit den negativen oder positiven Auswirkungen auf die Amerikaner*innen in Miami – dem Thema, auf das sich der Großteil der Forschung in den letzten 40 Jahren konzentriert hat – zu befassen, sondern auch mit der Frage, wie es den Migrant*innen selbst ergangen ist. Die Tatsache, dass Ökonom*innen, die alle möglichen Überlegungen zum Gesamtthema dieser Migrationswelle anstellen, den tatsächlichen Migrant*innen nur wenig Aufmerksamkeit schenken, sagt uns eine Menge über die Wirkung von Grenzen: Sie markieren die Grenzen des Interesses, der Sorge und des Mitgefühls.

Ich habe mit einigen Marielit@s sprechen können und ihre Antwort auf meine wichtigste Frage, nämlich die, ob es ihnen und ihren Familien aufgrund ihrer Migration im Rahmen des ›Boatlift‹ von 1980 besser gehe, war in überwältigendem Maß ein enthusiastisches *Ja*. Ana Rabel, die gemeinsam mit ihrer Tochter 2007 in Südflorida ein Restaurant, das *Green Gables Café*, eröffnet hat, erzählte mir von der Reise, die sie mit ihrer Familie machte, und davon, was diese Reise für sie bedeutet hat. Bei dem Gedanken, aus Kuba wegzugehen, hatte sie zuerst gemischte Gefühle, da sie erst 17 Jahre alt und in einen Jungen in Havanna verliebt war. Sie vergötterte den bunten kulturellen Trubel der Hauptstadt, aber ihre Familie war zu einer Zielscheibe im Kampf gegen Dissident*innen geworden. Ihr Vater war im Gefängnis gewesen und obwohl Ana und ihre älteren Schwestern an der Schule zu den Klassenbesten gehörten, durften sie nicht an der prestigeträchtigen, aber selektiven Leninschule studieren. »Wir mussten Weihnachten hinter geschlossenen Türen feiern«, erzählte Ana. »Wir wussten immer, dass wir am Ende gezwungen sein würden wegzugehen. Dass wir dort nicht das Leben würden führen können, das wir uns wünschten.«

Nach etlichen Emigrationsversuchen erhielten sie zu Beginn des Boatlift endlich Ausreisevisa – kleine Papierzettel von der Größe einer Karteikarte – und konnten sich durch Beziehungen (ein Freund dessen Schwager einen Freund hatte…) eine Überfahrt auf einem amerikanischen Krabbenboot sichern, das in den Hafen von Mariel kam, um sie abzuholen. Sie verbrachten zwei Tage zusammengedrängt in einer kleinen Kabine auf stürmischer See. Als sie in Miami ausstiegen, reichte ein freiwilliger Helfer Ana eine Flasche Coca-Cola. Sie stürzte sie in einigen Schlucken hinunter und musste sich dann, immer noch angeschlagen von der Reise, prompt übergeben. Sie lachte in sich hinein, als sie von ihren ersten Augenblicken in Amerika erzählte.

Der Boatlift war eine »Einfachfahrkarte«, sagte Ana. »Wir ließen alles hinter uns zurück. Wir gaben sogar die Schlüssel zu unserem Haus weg.« Ein Zurückbleiben in Kuba konnte sie sich nicht mehr vorstellen – angesichts all dessen, was sie sich in den Vereinigten Staaten aufgebaut hatte, ihres Restaurants, ihrer Familie, ihres Lebens und all der Dinge, die sie getan hatte.

Der *Mariel Boatlift* war eine der schnellsten und massivsten Migrationsbewegungen der jüngeren Geschichte. Die 125.000 neuen Bewohner*innen der Stadt, die praktisch über Nacht in Miami landeten (und von denen etwa

100.000 in nur sechs Wochen, von April bis Juni kamen), und die Auswirkungen, die das Ganze auf den Ort und seine anderen Bewohner*innen hatte, sollten, wie die Journalistin und Autorin Mirta Ojito in *Finding Mañana* schreibt, »in der politischen Rhetorik auf beiden Seiten der Floridastraße zu einem vielfach missbrauchten Referenzpunkt« werden.

Wie diese Abertausenden Menschen sich niederließen, wie sie lebten, kämpften, Arbeit fanden, aßen und ihre Freizeit verbrachten, war genauso unterschiedlich, wie das bei Menschen immer der Fall ist.[6]

Der Kanadier David Card blickte etwa zehn Jahre später auf diese schicksalhaften Monate zurück und war der erste bedeutende Ökonom, der die daraus resultierenden ökonomischen Trends analysierte. Er zog eine Schlussfolgerung, die in den folgenden Jahren heiß debattiert werden sollte.

Card beginnt seinen Artikel mit der Feststellung, dass »eine der Hauptsorgen der Gestalter*innen der Einwanderungspolitik die Frage ist, inwieweit Immigrant*innen die Möglichkeiten der schlechter ausgebildeten Einheimischen auf dem Arbeitsmarkt beeinträchtigen.« Durch die Marielit@s, die sich auf Dauer in Miami niederließen, erhöhte sich die Gesamtzahl der Arbeitskräfte um sieben und die Zahl der kubanischen Arbeiter*innen um 20 Prozent. Schon in den 1970er-Jahren lag der Anteil der Immigrant*innen an der arbeitenden Bevölkerung Miamis weit höher als in jeder anderen Stadt der USA. 35,5 Prozent aller arbeitenden Bewohner*innen Miamis waren im Ausland geboren, während dies etwa in Los Angeles, der Stadt mit dem zweithöchsten Prozentsatz an Immigrant*innen in den USA, nur bei 22 Prozent der Fall war.

Eine etwas spezifischere Befürchtung ist, dass der Zustrom von Migrant*innen in besonderem Maß die Beschäftigungsmöglichkeiten und Löhne von Minderheiten bedrohen könnte. Aber was das betrifft, fand Card, dass die Löhne der Schwarzen Bevölkerung in Miami im Verlauf von fünf Jahren gestiegen und dass die Löhne der nicht-kubanischen Hispanoamerikaner*innen im selben Zeitraum gleichgeblieben waren. Die einzige Gruppe, die laut Card einen leichten Rückgang ihrer Löhne verkraften musste, war die der Kubaner*innen, die zum Zeitpunkt des Boatlift bereits dort gelebt hatten.

---

6   Auch Tony Montana, die rücksichtslos zielstrebige, von Al Pacino gespielte Hauptfigur des Films *Scarface*, kam mit dem Boatlift in Miami an.

Kapitel 4: Das wirtschaftliche Argument

Die Beschäftigungszahlen zeigten dasselbe Muster und blieben in den auf die Ankunft der Marielit@s folgenden fünf Jahren konstant oder stiegen leicht an, mit einer Ausnahme: Die Arbeitslosenrate bei der Schwarzen Bevölkerung wuchs von 1979 (8,3 Prozent) bis 1983 (18,4 Prozent) auf mehr als das Doppelte an. Allerdings sank sie dann nur zwei Jahre später, 1985, mit 7,8 Prozent auf einen Satz, der sogar niedriger war als im Ausgangsjahr 1979.

»Die Einwanderung aus Mariel hatte so gut wie gar keine Auswirkungen auf die Löhne oder die Beschäftigungssituation nicht-kubanischer Arbeiter*innen in Miami«, schließt Card. Weiter kommt er zu dem Schluss, dass auch bei den Kubaner*innen, die bereits in Miami gelebt hatten, trotz eines zeitweisen Rückgangs der Nachfrage nach ihnen »die Immigration aus Mariel keine starke Auswirkung« auf die Löhne hatte. »Die Analyse der Daten deutet auf eine bemerkenswert rapide Absorption der Immigrant*innen aus Mariel in die Arbeitsbevölkerung Miamis hin.«

Etliche Jahre später, 2015, wendete sich ein Wirtschaftsprofessor in Harvard, George Borjas, gegen diese Analyse und behauptete, das, was er als den »Angebotsschock durch Mariel« bezeichnete, habe *sehr wohl* einen negativen Effekt auf einen gewissen Teil der Arbeitskräfte Miamis gehabt. Borjas ist selbst Einwanderer aus Kuba und konzentrierte sich in seiner Studie spezifisch auf die vorzeitigen Highschool-Abgänger*innen in Miami, für die er zu dem Ergebnis kam, ihre Löhne seien dramatisch – das heißt, zwischen zehn und 30 Prozent – gefallen.

Borjas' Methodologie bediente sich einer engeren Definition der Berufsqualifikationen der Marielit@s, und dabei stellte er fest, dass 60 Prozent von ihnen Highschool-Abbrecher*innen waren. Aber während er schreibt, seine spezifischeren Vergleiche zeigten, dass der Durchschnittslohn männlicher Highschool-Abbrecher in Miami von der vierjährigen Periode von 1976 bis 1979 bis zur sechsjährigen Periode von 1981 bis 1986 um etwa 37 Prozent gefallen sei, stellt sich heraus, dass die negativ beeinflusste Gruppe *aus ganzen 17 Personen bestand*. Während er diese wichtige Tatsache mit Stillschweigen übergeht, behauptet er zugleich, dass »die Beweise robust sind«.

Eine weitere Lücke in Borjas' Argumentation ist technischer Art. Die staatlichen Statistiken zu Löhnen und Beschäftigung wenden seit 1980 andere Methoden an, die auf eine bessere Erfassung Schwarzer Männer abzielen, einer Bevölkerungsgruppe, die in den Statistiken jahrelang unterrepräsentiert gewesen war. Als die Statistiken sie mitzuzählen begannen, wuchs diese Gruppe und damit sank der kumulative urbane Durchschnittslohn. Die Ursache dafür war der hartnäckige Rassismus, aufgrund dessen Nicht-*Weißen* ein geringerer Lohn gezahlt wurde – und immer noch wird. Michael Clemens, der ebenso wie Borjas einen Großteil seiner Karriere der Migrationsökonomie gewidmet und sich nochmals die ursprüngliche Studie Cards angesehen hat, kommt zu dem Schluss:

»Das Belegmaterial über den Mariel Boatlift bleibt dasselbe wie in David Cards bahnbrechender Forschung: Es gibt keine Beweise dafür, dass die Löhne der am schlechtesten ausgebildeten Arbeiter*innen in Miami fielen oder dass ihre Beschäftigungssituation litt, obwohl eine Flüchtlingswelle diese Kategorie von Arbeiter*innen plötzlich um 20 Prozent vergrößerte.«

Der Disput darüber geht weiter, aber selbst wenn Borjas recht haben und sich nach einer Berücksichtigung des Einflusses der unterschiedlichen statistischen Modelle herausstellen sollte, dass männliche Schwarze High-School-Abbrecher durch den unvermittelten Schock auf dem Arbeitsmarkt negative Effekte hinnehmen mussten, befanden sie sich von vornherein in einer prekären Position, und dies wiederum war nicht aufgrund der Immigration fremder Arbeitskräfte, sondern aufgrund ihrer Diskriminierung in den USA selbst der Fall. Ihnen sollte sowohl vonseiten der Arbeitgeber*innen als auch vonseiten des Staates eine bessere Behandlung und Entlohnung zuteilwerden, und das ist ohne Weiteres möglich.

Ojito sieht sich zusammenfassend das große wirtschaftliche Bild im Lauf der Jahre an: Während die ursprünglichen Kosten des Boatlift etwa zwei Milliarden Dollar betrugen, erwirtschafteten die Marielit@s binnen 20 Jahren ein jährliches Gesamteinkommen von 2,2 Milliarden. »Heute besitzen die Marielit@s Restaurants und Kindergärten«, schreibt Ojito.

»Sie arbeiten bei *Disney World* und der *National Broadcasting Company*. Sie bedienen Kund*innen in Supermärkten und bieten Haushalten ihre Dienste als Klempner*innen an. Sie lehren an angesehenen Colleges, beziehen Lob und Preis in der Welt der Kunst und arbeiten als Ingenieur*innen für Ölkonzerne im Ausland. Sie sind Dichter*innen, Journalist*innen, Fabrikarbeiter*innen, Bäcker*innen, Soldat*innen und sogar Ärzt*innen beim Militär.«

So zeigt also das ›historische Experiment‹ des Boatlift, dass selbst dann, wenn viele Menschen binnen kurzer Zeit in ein Land einwandern, ökono-

Kapitel 4: Das wirtschaftliche Argument

misch wahrscheinlich wenig zu befürchten ist. Dennoch warnt Borjas in seinem 2016 erschienenen Buch *We Wanted Workers*: »Die Tatsache, dass Immigration zu dieser besonderen Zeit an diesem besonderen Ort diese besondere Auswirkung hatte, garantiert nicht, dass beim nächsten Angebotsschock wieder dasselbe geschehen wird.« Das stimmt natürlich: Vereinfachungen kommen gern als große Weisheiten daher und wir können uns nie sicher sein, welche Effekte oberflächlich gesehen ähnliche Ereignisse in der Zukunft haben werden. Aber Borjas' Feststellung unterminiert zugleich seine eigene Warnung vor weiterer zukünftiger Migration. Hinzu kommt, dass wir außer dem Mariel Boatlift noch weitere ›historische Experimente‹ haben, auf die wir uns stützen können.

Zwischen 1989 und 1995 wanderten so viele Jüd*innen aus Russland nach Israel aus, dass die Bevölkerung des Landes um zwölf Prozent wuchs – Jahre des Wachstums, die mit ihren Zahlen selbst den Mariel Boatlift in den Schatten stellen: In gerade einmal sechs Jahren kamen 610.000 Menschen von Russland nach Israel. Die Wissenschaftlerin Rachel M. Friedberg, die diese rasche Wanderung intensiv studiert hat, fand auf dem israelischen Arbeitsmarkt »keine negativen Auswirkungen auf das Einkommen der Einheimischen«. Im Lauf dieser sechs Jahre kam es insgesamt zu einem Anstieg der Löhne, während die Arbeitslosigkeit zurückging. Das heißt, dass die Einwanderung unterm Strich ein Plus für die Israelis war.

Eine ähnliche Studie der ehemaligen Chefökonomin des US-Arbeitsministeriums Jennifer Hunt nimmt die Auswirkungen der Ankunft von 900.000 Algerienfranzös*innen in einem einzigen Jahr, 1962, auf die Löhne und die heimische Beschäftigungssituation in Frankreich unter die Lupe. Die Unabhängigkeit Algeriens führte dazu, dass ein beträchtlicher Teil der Bevölkerung europäischen Ursprungs nach Frankreich zurückkehrte, zu dem etwa 140.000 Araber*innen und Berber*innen hinzukamen. Hunt kam zu dem Ergebnis, dass die Ankunft dieser Rückkehrer*innen, die etwa 1,6 Prozent der gesamten französischen Arbeitskräfte ausmachten, die Arbeitslosigkeit in Frankreich höchstens um 0,3 Prozent erhöhte, während der Durchschnittslohn 1963 gerade einmal um 1,3 Prozent sank. Die Repatriierten erhielten staatliche Hilfe; sie bekamen Überbrückungsgeld, während sie nach Arbeit suchten, und eine Pauschalzahlung, damit sie Unterkunft finden konnten. Aber es bleibt festzuhalten, dass eine Millionen Menschen, die in kürzester Zeit ins Land kamen, nur minimale Auswirkungen auf Löhne und Arbeitslosigkeit hatten.

Wir müssen hier doppelte Arbeit leisten, indem wir zum einen den Menschen das verbreitete Gefühl nehmen, Migrant*innen seien eine Belastung für die Wirtschaft (oder zahlten keine Steuern, obwohl sie es in Wirklichkeit tun), und zum anderen die Migrant*innen nicht zu einer Verhandlungsmasse machen. Denn was wäre in Wirklichkeit besser, wenn die Unternehmerelite sich plötzlich für die Idee offener Grenzen erwärmen würde, aber dies nur tun würde, um die Migrant*innen umso besser auspressen zu können? Als das *Wall Street Journal* 1984 in einem Artikel einen aus fünf Wörtern bestehenden Verfassungszusatz vorschlug, nämlich »Es soll offene Grenzen geben«, schrieben die Autor*innen dies aus lauter Herzensgüte und echtem Mitgefühl für Migrant*innen, oder waren sie da dabei, die Filetiermesser der Konzerne zu schärfen?

||||||

Nachdem es im November 2020 in Mittelamerika zwei große Hurrikane gegeben hatte, die massive Überflutungen, Erdrutsche und enorme landwirtschaftliche Schäden verursachten, mussten Hunderttausende von Menschen evakuiert werden. Der Präsident Guatemalas, Alejandro Giammattei, reagierte auf die Katastrophe mit den Worten: »Wenn wir nicht Horden von Mittelamerikaner*innen sehen wollen, die sich nach Ländern mit besserer Lebensqualität aufmachen, müssen wir in Mittelamerika Mauern des Wohlstands schaffen.«

Das ist eine ziemlich klobige Metapher. Eine Mauer schafft tatsächlich eine gewisse Art von Wohlstand, aber nur auf einer Seite. Es sind die Mauer selbst und das von den USA und Mexiko durchgesetzte Immigrationsregime, die Zehntausende von Bürger*innen Guatemalas und anderer Länder in Zyklen der ›Schuldknechtschaft‹, Ausbeutung, erzwungenen Ortswechsel und Abschiebung gesperrt haben und so zu Armut und Prekarität führten. Es ist die Mauer, die es den Vertreter*innen der USA und ihrer Konzerne erlaubte, Guatemala zu einem exportabhängigen Land zu machen, das fast vier Jahrzehnte lang von völkermörderischer Gewalt geprägt war und sich jetzt auf einer dünnen Schneide zwischen Autoritarismus und einem gescheiterten Staat bewegt.

Wohlstand oder zumindest Würde gäbe es für die Menschen dort, wenn allen, die es brauchen oder wollen, freier Transit gewährt würde. Eine Beendigung der Manipulation der Märkte und Kritik an korrupten

Politiker*innen, die für einen einseitigen Wohlstand und die Aufrechterhaltung des Regimes der globalen Ungleichheit eintreten, wären eine viel bessere Lösung als eine Mauer gegen Menschen. Die einzige Mauer des Wohlstands ist eine Mauer mit einer offenen Tür.

Wohlstand erfordert eine robuste, egalitäre und demokratische Gemeinschaft. Das ist die Art von Wirtschaft, die Art der Regeln für das Haus, die die Welt braucht.

Kapitel 5:
Das politische Argument – nie nur Theater

»Ein Akt der Gastfreundschaft kann nur poetisch sein.«
– Jacques Derrida

Das – für mich – überzeugendste Argument für die dringliche Notwendigkeit einer Öffnung der Grenzen ist die Tatsache, dass Grenzen töten. Verfechter*innen von Grenzen und Einwanderungsbeschränkungen mögen darüber besorgt sein, dass eine Öffnung von Grenzen vielleicht ebenfalls tödlich sein könnte, weil damit potenzielle Terrorist*innen ins Land gelassen oder ein nicht nachhaltiges Bevölkerungswachstum oder unerwünschte kulturelle Veränderungen ermöglicht würden. Aber eine Entschuldigung gegenwärtiger Übel (Grenzen töten) durch mögliche zukünftige Übel (eine Öffnung von Grenzen *könnte* tödlich sein oder im metaphorischen Sinn töten) ist eine ziemlich magere Rechtfertigung, besonders angesichts der Tatsache, dass es nur wenige bis gar keine Beweise dafür gibt, dass strikte Grenzkontrollen etwas zur finanziellen, physischen oder nationalen Sicherheit des Landes beitragen. Aber militarisierte Grenzkontrollen stützen sich genau auf diese Rechtfertigung. Die bizarre Logik, nach der man die Zukunft schützt, indem man die Gegenwart tötet, wird sehr gut in dem Film *Terminator: Dark Fate* erfasst, einem der Nachfolgefilme zum Blockbuster von 1984, in dem der Antiheld, ein Cyborg-Soldat, »Befehle aus einer Zukunft, die es nie gab«, ausführt, um die Zukunft zu verhindern, deren Eintreten die Cyborgs einen Riegel vorschieben wollen. Während die Serie, zu der der Film gehört, chronologisch etwas verwirrend ist, spielt *Dark Fate* mit derselben Logik einer Furcht vor möglichen Übeln, die die Anwendung von Gewalt in der Gegenwart rechtfertigen soll, wie es auch die Verfechter*innen geschlossener Grenzen tun. Dieselbe spekulative Verwendung von Repression und Stereotypen wird auch in einem weiteren dystopischen Science-Fiction-Film, *Minority Report*, dargestellt, der auf der 1956 erschienenen Novelle von Philipp K. Dick basiert. Wie im Film und im Buch, in denen Verbrecher*innen der Kontrolle unterworfen werden, noch bevor sie ihre Verbrechen begangen haben, werden Migrant*innen durch die Logik geschlossener Grenzen schon überwacht und bestraft, bevor sie überhaupt im Land sind.

Im erwähnten letzten *Terminator*-Film schlüpft der mordbesessene Cyborg – wenig überraschend – in den Körper eines Beamten der US-Grenzpatrouille, loggt sich in ein Überwachungssystem ein, bedient sich der Augen einer Drohne und autorisiert sogar die Anwendung tödlicher Gewalt gegen Grenzgänger*innen, um so die pan-cyborgische Zukunft zu schützen.

Die Menschen strömen in Massen in solche Filme, die Zig Millionen Zuschauer*innen anlocken und Hunderte von Millionen Dollar einbringen: Auseinandersetzungen über Grenzen sind ein alter und verlässlicher Gegenstand dramatischer Darstellungen. Und während das Vordringen auf fremdes Territorium heute vor allem die Form von Menschen annimmt, die vor Armut, Klimakatastrophen oder staatlich unterstützter oder zumindest nicht unterbundener Gewalt flüchten, wird im Allgemeinen das Eindringen selbst als der Akt der Gewalt dargestellt – und nicht der ursprüngliche und tatsächliche Gewaltakt, der die Menschen überhaupt erst dazu gebracht hat zu fliehen. Das heißt, dass Grenzen menschliche Mobilität so umdefinieren, dass sie eine Bedrohung bedeutet, die eine militärische Form von Protektionismus notwendig macht und angesichts derer die angebliche Sicherheit der Nation über die Sicherheit einzelner Personen gestellt werden muss.

Der wenig plausible und extrem übertriebene Alptraum einer großen Katastrophe an unseren Grenzen führt dazu, dass Hunderte von Milliarden von Dollar für Ressourcen zur Bekämpfung von Migrant*innen ausgegeben werden, darunter für Drohnen, Generalüberwachung und exzessiv bewaffnete Wachen, die dafür ausgebildet sind, Familien, die auf der Suche nach Sicherheit und Würde sind, zu jagen und gegebenenfalls auch auf sie zu schießen. (Und während Drogen zwar ebenfalls über Grenzen gebracht werden müssen, wird der größte Teil davon über ganz bestimmte Eingangspunkte geschmuggelt, und außerdem besteht die effektivste Methode zur Bekämpfung des Drogenhandels in der Senkung der Nachfrage, und das wird nicht durch Jagdpanzer und Festungsgräben erreicht.)

Die Vision in *Terminator* erinnert in beunruhigender Weise an Aussagen aus der *Defense Threat Reduction Agency*:[1] »Es entwickeln sich Bedrohungen

---

1 Die DTRA ist eine Unterabteilung des US-Verteidigungsministeriums, die zusammen mit dem privaten, profitorientierten Unternehmen *Raytheon* über den Aufbau von Infrastruktur und die Ausbildung von Personal eine entscheidende Rolle bei der Un-

gegen unser Land. Weltweit versuchen Gegner, die Sicherheit unserer Nation zu zerstören. Dabei halten sie sich nicht an Grenzen, Maßregeln oder Konventionen«, heißt es in einem Online-Pamphlet, in dem die große Bedeutung der Abteilung gefeiert wird.

Es ist kaum überraschend, dass die *Defense Threat Reduction Agency* nirgendwo die alle Grenzen niederwalzende Bedrohung erwähnt, die die zahlreichen Aggressionen des US-Militärs in Dutzenden von Ländern darstellen, wo es Menschen terrorisiert und tötet und dafür sorgt, dass immer neue Terrorist*innen entstehen.

Mauern können weder gegen Terrorismus noch gegen Angst etwas ausrichten, so sehr die Unternehmen der Verteidigungsindustrie und die Mauerbauer*innen uns das auch glauben machen wollen. Auf der anderen Seite ist es sehr gut möglich, dass die Gefahr des Terrorismus und die intensive Furcht vor ihm durch den Bau von Mauern noch vergrößert werden. Die Präsenz bewaffneter Grenzwachen und -soldat*innen intensiviert nicht nur die Schikane und Diskriminierung von Bewohner*innen der Grenzregionen, sondern ruft außerdem genau die Angst hervor, die sie angeblich mindern soll.

Terrorist*innen wünschen sich in Wirklichkeit Mauern, weil sie sich an der Angst einer Nation weiden wollen. Der Terrorismusforscher Brian Jenkins meinte dazu: »Terrorist*innen wollen, dass viele Menschen ihnen zusehen, nicht möglichst viele Menschen töten.«

Eine Studie des *Cato Institute* kam zu dem Ergebnis, dass in den 42 Jahren von 1975 bis 2017 von allen Menschen, die illegal in die USA eingereist waren, insgesamt sieben Personen wegen terroristischer Aktivitäten auf dem Boden der USA verurteilt wurden. Keine einzige davon war von Mexiko aus ins Land gekommen. Nicht ein einziges ihrer Vorhaben hatte Erfolg und keiner der sieben Männer tötete oder verletzte irgendjemanden. Die einzigen Terroristen, die im letzten halben Jahrhundert *tatsächlich* über die Grenze zwischen den USA und Mexiko einreisten – ethnische Albaner aus Mazedonien –, kamen 1984 als Kinder ins Land und wurden über 20 Jahre später, 2007, wegen eines gescheiterten Plans zum Angriff auf den Militärstutzpunkt Fort Dix in New Jersey verhaftet.

---

terstützung des Libanon und Jordaniens bei der Sicherung ihrer Grenzen zu Syrien und dem Irak gespielt hat.

Für mich ist das zweitüberzeugendste Argument für die Notwendigkeit, die Grenzen zu öffnen, dass Grenzen in der Praxis unhaltbar sind. Sie erfordern nicht nur eine ständige physische Markierung – Grenzwachen, Mauern, Haftzentren –, sondern auch eine kulturelle Fetischisierung durch eine Politik der Angst und der Ausgrenzung der Anderen sowie die Schaffung nationalistischer Mythen und extrem gewaltsamer Mechanismen zur Etablierung und Verteidigung ihrer Existenz. »Mauern funktionieren selten«, bemerkt Reece Jones, der dieses Thema erforscht hat, fügt jedoch hinzu, dass sie »machtvolle Symbole für das Vorgehen gegen Phänomene sind, die als Problem wahrgenommen werden«. Das unerschütterliche Bestehen auf territorialer Integrität, ein Standpunkt, der von Nationalist*innen auf der ganzen Welt eingenommen wird, setzt voraus, dass die politische Welt so organsiert ist, wie sie es sein sollte. Aber die Kräfte, die in der Geschichte wirken, sind sehr wechselhaft und sind es immer gewesen. Ein sich beständig veränderndes, amöbenartiges Bild in permanenter Bewegung spiegelt den tatsächlichen Wirkungsradius und die tatsächliche Souveränität von Nationalstaaten besser wider als jeder statische Schnappschuss.

Es ist leicht (und billig), sich die politische Weltkarte als ein für alle Mal fixiert vorzustellen. So, wie sie an der Wand hängt, mit klar abgegrenzten Brocken bewegungsloser Länder, erscheint diese vereinfachende Vision einer Weltordnung, die durch gezackte Linien und unterschiedliche Farben dargestellt wird, als die Ausgeburt eines göttlichen Dekrets. Wir erkennen und denken uns Länder oft anhand ihrer territorialen Umrisse: der italienische Stiefel, das Logo der Vereinigten Staaten, die Briefmarke Australiens, die unverkennbaren groben Blöcke in Westeuropa. Aber was erfasst die Landkarte wirklich, und was lässt sie aus?[2] Wie eng ist das Territorium mit der Idee oder der tatsächlichen Funktionsweise eines Nationalstaates verbunden? Und was ist mit den vielen umstrittenen Grenzen dieser Welt, den ›gescheiterten Staaten‹ oder den zahlreichen semi-autonomen Regionen der Welt wie Somaliland, Irakisch-Kurdistan, dem zapatistischen Territorium in Südmexiko, dem Territorium der zwischen Indien und Myanmar lebenden Naga oder den rund 600 indigenen Nationen, die über das von den USA beanspruchte Territorium hinweg verstreut leben?

---

2 Wie Benedict Anderson in seinem 1983 erschienenen Buch *Die Erfindung der Nation* schreibt: »Die Landkarte nimmt die räumliche Realität vorweg, nicht umgekehrt. In anderen Worten: Die Landkarte war eher ein Vorbild für das, was sie vorgab zu sein, als dessen Abbild.«

Was ist mit den nomadischen Roma? Oder den staatenlosen Menschen, die zwischen den Nationalstaaten durchs Raster fallen und doch ganz wie der Rest von uns in Gebieten leben, die angeblich zu einem anerkannten Nationalstaat gehören?

Außer ein paar steinigen oder sandigen entlegenen Gebieten, die von keiner Nation beansprucht werden – wie zum Beispiel Bir Tawil, ein Streifen von terra nullius zwischen Ägypten und dem Sudan, oder Rockall, ein backenzahnförmiger, mit Guano bedeckter Felsfleck im Nordatlantik –, wird jeder andere Landstrich und werden sämtliche Steppen, Berge, Strände und Wälder von dem ein oder anderen Land für sich beansprucht. »Jede Landkarte ist eine Fiktion, *eine Legende*«, schreibt die Historikerin Frances Stonor Saunders. »Sie ist genauso wenig das Territorium selbst, wie die Erinnerung die Vergangenheit ist.«

Und während die Umrisse der Nationen im 21. Jahrhundert als relativ stabil erscheinen mögen, ist diese Art von globaler kartografischer Stasis historisch gesehen eine Anomalie. Der Historiker Elie Kedourie sagt darüber in seiner Studie zum Nationalismus: »Was heute normal erscheint, war früher unvertraut und erforderte Argumente, Überredung, Beweismaterial aller Art.« Und diese Argumente, Überzeugungsversuche und Beweismaterialien nehmen viele Formen an.

||||||

Die Schnurrbärte sind wichtig, so auch die Gelenkigkeit der Männer, ihre langen Beine, muskulösen Arme, finsteren Gesichter.

Die Infanteristen stehen en garde mit gefiederten Helmen auf dem Kopf, Gamaschen über den Stiefeln und Micky-Maus-Handschuhen an den Händen da. Beim Appell brechen sie aus ihrem Stillstand aus, um ihre Arme wie wildgewordene Uhrzeiger zu schwingen, ihre in Khaki-Stoff gekleideten Beine bis über den Kopf in die Luft zu reißen und sich ruckartig in Formation aufzustellen. Dann werden die Tore aufgeschwungen. Die manchmal aus Tausenden von Menschen bestehende Menge jubelt dem Spektakel am Grenztor von Attari-Wagah zu – zwei parallele Tore, von denen jedes von einer der Seiten, Indien und Pakistan, kontrolliert wird – und applaudiert dem kurzen Augenblick der Öffnung und dann der Schließung einer der umstrittensten Grenzen der Welt. Zwei der Soldaten (einer von jeder der beiden Nationen) drehen sich auf den Hacken und schreiten dann im

Marsch rasch aufeinander zu. Sobald sie einander erreicht haben, halten sie abrupt inne und sehen einander ins Gesicht. Dann klatschen sie einander rasch dreimal oben, dreimal unten in die Hände, bevor sie sich ruckartig wieder umdrehen und im Stechschritt voneinander wegmarschieren, jeder zurück zu seiner Seite, während die Tore rasch wieder zufallen.

Die *Pakistan Rangers* und Indiens Grenzsicherheitskräfte führen diese stampfende Pantomime von Aggression und Versöhnung seit 1959 jeden Nachmittag auf. Man kann sie sich inzwischen längst auch auf YouTube ansehen. Nach dem Handschlag, der Trennung und dem Zuschlagen der Tore schreien die Infanteristen *Huzzah!* und Trommler auf beiden Seiten begleiten weitere Stechschritte und weiteres Hackenzusammenschlagen, während zwei neue Infanteristen zurück zum Tor marschieren und dabei wieder stampfen, die Beine hochwerfen und salutieren, bis der Höhepunkt erreicht ist. In fast perfekten Synchronbewegungen reißt eine Wache auf jeder der beiden Seiten das Tor zornig wieder auf. Zwei weitere Soldaten – einer auf jeder Seite, jeder in die entsprechenden Farben gekleidet – marschieren im Stechschritt auf die Mitte der Straße, stehen einander jetzt in etwa zehn Meter Entfernung gegenüber und erheben, zeitgleich mit einem tiefen Tam-Tam der Trommeln, die Arme, lassen die Muskeln spielen und starren einander mit fast knurrender Aggressivität an. Es mag einem lächerlich vorkommen, aber diese beiden Länder sind Nuklearmächte, deren Kraftmeiereien ansonsten nicht immer friedlich enden.

Und dann werden, nach einigem weiteren theatralischen Federschwingen, die Tore wieder geschlossen und die Flaggen eingeholt – die Grenze ist wieder sichergestellt und die Massen strömen allmählich nach Hause.

Alle Grenzen überall auf der Welt stellen offen oder versteckt dieselbe Art von Gepränge zur Schau – es ist genau das, was eine Grenze ist. Wie ein Kapitol, eine Flagge oder eine Schärpe – oder eine Parade von im Gleichschritt marschierenden Soldat*innen oder eine Panzerkolonne – zeigen uns eine Grenzmauer oder auch nur ein Grenztor eine nationalistische Fiktion, die mehr auf einer mythisch konstruierten Gegenwart und einer oft weitgehend erfundenen Vergangenheit basiert als auf den geografischen, kulturellen oder politischen Fakten. »Während die Staatsgrenze physisch gesehen an den äußeren Rändern des Gemeinwesens liegt«, schreibt der Geograf Nick Megoran über die usbekisch-kirgisische Grenze, »kann sie dennoch im Zentrum des nationalistischen Diskurses über die Bedeutung der Nation stehen.«

In den 1930er-Jahren schlug König Karol II. von Rumänien die Aushebung eines zehn Meter tiefen Festungsgrabens entlang der rumänisch-russischen Grenze vor. Er wollte ihn mit Öl füllen lassen, das dann angezündet werden sollte, um die Grenze in eine »Mauer aus flüssigem Feuer« zu verwandeln. Vor über tausend Jahren begann China mit der Errichtung des Bauwerks, das dann zu einem 13.000 Meilen langen, mit Zinnen versehenen Ungeheuer werden sollte, das sich über riesige Berge und über einen großen Teil Asiens hinwegwand. Die Deutsche Demokratische Republik begann 1961 mit der Errichtung eines ›Antifaschistischen Schutzwalls‹, an dem alle erschossen wurden, die versuchten, ihn hinter sich zu lassen. In jüngerer Zeit redete Trump immer von einer schwarzen, ganz wunderbaren, »schönen Mauer« – und verkündete sogar, wir würden sie von denen, die er draußen halten wollte, geschenkt bekommen. Bei diesen Mauern ging es meist um Eindämmung, um die Mobilisierung der Nation gegen einen äußeren Feind oder sogar die Schaffung eines solchen Feindes. In ihnen kam eine nach außen gewendete Aggression zum Ausdruck, die zum Teil als der Sicherheit dienende Infrastruktur verkleidet wurde. Aber so funktionieren Grenzmauern nicht, jedenfalls nicht nur. Als George Washington zum Aufbau einer »chinesischen Mauer oder einer Linie von Soldaten« aufrief, um »den Landspekulanten und dem Vordringen von Siedlern auf das indianische Territorium Zügel anzulegen«, diente diese Mauer mehr dazu, Menschen ›drinnen‹ zu halten und ihre Regierbarkeit sicherzustellen, als dazu, andere wirksam ›draußen‹ zu halten. Wie die Beamt*innen der US-Grenzpatrouille oft zugeben, können Mauern die Menschen zwar behindern oder in eine andere Richtung lenken, aber sie können sie nicht aufhalten. Eine Mauer schützt eher die Idee einer Nation als die Nation selbst.

Während einige Mauern, wie der Zaun zwischen Gaza und Israel, tatsächlich vor allem den Zweck verfolgen, Menschen draußen zu halten, ist der Akt der ›Grenzziehung‹ meistens eine Antwort auf Verdauungsstörungen im Leib der Nation. Und viele Grenzen überall auf der Welt wurden Nationen aufgezwungen, nicht von ihnen selbst geschaffen. Das ist auch bei der sogenannten ›Kontrolllinie‹ zwischen Indien und Pakistan der Fall.

|||||||

Im Sommer 1947 wurde der britische Anwalt Cyril Radcliffe urplötzlich mit der Aufgabe betraut, über das Schicksal eines ganzen Subkontinents zu bestimmen. Als frisch ernannter Vorsitzender der Grenzkommission hatte Radcliffe nun den Auftrag, die britisch-indischen Territorien Bengalen und Punjab aufzuteilen – und erhielt dafür nur einige Wochen Zeit. Radcliffe war der Mann, der die Grenze zog, die in Attari-Wagah auf so theatralische Art verteidigt und gefeiert wird.

Nach dreieinhalb Jahrhunderten brutaler und ausbeuterischer Kontrolle über die Region, bei der es in den letzten 90 Jahren als der imperiale Oberherrscher des ›British Raj‹ fungierte, gab Großbritannien nun offiziell seine Kolonialherrschaft auf. Das Land war nach zwei Weltkriegen hoch verschuldet und stand unter dem großem Druck immer militanter werdender antikolonialer Bewegungen, und so gab Großbritannien nun die Kontrolle über das Kronjuwel des British Empire an dessen Bewohner*innen zurück. Radcliffe hatte nun eine Aufgabe zu lösen, über die sich *weiße* Kolonist*innen im Lauf des vergangenen Jahrhunderts bereits vergeblich den Kopf zerbrochen hatten: Er musste die Grenzen in einem Gebiet festlegen, bei dem es sich weit weniger um ein klar abgegrenztes Puzzle als um ein verschwommenes Aquarellgemälde von ethnischen Gruppen, Religionen und Gemeinschaften handelte.

Unter Ignorierung der verwickelten, wechselnden und komplexen Beziehungen zwischen den Menschen und dem Territorium machten Radcliffe und seine Kommission sich daran, den Subkontinent ausschließlich auf Basis der Religion aufzuteilen: Die sogenannte ›Radcliffe-Linie‹ sollte nun ein mehrheitlich hinduistisches Indien im Zentrum von einer muslimischen Mehrheit an den Flanken in Ost- und Westpakistan abgrenzen. Ferner gab es noch unabhängige Fürstentümer, die über das ganze Gebiet verstreut waren. Da eine klare Aufteilung nicht möglich war, war das Ergebnis ein verworrenes Labyrinth von über 100 Enklaven (bei denen ein Teil Ostpakistans sich ganz innerhalb Indiens befand), Unterenklaven (Enklaven innerhalb von Enklaven) und sogar einer Unterunterenklave, Dahala Khagrabari, einem winzigen Teil Indiens in einem kleinen Teil des heutigen Bangladesch, das innerhalb eines größeren indischen Gebiets lag, das wiederum vollkommen von Bangladesch umgeben war. (Die Enklaven waren ein Erbe der Mogulherrschaft vom 16. bis zum 19. Jahrhundert, die das Land auf ihre eigene Art zerstückelt hatte, um die Kontrolle darüber auszuüben. Bis 2015 wurden die meisten Enklaven abgeschafft.)

Die Angst vor religiöser Gewalt und die darauffolgende Realität dieser Gewalt unmittelbar nach der Teilung führten zur Entwurzelung von

14 Millionen und zum Tod von Hunderttausenden vom Menschen, wobei einige Schätzungen von bis zu zwei Millionen Toten sprechen. Und in den Jahrzehnten seitdem hat es eine Reihe von Kriegen zwischen Indien und Pakistan gegeben, und außerdem einen Bürgerkrieg und Völkermord, durch die das ehemalige Ostpakistan zum heutigen Staat Bangladesch wurde, sowie eine permanente, gewaltsame Pattsituation im Streit zwischen den beiden Nuklearmächten Indien und Pakistan über den Status der Region Kaschmir – ein Konflikt, der alle paar Jahre droht, in einem katastrophalen Atomangriff und Gegenangriff zu münden.

Einige Wochen nach der ›Lösung‹ seiner Aufgabe und im Tumult eines Subkontinents, der gegen diese Art der Aufteilung rebellierte, kehrte Radcliffe nach England zurück. Der Dichter W. H. Auden beschrieb Radcliffes Zeit in Indien folgendermaßen:

»Ein Anfall von Ruhr machte ihm ständig zu schaffen
Doch in sieben Wochen war es vollbracht, die Grenze entschieden
Ein Kontinent geteilt, wenn auch nicht in Frieden«

Für die bis zu zwei Millionen Menschen, die jetzt tot waren, und die Stabilität der Region hatte die Aufteilung definitiv nichts mit Frieden zu tun. Radcliffe lehnte eine Bezahlung für seine Arbeit ab (der ursprüngliche Vertrag sah 5.000 Dollar vor), verbrannte später all seine Aufzeichnungen und sprach fortan von der Grenze, die unter dem Namen ›Radcliffe-Linie‹ bekannt werden sollte, nur als »dieser blutigen Linie«.

Diese mit Gewalt gezogenen Linien sollten dann wieder und wieder neu gezogen werden, und zwar nicht nur durch Zeremonien an der Grenze, sondern durch deren alltägliche gewaltsame Durchsetzung. Heute beschäftigt die indische *Border Security Force* 245.000 Personen an den Grenzen zu Pakistan und Bangladesch. Sie haben den Dauerbefehl, tödliche Gewalt gegen Menschen anzuwenden, die den Zaun zu überwinden versuchen, und in den ersten zehn Jahren des 21. Jahrhunderts haben indische Grenzwachen etwa eintausend Menschen aus Bangladesch erschossen. Ein Fall, der traurige Berühmtheit erlangte, war der eines 15-jährigen Mädchens aus Bangladesch, Felani Khatun, auf die geschossen wurde, nachdem sie mit ihrem Kleid im Stacheldraht des Grenzzauns hängengeblieben war. Die Grenzwachen ließen sie stundenlang auf dem Zaun liegen, während sie um Hilfe rief und langsam verblutete. Allein 2020 töteten die indischen Grenzwachen mindestens 51 Migrant*innen, die versuchten, die Grenze zwischen Indien und Bangladesch zu überwinden.³ Der Fall Radcliffes war bemerkenswert, weil dieser so gut wie nichts über die Geschichte oder die Realität der Region wusste und weil er mit ihrer Zukunft in keiner Weise persönlich verbunden war. Aber als Schiedsrichter über internationale Grenzen kann er kaum als Anomalie gelten. Die gegenwärtigen Grenzen der Welt sind fast ausnahmslos das Ergebnis von imperialen Absprachen, Expansions- und Eroberungskriegen und grob gezogenen, willkürlichen Trennlinien mitten durch historisch gewachsene Gemeinschaften. Egal, ob die Grenzen nun von kolonialistischen Patriziern gemacht wurden, die versuchten, Menschen in das Korsett des Nationalstaats zu zwängen, oder ob sie das Resultat aggressiven Landraubs und der Begleichung von Rechnungen sind – unser heutiges System von Grenzen nimmt keine Rücksicht auf die jeweilige Geschichte und Realität einer Region oder auf die Bedürfnisse und den Willen der Menschen, die durch sie auseinandergerissen werden.

Die Radcliffe-Linie endet am Rand der Kaschmir-Region. Die Brit*innen überließen es Indien und Pakistan, ihren Disput um dieses Territorium selbst zu lösen, und beide Länder fingen sofort einen Krieg darum an. Obwohl der Konflikt nie gelöst wurde, schlossen die verfeindeten Seiten schließlich einen Waffenstillstand und einigten sich vorläufig auf die weiterhin heftig umstrittene Kontrolllinie, die gegenwärtig die de facto Grenze ist, die die Region in zwei Teile schneidet, aber bis jetzt nicht international anerkannt ist.

Wenn man die Radcliffe-Linie und die Kontrolllinie zusammennimmt, ist die Grenze zwischen Indien und Pakistan 1.800 Meilen lang, was in etwa der Länge der Grenze zwischen den USA und Mexiko entspricht. Es handelt sich hier, wie Suchitra Vijayan in *Midnight's Borders* schreibt, um »eine der komplexesten, gewaltsamsten und gefährlichsten Grenzen der Welt«. Sie wird von insgesamt 150.000 Flutstrahlern beleuchtet, deren Widerschein man aus dem Weltraum sehen kann, und ein Großteil der Linie ist vermint und schwer befestigt. Indien hat über das von ihm kontrollierte Gebiet – seine beiden strittigen, hochmilitarisierten Bundesstaaten Kaschmir und Jammu – schwere Einschränkungen verhängt, darunter eine seit

---

3   Die Grenzpatrouille der USA, die *United States Customs and Border Patrol* (CBP), hat ein Gesandtschaftsbüro in Neu-Delhi, um Indien bei der Überwachung der Grenzen behilflich zu sein.

Jahren andauernde Ausgangssperre und eine Informationsblockade, die seit 2019 gilt und mit der Telefonanschlüsse, Handysignale und das Internet blockiert werden. Gleichzeitig mit diesen Repressionsmaßnahmen machte die indische Regierung den ›Sonderstatus‹ der Bundesstaaten Kaschmir und Jammu rückgängig und entzog ihnen damit einen Teil der Kontrolle über das Gebiet. Wie Vijayan erklärt, wurde Indien durch diesen Schritt letztlich zur Kolonialmacht in Kaschmir, wo die Bewohner*innen auch weiterhin einem beunruhigenden Kreislauf der Gewalt ausgesetzt sind, zu dem willkürliche Haft, Folter, Hinrichtungen und Verschwindenlassen gehören. Dabei rechtfertigt Indien einen Großteil dieser Repression implizit und explizit mit der Grenze selbst.

Die Kontrolllinie verkörpert genau das, was alle Grenzen ausmacht: Sie schafft, wie der Forscher Mohamad Junaid mir erklärte, »die Krise, die sie zu lösen beansprucht«. Nach der Etablierung der Kontrolllinie »wurde plötzlich alles kriminalisiert, illegal. Mobilität, die Tausende von Jahre normal war, war jetzt verboten.« Selbst in den Jahrzehnten davor war es immer noch möglich, wenn auch schwierig oder sogar gefährlich, von einer Seite auf die andere zu gehen. Jetzt ist das so gut wie unmöglich. Menschen werden erschossen, verhaftet oder entführt. Solange die Kontrolllinie bestehen bleibt, so Junaid weiter, wird die Grenze »ein Pulverfass bleiben«. Es gibt an den Grenzen dieser Region eine Menge solcher Pulverfässer.

An der Westseite Pakistans etablierte die 1893 von Sir Mortimer Durand gezogene Durand-Linie zwischen Britisch-Indien und dem damaligen Emirat von Afghanistan eine Grenze, die direkt durch paschtunisches und belutschisches Gebiet verläuft. Drei Jahrzehnte später erklärte die afghanische Regierung diese Linie offiziell für nichtig und noch 2017 erinnerte der ehemalige (2001–2014) Präsident Afghanistans, Hamid Karzai, Pakistan via Tweet, dass »#Afghanistan die #Durand-Linie nicht anerkannt hat und auch nicht anerkennen wird«, obwohl sie bis heute international als Grenze gilt. Solche militarisierten Grenzen weiten sich immer mehr aus: Im Norden Afghanistans liegt Usbekistan, das mittlerweile entlang seiner Grenze mit Tadschikistan Minen verlegt hat.

Ebenfalls auf der Westseite Pakistans, an seiner Grenze mit dem Iran, wird derzeit eine Mauer gebaut. Wenn wir uns von hier aus wieder nach Osten auf die östliche Seite Bangladeschs begeben, stoßen wir auf eine weitere Mauer, mit der Bangladesch versucht, die staatenlosen Angehörigen der Rohingya aus dem Land zu halten, die traditionell immer in Gebieten gelebt haben, die heute zu Myanmar gehören, und die 2017 zu Opfern eines Völkermords wurden. Eines der größten Flüchtlingslager der Welt, die Siedlung Kutupalong in der Hafenstadt Cox's Bazar in Bangladesch, dient an die 700.000 Flüchtlingen der Rohingya als provisorische und prekäre Heimat. In diesem Netz von Lagern kam es wiederholt zu tödlichen Feuern, und 2021 schnitt Bangladesch dort fast einer Viertelmillion Flüchtlingen den Internetzugang ab.

In einer Zeit, in der immer mehr Grenzen rund um die Welt militarisiert werden und Länder versuchen, das ›Heimatland‹ gegen ›Fremde‹ zu verteidigen, kann es erhellend sein, einen Schritt zurück zu treten und zu fragen: Was ist ein Land?

Im gängigen Verständnis ist ein Nationalstaat eine Ansammlung von Menschen plus ihrer Regierung, die auf einige (meist auf dem Selbstverständnis ethnischer und religiöser Gemeinschaften beruhende) simple Vorstellungen reduziert ist, sich durch Institutionen und Gesetze organisiert und sich über ein durch Verträge oder Mauern markiertes Gebiet erstreckt. »Die Essenz einer Nation besteht darin, dass all ihre individuellen Mitglieder sehr viel gemeinsam haben und dass sie außerdem auch vieles vergessen haben«, schreibt Ernest Renan, einer der frühen Forscher zum Thema Nationalstaat. »Einheit«, fügt er hinzu – eine Einheit, die für den Aufbau eines Landes unverzichtbar ist –, »wird immer auf brutale Art geschaffen.«

Frankreich den Französ*innen, China den Chines*innen, Amerika den Amerikaner*innen, so das gängige Verständnis. Aber ›die Französ*innen‹ setzen sich aus keltischen, iberischen und germanischen Völkern zusammen und später sind dann noch die Gruppen der arabischen Berber*innen, der Pied Noir, der Bask*innen, der Fulani und viele weitere hinzugekommen. ›Die Chines*innen‹ setzen sich aus den ethnischen Gruppen der Han, der Uighur*innen, der Manchu, der Tibeter*innen, der Zhuang und einer Vielzahl anderer zusammen. Und auch die ›Amerikaner*innen‹ stellen – ungeachtet der Behauptungen über den amerikanischen Schmelztiegel und offener Versuche, Disparitäten und kulturelle Unterschiede (ob durch Henry Fords Bewertung seiner Angestellten aufgrund des Grads ihrer Assimilierung an die amerikanische Kultur oder durch die brutale Anglisierung und Assimilierung der Native Americans) zum Verschwinden zu bringen – eine multilinguale, multireligiöse, multiethnische und vielfältige Collage der menschlichen Gattung dar.

Ein anderes oft angeführtes nationales Bindemittel ist die Religion, aber bei den in diesem Zusammenhang angesprochenen monoreligiösen Nationen handelt es sich meist um solche, die religiöse oder nicht-gläubige Minderheiten ignorieren oder, öfter noch, unterdrücken. Indien setzt sich, trotz der dort in letzter Zeit vorherrschenden religiösen Konzeptionen und trotz seiner derzeitigen repressiven hindunationalistischen Regierungspartei, aus Hindus, Muslim*innen, Sikhs, Christ*innen, Buddhist*innen, Jain, Zoroastrer*innen und Angehörigen vieler weiterer Gruppen zusammen. Selbst in Italien oder Saudi-Arabien gibt es neben der vorherrschenden noch viele andere Religionen, und auch sie mussten die Fassade einer religiösen Einheitlichkeit erst einmal durchsetzen, was dann oft gewaltsam geschah. Oder wie Massimo d'Azeglio, einer der Vorreiter der Vereinigung Italiens, es 1861 sagte: »Wir haben Italien geschaffen; jetzt müssen wir Italiener erschaffen«.

Heute ist Indien – das oft als die größte Demokratie der Welt gepriesen wird und zugleich das Land ist, das mehr Migrant*innen in die Welt schickt als jedes andere – in einen Wahn des religiösen Nationalismus verfallen und betreibt eine Politik gegen Muslim*innen, die dort eingesperrt, entrechtet und vertrieben werden. 2018 publizierte der Bundesstaat Assam im fernen Osten Indiens, der mit dem Rest des Staatsgebiets nur durch eine kleine, zwischen Bhutan und Bangladesch verlaufende Landzunge verbunden ist, ein Nationales Bürgerregister, in dem vier Millionen vorwiegend muslimische Menschen, die der Vorsitzende der rechtsextremen Nationalen Partei Indiens als *ghuspetiyas*, oder Infiltrant*innen, bezeichnete, absichtlich nicht aufgeführt wurden. Alle Bürger*innen, die sich nicht im Register befanden, mussten vor Gericht erscheinen und dort den Beweis ihrer Staatsbürgerschaft erbringen. Die Autorin Siddartha Deb bezeichnete das als das »größte Projekt eines massenhaften Entzugs der Bürgerrechte des 21. Jahrhundert«. Diese Politik wurde gelegentlich mit dem Reichsbürgergesetz in Nazi-Deutschland verglichen.

Dabei haben muslimische Frauen es in Assam besonders schwer, ihre Staatsbürgerschaft zu beweisen, da viele von ihnen sehr jung heiraten, keine Lohnarbeit und keine Bildung haben sowie gesetzlich nicht zur Erbschaft berechtigt sind, weshalb ihnen die Dokumente fehlen, die ihren Bezug zum Territorium beweisen würden. Ein Anwalt, Aman Wadud, der diese gerade staatenlos gemachten Menschen vertritt, bezeichnete diese Politik als die

»Fabrikation von Ausländer*innen«. Das ist eine griffige Formulierung für das, was alle Grenzen tun.

||||||

Auch Afrika ist voller Beispiele für die grobschlächtige, aber umso folgenreichere Durchsetzung des Nationalstaates in Gebieten, die in ständigem ethnischen, sprachlichen und religiösen Wandel begriffen sind. Nehmen wir beispielsweise Angola, obwohl die meisten afrikanischen Staaten eine ähnliche und ähnlich brutale Geschichte haben. Angola ist ein großes, multiethnisches Land in West-Afrika, das aus Ovimbundu, Ambundu, Bakongo, *mestiço* und anderen Ethnien sowie aus Hunderten von Stämmen besteht, die sich über die Grenzen des Landes hinaus ausbreiten, Grenzen, die die portugiesischen Kolonisator*innen erstmals auf der Berliner Konferenz von 1885 etablierten und international anerkennen ließen. Zu dem schwierigen Erbe dieser Kolonialgeschichte gehört unter anderem, dass das Volk der Bakongo, dessen traditionelles Gebiet sich vom heutigen Angola bis in die benachbarte Republik Kongo und weiter bis zur Demokratischen Republik Kongo erstreckte, wo es die ethnische Mehrheit bildet, nun durch eine Vielzahl im Zickzack verlaufender Grenzen gespalten ist. Die *Bundu dia Kongo*, eine separatistische/irredentistische Bewegung, strebt heute einen einheitlichen Staat für diese Gruppe an und wirft damit die Frage auf, was der ›Kongo‹ ist, wer ihn kontrolliert und wer darin leben soll. Es überrascht kaum, dass immer wieder Spannungen an der Grenze aufflammen, in denen sich die Widersprüche zwischen dem ethnischen Zugehörigkeitsgefühl und der territorialen Aufteilung zeigen.

Dieselbe Geschichte finden wir überall auf dem Kontinent: künstliche Staaten, die die Bande der Communitys zerschneiden, indem sie Grenzen durchsetzen und die ethnischen Gruppen gegeneinander aufbringen, die nun miteinander um die staatliche Macht ringen. Es gibt natürlich ein Bestreben nach Gemeinsamkeit, ein menschliches Bedürfnis nach Zusammengehörigkeit in einer kohärenten und stabilen Community, ein Bedürfnis, das historisch durch die Familie, die Nachbarschaft oder noch größere Gemeinschaften befriedigt wurde. Aber wie Kedourie schreibt, hatten solche Institutionen in den letzten 150 Jahren

»überall auf der Welt die volle Wucht tiefgreifender sozialer und geistiger Veränderungen aufzufangen, und es ist kein Zufall, dass der Nationalismus immer dann am intensivsten war, wenn diese Institutionen nur eine geringe Widerstandsfähigkeit aufwiesen und schlecht darauf vorbereitet waren, den machtvollen Angriffen standzuhalten, denen sie nun ausgesetzt waren«.

Kedourie schrieb diese Worte 1960. In den mehr als 60 Jahren, die seitdem vergangen sind, haben die Institutionen, von denen er sprach – traditionell organisierte religiöse und familiäre Strukturen –, sogar noch tiefgreifendere Wandlungen durchgemacht. So ist es kein Wunder, dass der nationalistische Ruf nach Grenzen immer schriller und lauter wird.

Ein weiteres Argument für um den Nationalstaat herum geschlossene Grenzen beruft sich auf die Geografie. Aber die Landschaft selbst hat nichts mit den darauf gezogenen Grenzen zu tun. Wie Rachel St. John schreibt, wurde die Grenze zwischen den USA und Mexiko durch einen »kollektiven Akt der Imagination« geschaffen. Wir haben gerade Beispiele für von der Geografie abgekoppelte Grenzen im Herzen Afrikas gesehen, und die britischen und spanischen Besitztümer auf beiden Seiten der Straße von Gibraltar sind weitere exemplarische Fälle für die fehlende geografische Logik vieler Grenzen. Die Brit*innen beanspruchen auch weiterhin einen 2,5 Quadratmeilen großen Brückenkopf an der Südspitze der Iberischen Halbinsel für sich, Land, das von Großbritannien während des Spanischen Erbfolgekrieges von 1701 bis 1714 erobert worden war, der wiederum Teil eines langen und blutigen Hin und Her zwischen den europäischen Großmächten war. Während Referenden unter britischen Bürger*innen in den letzten 50 Jahren immer wieder gezeigt haben, dass eine überwältigende Mehrheit für den Verbleib Gibraltars im Vereinigten Königreichs ist, ergibt die britische Kontrolle über Gibraltar geografisch gesehen keinerlei Sinn. Ähnlich besteht Spanien 15 Meilen weiter südlich, auf der anderen Seite der Straße von Gibraltar auf seinem ›Besitz‹ des an Marokko grenzenden Ceuta an der Nordspitze Afrikas. Diese kleine Enklave ist für Tausende von Afrikaner*innen ein verlockender Transitort bei dem Versuch, europäisches Territorium zu erreichen (obwohl Ceuta selbst ja auf dem afrikanischen Kontinent liegt). Mittlerweile hat Spanien das Gebiet mit hohen Zäunen umringt, die mit Stacheldraht bewehrt sind, was aber die Migrant*innen nicht davon abgehalten hat, sie dennoch zu stürmen. Regelmäßige, gewaltsame und manchmal auch tödliche Zusammenstöße zwischen den spanischen Grenzwachen und verzweifelten Migrant*innen sorgen auch an dieser Grenze immer wieder für Blutvergießen.

Selbst dort, wo Grenzen durch natürliche Merkmale der Landschaft wie Flüsse, Meere oder Berge markiert werden, werden diese durch den Akt der Grenzziehung oft denaturalisiert oder als ›Waffe‹ eingesetzt. Der Fluss Mariza (griechisch Evros, türkisch Meriç Nehri) zwischen der Türkei und Griechenland, der mit Dämmen versehen, umgelenkt, begradigt und dann mit Wachposten, Haftzentren, Panzergräben, Zäunen und Mauern übersät wurde, ist ein gutes Beispiel für eine natürliche Grenze, die dann in eine militarisierte Höllenlandschaft verwandelt wurde.

Was umschreiben all diese Grenzen? Was beschützen sie, oder was geben sie vor zu beschützen? Was – um wieder auf die durchgängige Frage zurückzukommen – ist ein Nationalstaat?

Die rechtliche Definition, wie sie 1933 in der *Montevideo Convention on the Rights and Duties of States* festgelegt wurde, konstatiert, dass der Nationalstaat »folgende Merkmale besitzt: (a) eine beständig dort lebende Bevölkerung, (b) ein definiertes Territorium, (c) eine Regierung und (d) die Fähigkeit, mit den anderen Staaten in Beziehungen einzutreten«.

Allerdings erfüllt, wie Joshua Keating in seinem Buch *Invisible Countries: Journeys to the Edge of Nationhood* klarmacht, eine ganze Reihe international anerkannter souveräner Staaten diese Kriterien keineswegs. So hat die Ukraine seit Russlands Invasion 2014 und der erneuten Invasion 2022 die Kontrolle über einen Großteil ihres Territoriums verloren, scheint aber dennoch in viel stärkerem Maß ein Nationalstaat zu sein als einige andere Staaten in Europa. Die Bevölkerung Syriens ist in so hohem Maß entwurzelt worden – in den letzten Jahren sind dort sechs Millionen Menschen geflohen –, dass man schwerlich davon sprechen kann, dass es eine permanent dort lebende Bevölkerung hat. Und während der anerkannte Staat Somalia seit inzwischen fast 30 Jahren keine funktionierende Zentralregierung mehr hat, wird dem unabhängigen Staat Somaliland, der sehr wohl eine arbeitsfähige Regierung besitzt, weiterhin außer von Kenia und Taiwan die internationale Anerkennung vorenthalten.

Eine weitere geläufige und oft zitierte Definition des Nationalstaates stammt von dem Soziologen Max Weber, der ihn als »diejenige menschliche Gemeinschaft« definiert, »die innerhalb eines bestimmten Gebietes das Monopol legitimer physischer Gewaltsamkeit mit Erfolg für sich beansprucht«. Der *Anspruch* selbst ist hier von Bedeutung, handelt es sich hier doch um das, was die Forschungen Benedict Andersons erwiesen haben: nämlich die Tatsache, dass ein Land in vielerlei Hinsicht erst dadurch entsteht, dass es rhetorisch auf seiner Existenz insistiert. Dabei ist Anderson der Meinung, dass besonders der Roman und die Zeitung hierfür wichtige Mechanismen sind: »Diese lieferten die technischen Mittel, d. h. die Repräsentationsmöglichkeiten für das Bewusstsein von Nation.«

»Der Versuch, einen so großen Teil der Welt entlang nationaler Linien umzugestalten, hat nicht zu mehr Frieden und Stabilität geführt«, schreibt Kedourie. »Er hat im Gegenteil neue Konflikte geschaffen, die Spannungen verschärft und über zahllose Menschen, die an der Politik keinerlei Anteil haben, Katastrophen hereinbrechen lassen.«

Oder wie der Journalist Francis Wade meint, setzen Staaten »bei ihren nie endenden Versuchen des Aufbaus sozial und kulturell homogener Gesellschaften« auch weiterhin Völkermorde, Pogrome und andere »organisatorische« Techniken ein. »Solange der Nationalstaat die definierende Institution moderner Gesellschaften bleibt«, so Wade weiter, »werden diese Formen der Gewalt auch weiterhin entscheidend wichtige Mittel der politischen Praxis bleiben.«

Wie viele Beobachter*innen feststellen, besteht das Problem darin, dass die meisten Nationalstaaten dem Kriterium der ethnischen, kulturellen, sprachlichen oder religiösen Homogenität einer einzigen Nation nicht einmal im Entferntesten entsprechen. Es gibt nie das »wir hier, sie dort«, von dem der ehemalige israelische Premierminister Ehud Barak sprach. Oder um auf die Vereinigten Staaten zurückzukommen: Betrachten wir doch einmal die enormen und oft kaum überbrückbaren Unterschiede zwischen Rancher*innen in der Nähe von Omaha, *weißen* Küstenbewohner*innen in Maine, Puertoricaner*innen in Fajardo, Schwarzen Jugendlichen in Detroit, Dockarbeiter*innen in Samoa, *Somali Americans* in Minneapolis, Kosmopolit*innen in Seattle, *weißen* Rentner*innen in South Carolina oder Latin@-Ladenbesitzer*innen in Brownsville. Was haben sie alle miteinander gemeinsam außer der Fiktion einer Einheit? Sie mögen alle an dieselben ›amerikanischen‹ Prinzipien wie Demokratie oder bestimmte individuelle Freiheiten glauben. Aber gehen wir noch einmal zu den Ladenbesitzer*innen in Brownsville zurück. Sie haben vermutlich mehr mit ihren Nachbar*innen in Matamoros gemeinsam, das einen Steinwurf entfernt jenseits der internationalen Grenze in Mexiko liegt, als mit den Jugendlichen in South Central oder den Leuten an der Küste von Maine. Und vielleicht glauben sowohl die Leute ins Brownsville als auch die Matamoreñ@s an dieselben ›amerikanischen‹ Freiheiten. Aber sie sind keine Landsleute, weil 1848 ein Vertag geschlossen wurde, der die Grenze zwischen den USA und Mexiko am Rio Grande zog. Die Leute in Brownsville können fast 2.000 Meilen nach Norden reisen, dabei fünf Bundesstaatsgrenzen überqueren und äußerst unterschiedlichen Kulturen, Sprachen, Religionen und Küchen begegnen, aber ohne Erlaubnis und einen Pass können sie keine 20 Schritte nach Süden gehen. Und wenn sie es doch täten, könnten sie verhaftet, eingesperrt und abgeschoben werden. Natürlich wären die Konsequenzen viel gravierender, wenn jemand im benachbarten Matamoros versuchen würde, in den Norden zu gehen: Diese Person würde dann die volle Wucht der Macht der US-Regierung zu spüren bekommen; sie würde verhaftet, aber möglicherweise vor ihrer Abschiebung nach Mexiko auch angeklagt und zu einer langen Haftstrafe verurteilt werden, die von Isolationshaft und psychischer Folter begleitet sein könnte.

Anderson berichtet von einem ähnlichen Paradoxon bei der jeder Wahrscheinlichkeit widersprechenden Gründung Indonesiens, das aus Zehntausenden von Inseln und über 600 verschiedenen ethnischen Gruppen zu einer ›Nation‹ zusammengeschmiedet wurde. Die Menschen an der östlichen Küste Sumatras sind nur durch die wenigen Kilometer der Straße von Malakka von der Westküste der malaysischen Halbinsel getrennt, auf der ethnisch verwandte Gruppen leben, die ähnliche Sprachen sprechen, dieselbe Religion haben und oft Mischehen mit ihnen schließen. Aber mit der Gründung Indonesien 1945, mit der Hunderte von Ethnien und über 700 verschiedene Sprachen zu einem Ganzen zusammengefasst wurden, wurden die Menschen Ambons – die auf Inseln Tausende von Meilen östlich von ihnen leben und von denen sie sich sprachlich, ethnisch und religiös sehr stark unterscheiden – für die Bewohner*innen Sumatras zu ›Mit-Indonesier*innen‹, während sie die mit ihnen verwandten Malaysier*innen ganz in der Nähe absurderweise als Fremde betrachten.

Auf solche Art zusammengebraute Nationen sind wenig mehr als Übereinkünfte über das, worüber man übereingekommen ist. Sie schaffen Grenzen, die sowohl binden (nach innen) als auch unterscheiden (nach außen). Müssen diese also geschlossen sein, um zu funktionieren? Ein rascher Blick auf die Schengen-Zone in Europa zeigt uns, dass das nicht der Fall ist: Grenzen können kulturelle oder sprachliche Unterschiede markieren und organisatorisch als politische Trennlinien dienen, aber sie müssen nicht unpassierbar, militarisiert, entmenschlichend oder ausbeuterisch sein, um diese Funktionen zu erfüllen.

||||||

Eine weitere beliebte Verteidigung von Grenzen besteht in der Behauptung, dass wir, wie Donald Trump es wiederholt beklagt hat, »ohne Grenze gar kein Land haben«. Ähnlich sagte Obamas Beraterin im Weißen Haus, Cecilia Muñoz, es müssten »politische Entscheidungen darüber getroffen werden, wer Immigrant*in sein sollte, und dazu gehört auch, Menschen zu entfernen, die der gesetzlichen Definition nicht entsprechen. Das ist meiner Meinung nach einfach die Realität, wenn man eine Nation sein will.«
Aber inwiefern wird ein Land durch eine geschlossene Grenze legitimiert? Die US-Grenze steht weit offen für Waren, Geld, Leute mit guten Beziehungen und die Reichen – warum ist es dann wichtig für die Erhaltung des Nationalstaates, die Armen draußen zu halten? Es gibt zwar für Mexikaner*innen, die Nicht-Einwanderungs-Visa für die USA beantragen, keine klar festgelegten Anforderungen an ihren finanziellen Status, aber die Konsulate sehen sich sehr wohl die Finanzen und die Beschäftigungssituation einer Person an, bevor sie ein Visum ausstellen, und daher bekommen arme Menschen dieses Visum fast nie.

Das heißt, die Grenze soll nur *ganz bestimmte Menschen* draußen halten. Man vergleiche die Dreifachzäune, die Wachtürme, die paramilitärische Grenzpatrouille, die Bodensensoren und die Milliarden von Dollar, die ausgegeben werden, um Menschen nicht nach Südkalifornien hineinzulassen, mit dem Ort Derby Line in Vermont an der Nordgrenze der USA, wo genau zwischen den USA und Kanada ein Opernhaus liegt und wo die internationale Grenze im Lesesaal der Stadtbibliothek durch einen schwarzen Streifen auf dem Boden markiert ist. Man darf von dort aus zwar nicht offiziell in die Vereinigten Staaten gehen und dortbleiben, aber solange man nicht nach unten blickt, kann das Stöbern in den Büchern der Bibliothek einen hin und zurück über die internationale Grenze bringen, ohne dass man es überhaupt bemerkt.

Die Journalistin Michelle García schreibt über das Konzept des »Grenztheaters« oder das, was sie als die »kollektive Aufführung der amerikanischen Identität« bezeichnet. Dabei handelt es sich, wie García bemerkt, um »eine Mythologie, die die Nation in ihrem Griff hält«. Während die Mythologie die einer Nation ist, die zusammenhält, besteht die faktische Realität in Spaltung.

»Die Veränderlichkeit von Grenzen«, schreiben Edward S. Casey und Mary Watkins in *Up Against the Wall*, »spiegelt ihren Status als kulturelle Konstruktionen wider, die mit Bedeutung aufgeladen sind.« Obwohl man sich angesichts des lastenden Gewichts des Status quo vielleicht kaum daran erinnern kann, besteht die definierende und bleibende Eigenschaft von Grenzen, falls sie überhaupt eine haben, in ihrer Veränderlichkeit. Allein seit Beginn des 20. Jahrhunderts hat sich die US-Grenze ungefähr ein Dutzend Mal verändert, wobei sich die USA die Gebiete Alaska und Hawaii sowie etliche kleine Inselketten einverleibt, die Philippinen erobert und dann wieder aufgegeben und Guam, Amerikanisch-Samoa und die Virgin Islands ihrem Territorium hinzugefügt haben. Und im 19. Jahrhundert war die Grenze noch weitaus beweglicher. Wenn Nativist*innen und Hurrapatriot*innen ›die Linie halten‹ wollen, tun wir gut daran, uns zu erinnern, dass die Linie veränderlich und ungreifbar ist und dass uns die Geschichte lehrt, dass die Grenze schon morgen nicht mehr da sein wird, wo sie heute ist.

||||||

In Franz Kafkas Parabel *Vor dem Gesetz* kommt ein Mann vom Lande zu einem Türhüter und bittet diesen um Eintritt in »das Gesetz«. »Es ist möglich«, sagt der Türhüter, »jetzt aber nicht.« Nachdem der Mann durch das Tor in das Innere blickt, warnt ihn der Türhüter: »Ich bin mächtig«, sagt er. »Und ich bin nur der unterste Türhüter.« Von Saal zu Saal stehen andere Türhüter, »einer mächtiger als der andere. Schon den Anblick des dritten kann nicht einmal ich mehr ertragen.«

Das hatte der Mann vom Lande nicht erwartet. Das Gesetz, dachte er, »soll doch jedem und immer zugänglich sein«. Außerdem steht das Tor weit offen. Nachdem er erneut den Türhüter ansieht, beschließt er, mit dem Hineingehen lieber zu warten, bis er die Erlaubnis erhält.

Schließlich wartet der Mann, auf einem Stuhl am Eingang sitzend, sein ganzes Leben lang. Am Ende naht bereits der Tod des Mannes und er flüstert dem Türhüter zu: »Alle streben nach dem Gesetz; wieso kommt es dann, dass in den vielen Jahren niemand außer mir Einlass verlangt hat?« Der Türhüter antwortet: »Hier konnte niemand sonst Einlass erhalten, denn dieser Eingang war nur für dich bestimmt. Ich gehe jetzt und schließe ihn.«

Diese Parabel mag so undurchdringlich sein wie das Gesetz, das sie beschreibt, aber sie erfasst etwas Wesentliches über Grenzen, nämlich dass die Grenze selbst erst dafür sorgt, dass sie überschritten wird. »Schließlich gäbe es, wenn es keine Grenzen gäbe, auch keine Migrant*innen – nur Mobilität«, schreibt Nicholas de Genova. Das Tor ist zugleich offen und bewacht, einladend und doch unpassierbar. »Eine Grenze könnte gar nicht existieren, wenn sie absolut unüberschreitbar wäre«, schreibt Foucault, »und umgekehrt wäre ein Überschreiten sinnlos, wenn es nur eine Schranke aus Illusionen und Schatten überqueren würde.«

In einer Ansprache aus dem Gefängnislager für Immigrant*innen auf Manus Island, die er im Rahmen eines Workshops der Oxford University hielt, erklärte der iranische Dichter und Geflüchtete Behrouz Boochani, an Kafka erinnernd:

> »Wir befinden uns außerhalb jedes Gesetzes. Humanitäre Gesetze und internationale Übereinkommen werden andauernd und grundlegend gebrochen. Gleichzeitig sind wir Opfer des Gesetzes. Es ist ein neues Phänomen – dass es möglich ist, dass wir unter dem Gesetz und zugleich außerhalb des Gesetzes leben.«

»Wo immer das Gesetz endet, beginnt die Tyrannei«, schrieb John Locke. Und es ist die Grenze – der Kreuzweg von Recht und Rechtlosigkeit –, wo Gesetz und Tyrannei sich treffen.

Kapitel 6: Es ist dringlich, oder: das ökologische Argument

Das ökologische Argument für offene Grenzen ist eines der einfachsten überhaupt: Menschen sind auf der Flucht vor der Klimakatastrophe; wenn wir ihnen nicht unsere Türen öffnen, werden viele von ihnen sterben. In den kommenden Jahrzehnten werden Kaskaden von Klimakrisen Hunderte von Millionen von Menschen zur Flucht aus ihrer Heimat zwingen. Viele Millionen von ihnen werden dabei Grenzen überqueren, ganz gleich, was man ihnen in Gestalt von Mauern, Gesetzen, Zäunen, Gräben, Ermahnungen oder Gefängnisandrohungen in den Weg stellt. In Wirklichkeit hat eine beispiellose Entwurzelung bereits begonnen und in den kommenden Jahren wird sie uns alle tangieren – selbst diejenigen in den Festungen von Reichtum und Privilegien.

Wenn wir uns hier hinter Grenzen verschanzen, werden wir weder eine Lösung für die Klimakrisen noch auch nur ein Mittel zu ihrer Milderung finden. Internationale Treffen und Abkommen bringen nichts, wenn sie sich im Kreis drehen und über bereits gegebene Versprechen immer wieder neuverhandelt wird, Emissionsgrenzen einfach gebrochen werden, die Zielvorgaben sich andauernd ändern und Regierungen von den einschlägigen Konferenzen zurückkehren, nur um sich dann wieder ausschließlich mit kurzfristigen nationalen Eigeninteressen zu befassen. Wir haben hier eine selbstauferlegte Blindheit vor uns, und so besteht das Projekt, das viele westliche Länder derzeit verfolgen, im Aufbau von Festungen einer kurzfristigen, höchst relativen ökologischen Stabilität. Aber diese Festungen sind bereits dabei, zusammenzubrechen. Grenzen fungieren, was das betrifft, nicht als wirksamer Abwehrmechanismus, sondern als Scheuklappen.

Man kann sich fast jeden Aspekt der Klimawissenschaft ansehen und wird dabei auf eine Geschichte von Menschen stoßen, die in Bewegung sind. Laut der *Ocean Foundation* haben menschliche Aktivitäten im Lauf der letzten zwei Jahrhunderte zu einem 30-prozentigen Anstieg der Säuerung der Meere geführt und damit eine der wichtigsten Ressourcen für *alles organische Leben* auf dem Planeten grundlegend verändert. Die vielfältigen und exponentiellen Auswirkungen dieser Säuerung sind unmöglich alle zu berechnen, aber jetzt, wo ein immer größerer Teil des Lebens in den Ozeanen stirbt und in Richtung der Pole migriert, bleiben enorme hypoxische ›tote Zonen‹ zurück, was auf bleibende Art die untrennbar miteinander verbundenen Ökosysteme verändert, die über 70 Prozent des Globus umspannen und von denen 40 Prozent der gesamten menschlichen Bevölkerung – mehr als drei Milliarden Menschen – höchstens 60 Meilen entfernt leben. Um eine Analogie für die heutige Massenausrottung im Meer zu finden, mussten die Wissenschaftler*innen ungefähr 250 Millionen Jahre zurückgehen, nämlich zum sogenannten ›Großen Sterben‹. Aber die Veränderungen in den Meeren zerstören nicht nur eine unentbehrliche Ressource, sondern sie führen auch dazu, dass 600 Millionen Menschen nunmehr in verwundbaren ›tiefgelegenen Küstenzonen‹ leben, das heißt, unmittelbar am Rand von Meeren, deren Wogen, Hurrikane und Hochwasser schon jetzt häufig zu Zerstörungen in Städten und landwirtschaftlichen Gebieten führen. Dementsprechend hieß es in der *United Nations Convention to Combat Desertification* von 2016, innerhalb der nächsten 30 Jahre werde es »eine Milliarde oder mehr arme Menschen« geben, die angesichts von Erscheinungen wie dem Massensterben in den Ozeanen, dem Anstieg des Meeresspiegels, Dürren, sich ausbreitenden Wüsten, um sich greifender Fäulnis und auftauendem Permafrost »kaum eine andere Wahl haben werden, als zu kämpfen oder zu fliehen«.

Allein in den fünf Jahren von 2005 bis 2010 sind aus Südasien etwa 8,5 Millionen Menschen aufgrund von Dürren und sich verändernden Monsunmustern migriert. Diese Region, in der ein Viertel der gesamten Menschheit lebt, wird bald das Gebiet mit der größten Nahrungsmittelunsicherheit der Welt sein. Schon 2050 könnte laut der Weltbank die Zahl der Klimamigrant*innen *allein aus Südasien* bei 35,7 Millionen liegen. In einigen Regionen Indiens könnte es dann so heiß sein, dass Menschen dort ohne Klimaanlagen gar nicht mehr leben können. Zur selben Zeit, 2050, könnte ein Großteil Vietnams, wo heute fast 100 Millionen Menschen leben, bei Flut unter Wasser liegen. Unterdessen treiben in Afrika unerträglich hohe Temperaturen, Dürren und Fäulnis die Menschen aus der Sahel-Region in Richtung der Küsten, vor allem nordwärts zum und über das Mittelmeer. 2020 war Kenia von den schlimmsten Heuschreckenschwärmen seit beinahe einem Jahrhundert betroffen, bei denen Hunderte von Milliarden Heuschrecken die Sonne verdunkelten, als sei der Himmel, wie ein Kenianer es ausdrückte, auf einmal »von einem Regenschirm verdeckt«. Ähnlich wie in Vietnam könnten auch das Nildelta und ein Großteil des Südirak innerhalb weniger Jahrzehnte bei Flut unter Wasser stehen. Eine in der wissenschaftlichen Zeitschrift *Nature* veröffentlichte Studie kam zu dem Schluss, dass an der Küste lebende Communitys sich weltweit auf eine weitaus schwierigere Zukunft vorbereiten müssen, als man sich das derzeit vorstellt. In den Vereinigten Staaten könnte der Anstieg des Meeresspiegels im Lauf des 21. Jahrhunderts zu einer enormen Migration weg von den schutzlosen Küsten führen und die Bevölkerungsdichten im Land gehörig umschichten. 2020 vertrieb der Klimawandel auf der ganzen Welt mehr als 30 Millionen Menschen – dreimal so viele, wie im selben Jahr durch politische Konflikte entwurzelt wurden.[1]

Unterdessen führt China gegenwärtig das größte staatlich organisierte Umsiedlungsprogramm durch, das dort als ›ökologische Migration‹ bezeichnet wird. Schon bis 2016 waren im Rahmen des Programms über 300.000 Menschen umgesiedelt worden, wobei das Ziel des Programms die – wenn nötig zwangsweise – Umsiedlung von weiteren zwei Millionen Menschen ist.

Einige Klimaprognosen gehen davon aus, dass sich in den nächsten 30 Jahren über 30 Millionen Migrant*innen in Richtung USA aufmachen werden.[2] Eine noch größere Zahl wird intern, aus den Landgebieten in die Städte migrieren. Im selben Zeitraum könnte Mexiko mit an die zehn Millionen neuen Migrant*innen an seiner südlichen Grenze konfrontiert sein.

Die führenden Politiker*innen dieser Welt und die Konzernelite wissen über dieses Problem seit Jahrzehnten Bescheid, und seitdem hat sich die Situation beträchtlich verschlechtert. Seit der Abhaltung der ersten internationalen Konferenz zum Kampf gegen den Klimawandel, der COP1, im Jahr 1995 sind wiederholt und nicht enden wollend umfassende Versprechungen gemacht und gebrochen worden. 1995 wurden durch die weltweite Verbrennung fossiler Brennstoffe sechs Gigatonnen Kohlenstoff in die Atmosphäre eingebracht. Im Jahr 2018 hatte diese Zahl zehn Gigatonnen

---

1 2021 lebten laut einer Analyse der *Washington Post* mehr als 40 Prozent der Amerikaner*innen in Countys, die von Klimakatastrophen betroffen waren.
2 30 Millionen hört sich nach sehr viel an, aber die typische Zahl für die jährliche legale Migration in die Vereinigten Staaten liegt bereits bei einer Million. Der Unterschied liegt hier in der Frage, warum diese Menschen migrieren werden.

pro Jahr überschritten. Der Humanökologe Andreas Malm sagt dazu: »Die Hypermobilität der Reichen, ihre ständige Fortbewegung mit Flugzeugen, Yachten und Autos ist genau das, was sie von der Notwendigkeit befreit, sich mit den Konsequenzen auseinanderzusetzen, da sie sich immer an sicherere Orte begeben können.«

Mit ihren vielfach hermetisch geschlossenen Grenzen und einer quälend langsamen Bearbeitung des Immigrationsprozesses tut sich die Welt derzeit schwer, selbst nur einige Hunderttausend Menschen anderswo anzusiedeln oder aufzunehmen, und auch das ist nur ein kleiner Prozentsatz der Menschen, die durch Umweltkatastrophen entwurzelt sind. Für die Menschen in den reichen Ländern stellt sich hier nicht nur die Frage, was sie mit den Klimaflüchtlingen aus dem Ausland tun sollen. Hurrikan Harvey, der 2017 Texas und Louisiana heimsuchte, vertrieb 60.000 Menschen aus ihren Häusern und Wohnungen. Hurrikan Irma, der im selben Jahr in Florida wütete, machte die Evakuierung von sieben Millionen Menschen nötig. Hurrikan Maria, der Puerto Rico und andere karibische Inseln verwüstete, verursachte Schäden in Höhe von 90 Milliarden Dollar, hinterließ die Hälfte der Bevölkerung Puerto Ricos ohne Zugang zu Frischwasser und veranlasste einigen Schätzungen zufolge Hunderttausende zur Flucht – manche von ihnen für immer.

Die globale Erwärmung macht die bestehenden Ungleichheiten deutlich und verschärft sie weiter, und damit vertieft sie das, was Wallace-Wells als das »Klima-Kastensystem« bezeichnet hat. Obwohl die ärmeren Länder nur einen Bruchteil der Treibhausgase emittiert haben, die die reicheren Länder in die Atmosphäre eingebracht haben, leiden gerade sie unter der Verschlechterung der klimatischen Bedingungen am meisten. Das liegt zum Teil daran, dass sich die meisten ärmeren Länder in Tropengebieten befinden, in denen es ohnehin schon heiß ist und in denen der Klimawandel das Leben erschweren und den Anbau von Nutzpflanzen wesentlich erschweren wird. Außerdem haben viele dieser Länder lange Küstenabschnitte, die sie gegenüber Stürmen, Überflutungen und dem allmählichen Anstieg des Meeresspiegels besonders verwundbar machen. Zu alledem kommt noch die Tatsache hinzu, dass die ärmeren Länder über weniger Ressourcen zum Bau neu benötigter Infrastruktur, zum Wiederaufbau nach Stürmen oder Fluten und zur Eruierung neuer und nachhaltigerer Arten des Nahrungsanbaus sowie zur Veränderung der Lebensweise in einer wärmeren, trockeneren, nasseren und stürmischeren Welt verfügen.

Kapitel 6: Es ist dringlich, oder: das ökologische Argument

In einem Bericht des Pentagons von 2003 hieß es, die Vereinigten Staaten und Australien[3] würden in Reaktion auf den Klimawandel »wahrscheinlich Trutzburgen zur Verteidigung rund um ihre Länder bauen«. Die Forscher*innen aus dem Pentagon schrieben, um »unerwünschte hungernde Immigrant*innen von den karibischen Inseln (ein besonders schwieriges Problem) sowie aus Mexiko und Südamerika zurückzuhalten«, müssten die US-Grenzen verstärkt werden. Etwa 20 Jahre später ist dieses Versprechen wahr geworden – oder zumindest teilweise: Während die USA in der Tat Grenzmauern errichtet und ausgebaut haben, wurden die »hungernden Immigrant*innen« dadurch dennoch nicht wirksam zurückgehalten. Eine oft übersehende Tatsache im Hinblick auf Grenzen ist die, dass sie ganz einfach nicht gut funktionieren.

Im Herbst 2021 stellte ein Bericht des Weißen Hauses fest:

»Die gegenwärtige Migrationssituation, von der Grenze zwischen den USA und Mexiko bis nach Zentralamerika, gibt den Vereinigten Staaten die Möglichkeit, eine gute Praxis zu entwickeln und offen darüber zu diskutieren, wie Migration human gehandhabt werden kann, wobei der Rolle des Klimawandels für die Migration besondere Aufmerksamkeit zu schenken ist.«

Was die USA allerdings in Wirklichkeit gegenüber den allein 2020 durch die Klimakrise entwurzelten 1,3 Millionen Mittelamerikaner*innen entwickeln, ist eine Politik der geschlossenen Tür.[4]

Aus einem Bericht des *Transnational Institute* von 2021 geht hervor, dass sieben Länder (die USA, Deutschland, Japan, Großbritannien, Kanada, Frankreich und Australien), die gemeinsam für 48 Prozent der historischen Treibhausemissionen der Welt verantwortlich sind, »von 2013 bis 2018 zusammen mindestens doppelt so viel (33,1 Milliarden Dollar) für Grenz-

---

3   Ich danke dem Journalisten Todd Miller für seine Berichterstattung zu diesem Thema.
4   Es gibt einen rechtlichen Präzedenzfall für den Schutz von Klimaflüchtlingen, obwohl ein solcher Schutz in der Realität kaum existiert. Ein Angehöriger der Kiribati, Ioane Teitiota, versuchte, aufgrund der Auswirkungen des Klimawandels Flüchtlingsstatus in Neuseeland zu beantragen. Als sein Antrag abgelehnt wurde, brachte er den Fall vor ein Gremium der UN, dass 2020 befand, Teitiotas Rechte seien nicht verletzt worden, aber immerhin anerkannte, es sei gesetzwidrig von Staaten, Menschen an Orte zu schicken, wo sie aufgrund der Auswirkungen des Klimawandels lebensgefährlichen Risiken oder grausamer, unmenschlicher oder erniedrigender Behandlung ausgesetzt sind.

und Einwanderungsmaßnahmen ausgaben wie für Klimaschutzmaßnahmen (14,4 Milliarden)«. Die USA gaben elfmal mehr für die Militarisierung ihrer Grenzen aus als für die Hilfe an arme Länder zur Linderung der Auswirkungen des Klimawandels. Bei Kanada, das in dieser Hinsicht am schlimmsten war, betrug der Faktor 15. Im Endeffekt, so die Schlussfolgerung dieses Berichts, versuchen diese Länder eine »Klimamauer« zu bauen, um die Resultate des Klimawandels (entwurzelte Menschen) draußen zu halten. Wie der Autor Suketu Mehta berichtete, hatte Mohamed Nasheed, der ehemalige Präsident der Malediven, eines Landes, das vom steigenden Meer buchstäblich hinweggespült wird, eine Botschaft für die westlichen Länder:

> »Sie können entweder Ihre Treibhausgasemissionen drastisch reduzieren, sodass die Meere nicht so sehr steigen. Oder Sie können uns in Ihre Länder lassen, wenn wir mit unseren Booten an Ihren Küsten auftauchen. Oder Sie können auf uns schießen, wenn wir mit unseren Booten an Ihren Küsten auftauchen. Suchen Sie es sich aus.«[5]

Eine Öffnung der Grenzen, und das sollte noch einmal wiederholt werden, ist nicht die Lösung für unsere Klimakrisen, aber sie wird dazu beitragen, einige ihrer schlimmsten Auswirkungen zu mildern. Eine Öffnung der Grenzen wird auch zu einer Neubewertung des auf Raubbau und Ausbeutung beruhenden kapitalistischen Regimes führen, das eine treibende Kraft bei der Überlastung der Atmosphäre mit Kohlenstoff, der Übersäuerung der Meere, der Rodung von Regenwäldern und der allgemeinen Zerstörung der Ökosysteme ist. Die herrschenden Regime stützen sich auf Grenzen, um diese fürchterlichen Übel zu verschleiern, Schlupflöcher in rechtlichen Schutzbestimmungen zu finden und Unterschiede in der Arbeitsgesetzgebung zur konstanten Maximierung der Produktion und des Wachstums auszunutzen, deren Kehrseite beständige Zerstörung und ein enormer Ausstoß an Abfall sind. Oder um einen erschreckend treffenden Neologismus zu verwenden: Ökozid.

---

5 Ein Beispiel für die drastischen Ungleichheiten im Hinblick auf Klimawandel und Migration ist Somalia, das für nur 0,00027 Prozent der Gesamtemissionen seit 1850 verantwortlich ist, aber wo durch eine auch auf den Klimawandel zurückzuführende Katastrophe 2020 mehr als eine Million Menschen (sechs Prozent der Gesamtbevölkerung) entwurzelt wurden.

Kapitel 6: Es ist dringlich, oder: das ökologische Argument

In seinem bemerkenswerten und sehr beängstigenden Buch *The Uninhabitable Earth* beschreibt David Wallace-Wells den heraufziehenden Sturm der vom Klimawandel getriebenen Zerstörung als eine »›Traumzeit‹ oder ›Jedezeit‹ – die quasi-mythische Erfahrung einer Begegnung, im gegenwärtigen Augenblick, mit einer aus der Zeit gefallenen Vergangenheit, in der Vorfahren, Held*innen und Halbgött*innen eine epische Bühne bevölkerten. Man kann diese Zeit bereits finden, indem man Aufnahmen eines ins Meer stürzenden Eisbergs betrachtet – ein Gefühl, dass die gesamte Geschichte sich zu ein und derselben Zeit abspielt.«

Schon bald wird ein Großteil der Welt nicht mehr wiederzuerkennen sein. Der australische Umweltforscher Glenn Albrecht hat den Ausdruck *solastalgia* geprägt, um das Gefühl des Heimwehs zu beschreiben, obwohl man zu Hause ist; es die Erkenntnis, dass alles dabei ist, sich zu verändern. Dieser Gedanke ist eng verbunden mit Öko-Angst, oder der Furcht vor dem, was der Erde und ihren Bewohner*innen in den kommenden Jahrzehnten zustoßen wird. Der tödliche Cocktail von Klimakatastrophe und geschlossenen Grenzen droht, uns alle, Migrant*innen und Einheimische gleichermaßen, mit einer ätzenden Mischung aus Nostalgie und Solastalgie zu infizieren – eine Mischung, bei der Heimat und Fremde beide auf Entwurzelung und Verleugnung reduziert sind.

1816, nachdem ein großer Vulkanausbruch das weltweite Wetter dramatisch verändert hatte, schrieb Lord Byron über das ›Jahr ohne Sommer‹: »Ich hatte einen Traum, der alles andere als ein Traum war.« Mit dem Klimawandel steht uns dieser Traum beziehungsweise Nicht-Traum unmittelbar bevor.

||||||

Während des ungewöhnlich kalten Winters von 1949 überquerte ein Paar von Grauwölfen einen zugefrorenen Wasserweg und gelangte so auf die Isle Royale in Michigan, einen kleinen Flecken Land unmittelbar südlich der Grenze zwischen den USA und Kanada im Lake Superior. Das Paar fand dort in reichlichem Maß Beute, darunter Elche, bekam Junge und begründete so ein kleines Wolfsrudel. Aber im Lauf der nächsten 50 Jahre litt das Rudel ohne Zugang zum Festland zunehmend unter Inzucht und über die Hälfte der Tiere entwickelte erbliche Deformationen des Rückgrats und ernste Augenprobleme. Während die Wolfspopulation zurückging (Forscher*innen fanden eine Mutter mit sieben ungeborenen Jungen im Bauch tot in ihrer Höhle), kam die Elchpopulation explosionsartig zurück und fraß und zertrampelte überall im Wald die Knospen und Sprösslinge. Der Nahrungskette des Ökosystems fehlte plötzlich eines ihrer Glieder.

Aber die Wolfpopulation der Isle Royale wurde von einem Migranten gerettet. 1997 überwand ein Wolfsmännchen die maritime Grenze zwischen Kanada und den Vereinigten Staaten und schwamm über einen schmalen Wasserstreifen des Lake Superior auf die Insel. Innerhalb einer Generation – eine Wolfsgeneration sind etwas weniger als fünf Jahre – trugen 56 Prozent der jungen Wölfe die Gene des Neuankömmlings in sich. In den Jahren seitdem sind im Rahmen kontinuierlicher Konservationsbemühungen weitere Wölfe auf die Insel gebracht worden, um für eine genetische Diversität zu sorgen, die nicht nur zur Rettung der Wölfe, sondern auch für den Erhalt der neuen Balance des Ökosystems ausreicht.

Wie ich bereits gesagt habe (und noch weiter ausführen werde), gibt es heute mehr entwurzelte Menschen als je zuvor – etwa ein Prozent der gesamten Weltbevölkerung. Die Klimakrisen und das ununterbrochene Vordringen des Menschen in die Wildnis führen dazu, dass eine wachsende Zahl nichtmenschlicher Spezies sich auf die Suche nach freundlicheren und weniger schwankenden klimatischen Bedingungen macht. Dieser Teil der Geschichte wird inzwischen von vielen verstanden: Die menschliche und die nichtmenschliche Welt sind beide auf der Wanderschaft. Was oft weniger erkannt wird, ist die biologische Notwendigkeit dieser Bewegung. »Die ökologische Funktion von Migration geht über das Überleben der Migrant*innen selbst hinaus«, schreibt Sonia Shah in ihrem Buch *The Next Great Migration*. »Wilde Migrant*innen bauen das botanische Gerüst ganzer Ökosysteme auf.« Außer der Verbreitung von Pollen und Samen, von der das Überleben vieler Pflanzen und Tiere abhängt, verbreiten Migrant*innen auch Gene und sorgen so für eine umfassende genetische Vielfalt.

Wir fangen gerade erst an, die Bedeutung der ›Bewegungsökologie‹ zu verstehen – der Tatsache, dass Ökosysteme nicht statisch und abgeschlossen, sondern offen und immer im Fluss sind, dass Migration nicht nur eine menschliche, sondern auch eine biologische Tatsache ist. Aber dieses Verständnis der elementaren Bedeutung von Migration – ob generell biologisch oder spezifisch menschlich – hat lange auf sich warten lassen.

Der Gedanke, dass bestimmte Menschen oder Spezies ausschließlich an ganz bestimmte Ort gehören, dass sie also an ihr Territorium gebunden sind, hat in der westlichen Kultur eine lange Geschichte. Laut dieser Vorstellung, schreibt Shah, ist »Migration notwendigerweise eine Katastrophe, weil sie gegen die natürliche Ordnung verstößt.« Diese sogenannte »natürliche Ordnung« ist in Wirklichkeit ein Konstrukt, das über Jahrtausende hinweg von einer breiten Koalition von Theolog*innen, Wissenschaftler*innen, Politiker*innen sowie anderen Ideolog*innen und Dogmatiker*innen am Leben erhalten worden ist. Was das Wort ›Migrant‹ betrifft, tauchte es in der englischen Sprache nicht vor dem 17. Jahrhundert auf, als es von Thomas Browne geprägt wurde, und es sollte ein weiteres Jahrhundert dauern, bis es auch auf Menschen angewendet wurde. Die Ausgangsannahme der Stasis – Menschen gehören an einen bestimmten Ort und ein Ort gehört ganz bestimmten Menschen – und ihre Durchsetzung verschmolzen auf symbiotische Art mit rassistischen Konzepten der Überlegenheit der *Weißen*. Einer der dezidiertesten Migrationsleugner (der zwar nicht für Einwanderungsbeschränkungen kämpfte, wohl aber gegen den Gedanken, dass Menschen oder Tiere geschichtlich gesehen migrieren) war der schwedische Naturforscher Carl von Linné, der am bekanntesten für seine Formalisierung der binären Nomenklatur ist, das moderne System zur Klassifikation von Organismen wie etwa *Homo sapiens* oder *Canis lupus*.

Neben seinem Beitrag zur Taxonomie stritt Linné sich auch mit konkurrierenden Theoretikern, die Ideen vorschlugen, die damals revolutionär waren – wie zum Beispiel die, dass sämtliche Menschen ursprünglich aus Afrika stammen und von dort aus ausgewandert waren. Mit dem Konzept von der ›Großen Kette der Wesen‹ diente Linné sich der herrschenden theologischen Erklärung für die Welt, so wie sie damals war, an. Demnach teilten die Wesen sich immer weiter aufsteigend in hierarchisch organisierte Kategorien auf, von der Materie über die Pflanzen zu den Tieren, und danach in Bäuer*innen, den Klerus, die Edelleute, die König*innen und ganz oben schließlich Gott. Der kulturelle Hintergrund für diese wilden Spekulationen war die allgemein verbreitete Ansicht, der zufolge Migration eine Anomalie war und Menschen und Tiere dort lebten, wo sie hingehörten, und dort hingehörten, wo sie lebten – und laut der dies immer so gewesen war.

Unwissenheit – willentlicher, politisch motivierter oder ganz einfach authentischer Art – über die Realität sogar der Migration von Tieren brachte die Wissenschaftler zur Entwicklung einer Vielfalt weithergeholter Theorien. Ein Beispiel dafür sind die Versuche, zu erklären, warum Wandervögel sich im Winter auf die Reise machen. Führende Naturforscher des 18. und 19. Jahrhunderts vertraten die Meinung, dass mache Vögel in Seen Winterschlaf halten (eine Theorie, die zuerst von Aristoteles vorgeschlagen wurde) oder sich in der kalten Jahreszeit in abgelegene Höhlen zurückziehen. Eine der treibenden Kräfte hinter solchen Ideen war der Gedanke eines stabilen, von Gott geschaffenen und geschlossenen Systems, einer ›Harmonie der Natur‹.

Als dann Mitte des 18. Jahrhunderts einige Denker begannen, diese unverrückbare Stabilität infrage zu stellen, beharrte Linné auf seinen Ideen und bestand darauf, dass Tiere ihre spezifischen klimatischen Milieus bewohnen und dort auch bleiben. Für die Menschen bedeutete das nicht nur, dass sie *nicht* aus Afrika ausgewandert waren, sondern auch, dass die Afrikaner*innen – genau wie Asiat*innen und Native Americans – biologisch verschieden von den Europäer*innen waren und gesellschaftlich und geografisch an ihrem angestammten Ort bleiben sollten. Diese Art von rassistischem Essentialismus war eine wichtige strukturelle Komponente für die Ideen, die sich später zur Eugenik entwickeln sollten. Was den *Homo sapiens* betraf, teilte Linné ihn in den *Homo sapiens europaeus* (weiß, ernsthaft, stark), den *Homo sapiens asiaticus* (gelb, melancholisch, gierig), den *Homo sapiens americanus* (rot, übellaunig, unterwürfig) und den *Homo sapiens afer* (schwarz, teilnahmslos, faul) ein und fügte dem noch den *Homo caudatus* (Bewohner*innen der Südhalbkugel) und sogar den *Homo monstrosus* (Pygmä*innen und patagonische Ries*innen) hinzu.

Diese Spekulationen über eine angebliche Urwüchsigkeit und dieser rassistische Essentialismus, die beide Migration als Verirrung und Menschen als an ihr Land und ihre Kaste gebunden betrachteten, waren nicht auf Salonzimmer und akademische Zeitschriften beschränkt. Wie Shah erklärt, waren diese Ideen weit verbreitet und sind es immer noch. Darüber hinaus liefern sie auch »der heutigen Generation von Anti-Immigrations-Lobbyist*innen und -Politiker*innen die nötige theoretische Munition«.

Noch vor der offiziellen Klassifikation der Arten durch Linné und andere wurden sie schon als ›einheimisch‹ oder ›fremd‹ eingestuft. Und die Folgerungen, die sich aus dieser Aufspaltung ziehen lassen, haben Menschen wie Nicht-Menschen seit Langem großen Schaden zugefügt und den Boden für eine Xenophobie und einen *weißen* Anthropomorphismus bereitet, die

Kapitel 6: Es ist dringlich, oder: das ökologische Argument

sich rund um die Welt ausgebreitet und jahrhundertelang das Denken beeinflusst haben. Ein typisches Beispiel hierfür ist der Sohn des Autors und Umweltschützers Aldo Leopold, der 1963 forderte, die US-Nationalparks sollten »die ökologische Landschaft, wie sie von den ersten Europäer*innen gesehen wurde, erhalten oder, wo nötig [...], wiederherstellen«. Aber die Idee von unberührten vorkolonialen Lebensräumen geht von der ahistorischen Unwahrheit aus, der zufolge Menschen oder Tiere keine Spuren hinterließen beziehungsweise dass diese Spuren getilgt werden können und die ökologische Landschaft in ein statisches und paradiesartiges Idyll zurückverwandelt werden kann.

Während viele indigene Kulturen wie etwa auf dem amerikanischen Kontinent und in Australien auf weniger zerstörerische Art mit und innerhalb ihrer Umwelt leben, brachte schon die Ankunft der ersten *Homo sapiens* (lange vor den Invasionen der Siedlerkolonialist*innen) in solch neuen Gebieten große Veränderungen mit sich, darunter auch die rasche Auslöschung etlicher einheimischer Arten. Auf dem amerikanischen Kontinent starben die Wollhaarmammute, die Riesenfaultiere, die Säbelzahntiger, die Camelops und der Schattenwölfe allesamt bald aus. Während ich es bedaure, dass der Schattenwolf nicht mehr die Möglichkeit hat, auf dem Gebiet des heutigen Los Angeles herumzustreifen (in den Teergruben von La Brea wurde eine große Zahl von Fossilien der Tiere gefunden), müssen wir dennoch letztlich nicht den Wandel selbst fürchten, sondern die Zerstörung und die künftige Unbewohnbarkeit eines ganzen Ökosystems.

Insgesamt kann die Bedeutung einer zentralen Beteiligung indigener Menschen am Kampf für eine für Mensch und Tier lebenswerte Zukunft des Planeten gar nicht überschätzt werden. Sie haben nicht nur die größte Erfahrung im Kampf gegen Raubbau und zur Vertreibung von Menschen führende Technologien (und gegen die Invasor*innen, die auf dem Land ihrer Vorfahren jahrhundertelang Bergbau, Abholzung und Zerstörung betrieben haben), sondern wie die Autor*innen des Buches *The Red New Deal* feststellen, das zu einer ›indigenen Befreiung‹ aufruft und als Mittel zur Stabilisierung des Klimas für eine Entkolonialisierung eintritt, schützen sie auch 80 Prozent der Biodiversität des Planeten, obwohl sie selbst nur fünf Prozent der Weltbevölkerung ausmachen. Diese sich ständig verändernde Biodiversität ist etwas, was viele westliche Politiker*innen bis heute nicht zu schätzen und zu verstehen gelernt haben.

1999 initiierte Bill Clinton die Gründung des *National Invasive Species Council*, der den Auftrag hatte, ›fremde Arten‹ abzuwehren. Dieser Schritt war eines der Ergebnisse der gerade ausgebrüteten Disziplinen der Konservationsbiologie, der Restaurationsbiologie, ja, sogar der Invasionsbiologie, Bewegungen, die im Zuge des Wiederaufschwungs der offiziellen Antieinwanderungspolitik in den USA und anderswo entstanden. Als Kind, das in Ohio aufwuchs, hörte ich meinen Teil an Weltuntergangsprophezeiungen, die von dem Schrecken und der Zerstörung sprachen, die auf das unaufhaltsame Vordringen der Zebramuschel in die Großen Seen Nordamerikas folgen würden. Invasionsbiolog*innen hatten damals errechnet, dass wilde Arten, die sich ungehindert über den Planeten ausbreiten, die Ökosysteme verwüsten würden, und dass dadurch die Zahl der Landtiere um 65 Prozent, der Landvögel um 47 Prozent, der Schmetterlinge um 35 Prozent und der Meerestiere um 58 Prozent sinken würde. Aber während die Welt tatsächlich ständig viele Arten durch Aussterben verliert, ist es unsinnig, der Migration – oder *Vagilität*, wie der technische Ausdruck dafür lautet – die Schuld dafür zu geben, da man damit nur dem auf den Leim geht, was Shah als den »Mythos von einem sesshaften Planeten« bezeichnet.

Neue Studien über ›räumliche Heterogenität‹ kommen zu dem Ergebnis, dass Organismen, die sich von einem ›Quellen-Ökosystem‹ zu einem ›Aufnahme-Ökosystem‹ bewegen, Nährstoffe, dringend benötigte genetische Vielfalt (wie im Fall der Wölfe in Michigan), Energie (in Form von Nahrung und Ausscheidungen) und Regulation mit sich bringen – was Letzteres betrifft, verbreitet der Pazifische Lachs, wenn er zu seinen Ursprungsströmen zurückkehrt, aus dem Meer gewonnenes Nitrogen, das lebenswichtig für Auenpflanzen ist, und migrierende Gnus erlauben der Vegetation ein neues Wachstum, wenn sie die Wälder verlassen, um in die Ebenen zu ziehen, und versorgen dann bei ihrer Rückkehr die Vegetation mit ihrem Dünger.[6]

Nichtmenschliche Migration kann dem Organismus ähnlich wie menschliche Migration einen zeitweiligen oder dauerhaften Ausgleich für den durch Klimaveränderungen bewirkten Verlust von Lebensräumen bieten. Mit anderen Worten, Migration ist über die Arten hinweg etwas Po-

---

6   Die Studie über die Gnus stellte fest, dass der Einfluss ihrer Migration auf das Serengeti-Ökosystem so stark ist, dass laut Prognosen von Wissenschaftler*innen deren Ausbleiben zuerst zu verringerten Gnu-Populationen, dann zu einem Rückgang ihrer fleischfressenden Prädatoren und schließlich zum Kollaps des Ökosystems selbst führen würde.

sitives. Aber angesichts höher werdender Mauern, schrumpfender Lebensräume und des anhaltenden Widerstands gegen Vagilität ist die Migration insgesamt heute in Gefahr.[7] Viele Jahrtausende lang hatte der Mensch kaum eine Ahnung davon, wie Arten sich ausbreiten. Die Menschen hatten weder die Perspektive noch die Technologie, die es ihnen erlaubt hätten, zu verstehen, dass Kriech- und Krabbelgetier schon immer gekrochen und gekrabbelt ist, und das oft über sehr große Entfernungen hinweg, und dass im Ganzen gesehen fast alle Arten ununterbrochen unterwegs sind. So waren Zebramuscheln nicht die einzige und nicht einmal die größte Bedrohung für nativistische Ansprüche bezüglich der Großen Seen. Und außer dass sie die örtlichen Ökosysteme durcheinanderbrachten, filterten die Muscheln Wasser und fungierten als neue Nahrungsquelle für einheimische Fische und Vögel. Einer überraschenden Statistik zufolge hat die Biodiversität auf dem amerikanischen Kontinent seit der Einführung europäischer Arten in Wirklichkeit sogar zugenommen. Shah kommentiert das mit den Worten: »Die Natur überschreitet die ganze Zeit Grenzen.«

Nichtmenschliche Tiere sind nicht nur gut für Ökosysteme, sondern werden heute, genau wie die Menschen, durch eine Kombination aus geschlossenen Grenzen und Klimawandel bedroht. Eine Studie des *Center for Biological Diversity* von 2017 kam zu dem Ergebnis, dass der Bau der Mauer entlang der Grenze zwischen den USA und Mexiko »katastrophale Auswirkungen auf unsere gefährdetsten Wildtiere« hat, darunter 93 Arten, die aufgrund des fortgesetzten Baus der Mauer vom Aussterben bedroht sind. Zu den gefährdeten Tieren gehören Jaguare, Jaguarundis, Quino-Checkerspot-Schmetterlinge, Arroyo-Kröten, Kalifornische

---

7 Während es schon schwer ist, einen einzelnen Lebensraum vor dem Klimawandel oder der immer weiter vordringenden ›Entwicklung‹ zu schützen, ist es noch viel schwerer, die gesamte Bandbreite wandernder Arten zu schützen. Einer der Vorschläge zur Erhaltung einiger der Ökosysteme, für deren gesunde Entwicklung früher wilde migrierende Arten gesorgt haben, besteht darin, Wanderhirt*innen und ihren Herden einige der Funktionen der ursprünglichen Arten zu übertragen. Hier besteht jedoch, wie die Autor*innen der Studie »Conservation and Management of Migratory Species« schreiben, eine beunruhigende Ironie darin, dass »das Wanderverhalten menschlicher Hirt*innen ebenfalls ernsthaft bedroht ist und dass erzwungene Sesshaftmachung und die Einhegung oder landwirtschaftliche Erschließung ihrer Wandergebiete [...] dazu führen, dass einzigartige Kulturen und Kenntnisse sowie die ökologischen Dienstleistungen, die aus diesen Wanderungen resultieren, verlorengehen«.

Rotbeinfrösche, Schwarzfleckige Molche, Pazifische Sumpfschildkröten und mexikanische Grauwölfe. Eine weitere gefährdete Art, der Brasilzwergkauz, ist ein Tiefflieger und kann nicht über die Grenzmauer fliegen – sein Territorium wird so durch die Einwanderungspolitik in zwei Teile geschnitten.

Der Kryptobiotische Boden, auch bekannt als biologische Bodenkruste, wird durch den Bau der Mauer ebenfalls in Gefahr gebracht. Dieser seltene ›lebende Boden‹ ist eine dynamische Kruste, die aus Moosen, Mikropilzen, Bakterien und einer der frühesten bekannten Lebensformen, der Blaualge, besteht. Diese komplizierte organische Melange, die sich in Teilen der Wüstenlandschaft findet, trägt zur Verhinderung von Erosion bei, indem sie den Boden zusammenhält und Wasser auffängt, das von Wurzeln genutzt werden kann, um Pflanzen auch bei trockenem und heißem Wetter am Leben zu erhalten.

Wenn solch ein kryptobiotischer Boden von Fahrzeugen niedergewalzt wird, wird er sich, so der *National Park Service*, »vielleicht nie wieder erholen«. Unter günstigen Umständen wird eine dünne Schicht des lebenden Bodens vielleicht weniger als zehn Jahre zur Gesundung brauchen, während reife Krusten bis zu 50 Jahre benötigen können, um sich zu erholen, und es bei Flechten und Moosen Hunderte von Jahren dauern kann, bis sie sich wieder in den Boden integrieren. Mittlerweile haben ›inoffizielle Straßen‹ – mindestens 10.000 Meilen an Pisten, die zum größten Teil von schweren Fahrzeugen der Grenzpatrouille in die empfindliche Wildnis geschnitten wurden – den kryptobiotischen Boden an der US-amerikanisch-mexikanischen Grenze schon etliche Jahre lang malträtiert. Die langfristigen, vielleicht unwiderruflichen Auswirkungen der Zerrüttung des Bodens oder die Ausrottung auch nur eines einzigen dieser von der Grenze bedrohten Tiere haben tiefgreifende Veränderungen eines ohnehin schon bedrohten Ökosystems zur Folge.

Eine weitere Auswirkung der Grenzmauer auf meist unbeachtete Arten kam in einem Artikel im *Journal of Hymenoptera Research* von 2021 ans Licht, der die Entdeckung von 500 verschiedenen Bienenarten in einem Gebiet von gerade einmal sechs Quadratmeilen Wüste an der Grenze zu Arizona und New Mexico im mexikanischen Bundesstaat Sonora beschrieb. Es ist die höchste bekannte Konzentration von Bienenarten auf der Welt – die Zahl ist sogar noch wesentlich höher als in den Tropen. Eine ähnliche Studie über Biodiversität zählte in einem kleinen Gebiet von zwei Hektar

Kapitel 6: Es ist dringlich, oder: das ökologische Argument 157

in einem nicht weit davon entfernten Streifen von Grenzland 800 verschiedene Mottenarten.

Vor einer Weile erkundete ich genau dieses Gebiet – Bienen und Motten, die um die raren Wüstenflüsse, einsamen Quellen und Pappelhaine herumsummen, wo die Wüsten Chihuahua und Sonora, das westliche Grasland, die Rocky Mountains und die Sierra Madras alle zusammentreffen und sich miteinander vermischen. Das Gebiet ist ein Knotenpunkt fast unbekannter, aber überbordender Diversität und das riesige Panorama wird unterbrochen von einem Archipel aus ›Himmelsinseln‹, in denen kältere, feuchtere Lebensräume aus dem Backofen des Wüstenbodens aufragen. Hier kann eine kleine Wendung in der Wand, ein Einschnitt in einem Canyon oder eine schattige Senke im Fels eine einzigartige biologische Umgebung bieten. Russ McSpadden vom *Center for Biological Diversity* beschrieb mir das Gebiet als ein hochempfindliches und einmaliges Ökosystem. Und obwohl die Region voller Mischungen und kreativer Zusammenstöße – Ökotone – ist, »gibt es keine Trennlinie«, berichtete McSpadden, »keine Pflanze und kein Tier hier oben, das nicht auch da unten wäre«. Die Konvergenz der Habitate ist der Grund, »warum sich die Wege von Jaguaren und Bären kreuzen und warum solch ein ausgedörrter Ort so verdammt wild und voller Leben sein kann«.

McSpadden und ich wanderten eine Reihe abgelegener Canyons hoch, um uns die Aufnahmen aus seinen Überwachungskameras anzusehen, mit denen er Jaguare und andere weit umherstreifende Tiere aufnimmt, die viel Raum brauchen, um zu gedeihen. Im Augenblick werden die wenigen, allesamt männlichen Jaguare, von denen man weiß, dass sie in Süd-Arizona und New Mexico leben, zumindest zum Teil durch die Grenzmauer daran gehindert, nach Mexiko zurück zu migrieren und dort Junge zu zeugen. Die Aufrechterhaltung dieses Korridors für die Jaguare, und ebenso für die Bären, Hirsche, Ozelote, Tiefflugkäuze und andere Tiere, ist für das Überleben des Ökosystems von entscheidender Bedeutung.

Innerhalb dieses Jaguar-Korridors ist der San Pedro River für die Hälfte aller Wandervogelarten in Nordamerika eine Raststätte auf ihrer Migrationsroute. Ein Teil der erstaunlichen Biodiversität des Gebiets kann auf eine Reihe artesischer Quellen zurückgeführt werden, die langsam fossiles Grundwasser nach oben pumpen, Wasser, das zu einer Zeit von vor vier bis fünfundzwanzigtausend Jahren tief nach unten ins vulkanische Gestein gesickert ist. Diese natürlichen Brunnen werden nicht durch Regenwasser wiederaufgefüllt, oder zumindest nicht in den nächsten paar Jahrtausenden.

Aber mit dem Bau der Mauer wird das Wasser rasch aus diesen Aquiferen herausgezogen. Myles Traphagen, der ›Borderlands Program Coordinator‹ des *Wildlands Network*, sagte mir, er habe von Arbeiter*innen der Bautrupps gehört, dass sie bis zu drei Millionen Liter Wasser am Tag aus nahegelegenen Brunnen abpumpen, um Zement für die Grenzmauer zu mischen. Dabei fahren jeden Tag Dutzende von Wasser-Tanklastwagen zu den Brunnen, um Wasser zu den Zementmischern abzutransportieren. Außerdem waren ständig Lastwagen mit Wasser unterwegs, die die neu geschaffenen Erdpisten mit Wasser besprengten, um den Staub am Boden zu halten.

»Diese gesamte Region«, sagte McSpadden, »ist Teil einer ökologischen Alchemie, die durch Migration und das Zusammenkommen ganz verschiedener Gemeinschaften gedeiht und die zugleich beides ermöglicht.« Diese Alchemie wird durch die Mauer in raschem Tempo vernichtet.

||||||

Zu den offensichtlichen Formen nichtmenschlicher Migration gehören jedoch auch Krankheiten. Es ist unbestreitbar, dass hier gewisse Gefahren bestehen, wie das Beispiel der Europäer*innen, die die Pocken auf den amerikanischen Kontinent brachten, oder das Beispiel Roms, das die Malaria in die fernen Regionen seines Imperiums trug, zeigen. Aber die heutigen Migrant*innen sind eine weit weniger bedrohliche Quelle pathogener Erscheinungen als der Handel und die transnationalen Wirtschaftsbeziehungen.

Nehmen wir die Grenze zwischen den USA und Mexiko: Sie wird jedes Jahr von 350 Millionen Menschen überschritten, von denen es sich bei der großen Mehrheit um Ortsansässige, die ihrem Alltagsleben nachgehen, also um ›Geschäftsleute‹ handelt, hinzu kommen Tourist*innen und Neugierige, die sich für *la frontera*, die Grenze, interessieren. Die Zahl der Migrant*innen, die über die Grenze kommen, schwankt von Jahr zu Jahr, aber es sind normalerweise weniger als eine Million. Während des größten Teils der COVID-19-Pandemie wurde der übliche alltägliche Grenzverkehr an der US-amerikanisch-mexikanischen Grenze aufrechterhalten, aber Migrant*innen und Asylsuchende durften nicht einmal dann über die Grenze, als die Infektionsraten bereits sanken. Medizinisch gesehen ergab dieser diskriminierende *cordon sanitaire* keinerlei Sinn. Wenn man dafür sorgen wollte, dass welche Krankheit auch immer hinter einer Grenze bleibt, müsste man das gesamte kapitalistische System anhalten und nicht nur versuchen, einige Asylsuchende aufzuhalten.[8]

Absurderweise wurden die Haftzentren für Immigrant*innen während des Wütens der Pandemie in eine Art virenversetze Petrischale verwandelt, Orte, an denen die Migrant*innen keinen räumlichen Abstand halten konnten, und wo das Personal ihnen keine Mittel zum persönlichen Schutz gab, sich weigerte, sie zu testen, und sie nur mit großer Verzögerung oder gar nicht impfte, alles Dinge, die zur Ausbreitung des Virus sowohl innerhalb als auch außerhalb der Gefängnisse beitrugen. In den ersten sechs Monaten der Pandemie ließen sich beinahe 5,5 Prozent der Corona-Fälle in den USA auf die Ausbreitung des Virus aus ICE-Haftzentren zurückführen. Insgesamt sprechen wir hier von mindestens einer Viertelmillion zusätzlicher Infektionen und einer unbekannten Zahl zusätzlicher Todesfälle. So wurden die Gesundheitssysteme in Gebieten, in denen die Einwanderungsbehörde Haftzentren betrieb, mit Tausenden von zusätzlichen Corona-Fällen belastet.

Natürlich ist es sinnvoll, vor ›fremden‹ Krankheitserregern zu warnen, aber sich von solchen Erwägungen in seiner Außenpolitik leiten zu lassen oder zuzulassen, dass solche Befürchtungen in Diskriminierung münden oder sich in Gewalt entladen, kann rasch zu einem Fieber werden, das – wie bei einer schweren Entzündung – rapide und gefährlich ansteigt und zu selbstzerstörerischen Krämpfen, Delirium und Tod führt.

---

8   Im Mai 2021 publizierte der Internationale Währungsfonds einen Bericht mit dem Titel »A Proposal to End the Covid-19 Pandemic«, in dem der Forscher Ruchir Agarwal schätzte, dass eine Impfung von mindestens 60 Prozent der Weltbevölkerung bis Ende 2021 etwa 50 Milliarden Dollar kosten würde. Zugleich berechnete er, dass diese Investition einen Gewinn von etwa neun Billionen Dollar einbringen würde. Bei den 50 Milliarden Dollar handelt es sich um etwa sechs Prozent des jährlichen Militäretats der USA und um etwa ein Prozent der Corona-Hilfszahlungen der Vereinigten Staaten. Von einigen wenigen Impfstoffspenden abgesehen konnten sich weder die USA noch die Europäische Union zu dieser Investition entschließen. Das heißt, Grenzen hielten Nationen davon ab, auch für sich selbst für größere Sicherheit zu sorgen, da sie sich weigerten, über die eigenen Grenzen hinauszusehen. Oder wie David Wallace-Wells schreibt: »Angesichts der Wahl – zwischen einer einzigen Zukunft, bei der es allen auf der Welt durch umfassenden Schutz bessergehen würde, und einer Zukunft mit wesentlich weniger Impfungen, bei der die Reichen in gewissem Maß geschützt wären und andere viel verwundbarer blieben – gingen die reichen Nationen der Welt nicht den Weg, der den Schutz und den Wohlstand für alle maximiert hätte.«

Die wesentlich größere Bedrohung für die Menschen ist das Übel der Xenophobie. Oder wie Sonia Shah mir in einem Interview sagte: »Die reflexartige Lösung für das Problem der Ansteckungsgefahr – Grenzschließungen, Isolation, Immobilität – ist in Wirklichkeit dem Prinzip der biologischen Resilienz auf einem in Wandlung begriffenen Planeten entgegengesetzt.«

Die Dichterin Carolyn Forché äußerte einen ähnlichen Gedanken, als ich sie zu der Zeit, als COVID-19 erstmals den Planeten in Atem hielt, interviewte:

»Die Ansteckung mit einem Mangel an Mitgefühl wird uns langfristig mehr Schaden zufügen als irgendetwas anderes, weil sie keine Grenzen kennen wird. Wenn wir unser Mitgefühl verlieren, verlieren wir es für alle. Und wir isolieren und atomisieren unsere Gesellschaft, bis sie austrocknet und nichts mehr in ihr übrigbleibt.«

||||||

Während eines Großteils der menschlichen Geschichte haben wir an Orten mit relativ stabilem Klima gelebt und uns daran angepasst. Es gab Fluten und Katastrophen, kalte und heiße Jahre, aber wir konnten damit zurechtkommen und uns auf meist vorhersehbare Wetterbedingungen einstellen, um Nahrung anzubauen und Unterkünfte und Straßen zu bauen. Und wir konnten uns darauf verlassen, dass die Pflanzen gedeihen und Früchte tragen würden, dass unsere Häuser und Straßen bleiben würden und dass der Regen sowohl aufhören als auch wiederkommen würde. Wir nahmen an, dass auf ein schlechtes Jahr oder auch eine Reihe schlechter Jahre ein normales oder sogar ein besonders fruchtbares Jahr folgen würde.

Das hat sich geändert. Die vielleicht bemerkenswerteste frühe Katastrophe eines menschengemachten Klimawandels – und die Vorbotin etlicher noch kommender Desaster – war die verheerende Krise der sogenannten ›Dust Bowl‹ (›Staubschüssel‹) in den 1930er-Jahren, von der weite Steppengebiete in den USA und Kanada betroffen waren. Während die jahrelangen extremen Dürren und die massiven Staubstürme dieser Zeit zum Teil das Resultat eines natürliche Trockenzyklus waren, waren es die intensiven Landwirtschaftsmethoden, der vermessene – und unsinnige – Glaube, dass »der Regen dem Pflug folgt«, und das durch diesen legitimierte Unterpflügen von Millionen von Hektar Grasland zwecks Anbau von Weizen und anderem Getreide, was den Boden in einen Zustand versetzte, in dem er vom Wind zu massiven Wolken aufgewirbelt werden konnte, sogenannten ›schwarzen Blizzards‹, die buchstäblich die Sonne verdunkelten. Ungefähr 2,5 Millionen ›Okies‹, Farmer*innen aus Texas, New Mexico, Colorado, Nebraska, Kansas und Oklahoma, waren gezwungen, aus der Region zu fliehen. Einige der Nachkommen dieser Migrant*innen, von denen viele sich in Kalifornien niederließen, praktizieren dort jetzt wieder nicht-nachhaltige Anbaumethoden, diesmal in der neuesten (zeitweiligen) Kornkammer der USA im Imperial Valley und im San Joaquin Valley. Diese Gebiete sind bereits Dutzende von Fuß abgesunken, da die Farmer*innen dort mehr Grundwasser abzapfen als je zuvor. (Ähnlich den Reaktionen auf erzwungene Migration in heutiger Zeit versuchten in den 1930er-Jahren viele Kalifornier*innen, die Dust-Bowl-Flüchtlinge am Betreten ›ihres‹ Bundesstaates zu hindern, indem sie an dessen Grenzen ›Anti-Penner-Barrikaden‹ errichteten.)

Ich beobachtete ein ähnliches Phänomen in Guatemala, wo ein kleines Dorf im westlichen Hochland Jahr für Jahr gleichzeitig absank und immer mehr weggespült wurde, während Jahre der Dürre gelegentlich von heftigen, alles durchdringenden Regenfällen unterbrochen wurden.

Dass so viele Menschen durch Stürme, Fluten, Dürren, ansteigende Meeresspiegel und Waldbrände aus ihrer Heimat vertrieben werden, ist ein Symptom des Klimawandels. Die Ursache dieser Krankheit ist der extraktive Kapitalismus, und die Klimaflüchtlinge sind in Wirklichkeit Flüchtlinge vor den Auswirkungen des Spätkapitalismus. Offene Grenzen sind dafür nicht das Heilmittel, aber sie sind eine notwendige, lindernde und lebensrettende Maßnahme, die wir ergreifen müssen, während wir zugleich die Emissionen zurückfahren und uns für Klimagerechtigkeit sowie für finanzielle und industrielle Nachhaltigkeit einsetzen.

||||||

2017 wanderte ein einzelner mexikanischer Wolf, der als M1425 bekannt war, durch die Chihuahua-Wüste Mexikos in Richtung Norden und folgte damit einem Weg, den andere Wölfe und Menschen seit Tausenden von Jahren gegangen waren. Die Wissenschaftler*innen interessierten sich besonders für diesen einsamen Wolf, da er aus einer gefährdeten, bereits im Verschwinden begriffenen Population mexikanischer Wölfe kam, die

Gene aus einem winzigen Wolfsrudel in Mexiko in einer etwas robusteren Wolfsbevölkerung in den Vereinigten Staaten verbreiteten.

Das Ganze ähnelte dem Fall der Wölfe auf der Isle Royal und eine Zeitschrift in New Mexico berichtete: »Wenn die beiden wilden Populationen von mexikanischen Grauwölfen zueinander finden und sich miteinander paaren, könnte der Austausch von genetischem Material den Bemühungen um den Erhalt beider Populationen Auftrieb geben.« Aber das Gebiet, in dem M1425 die internationale Grenze überquerte, ist jetzt durch eine Grenzmauer abgesperrt und andere Wölfe, die dringend benötigte Gene in sich tragen und normalerweise das tun würden, was Wölfe in dieser Region Jahrtausende lang getan haben, können nicht mehr hinüber.

Im November 2021 machte sich ein nördlich der Grenze geborenes junges Wolfsmännchen allein durch das Busch- und Grasland der Wüste auf den Weg nach Süden. Als der Wolf die Mauer erreichte, lief er an ihr entlang und tauchte in die von den Stahlpollern geworfenen Schatten ein und wieder aus ihnen heraus. Schließlich, als er keine Lücke, keinen Weg weiter in den Süden und zu anderen paarungsbereiten Wölfen fand, wandte er sich ab, um wieder nach Norden zu gehen.

»Es gibt keine natürlichere und fundamentalere Anpassung an ein sich änderndes Klima als die Migration«, schreibt Abraham Lustgarten. Dieses Prinzip gilt auch für nichtmenschliche Tiere.

||||||

Als die Biden-Regierung in der ersten Hälfte des Jahres 2021 versprach, sie werde an einer Wiederherstellung der von der Trump-Regierung abgeschafften Asyl- und Flüchtlingsprogramme arbeiten, recycelte sie immer wieder eine Reihe von Refrains:[9] »Es braucht Zeit«, »Wir arbeiten daran«, und ganz einfach »Kommt nicht her.« Der Präsident, die Vize-Präsidentin, die Pressesprecherin des Weißen Hauses und Dutzende von Beamt*innen wiederholten alle die Botschaften, die in erster Linie an Mexikaner*innen und Mittelamerikaner*innen gerichtet waren: *Bleibt zu Hause, Quédate en casa.* Aber man kann Menschen, deren Zuhause von einem Hurrikan zerstört wurde, nicht sagen, sie sollten dort-

---

9   Das war, bevor die Biden-Regierung 2023 nicht nur den Anti-Asyl-Standpunkt der Trump-Regierung übernahm, sondern diesen sogar noch verhärtete und neue Methoden einführte, Asylansprüche abzuwehren und Menschen fortzuschicken, die nach Sicherheit suchen.

Kapitel 6: Es ist dringlich, oder: das ökologische Argument

bleiben. Man kann Eltern, deren Kind Hunger leidet, nicht sagen, sie sollten noch ein paar Monate warten. Man kann Menschen, die um ihr Leben laufen, nicht sagen, sie sollten gehen statt rennen.

»Wir stehen jetzt vor der Tatsache, dass die Zukunft heute beginnt«, sagte Martin Luther King Jr. damals, 1967, in der Riverside Church in New York. »Heftig drängt uns die Notwendigkeit, uns jetzt zu entscheiden, denn das sich jetzt entfaltende Rätsel des Lebens und der Geschichte kennt auch ein ›zu spät‹.« King sprach über ein anderes Thema und zu einer anderen Zeit, aber es ist nicht schwer, ihn sich vorzustellen, wie er uns alle dabei unterstützt, den Kampf gegen den Klimawandel zu führen. Während wir gerade die Anfänge der größten globalen Migrationsbewegung sehen, die die Welt je erlebt hat, müssen wir begreifen, dass die Krise schon da ist, dass wir mit Menschlichkeit handeln müssen und dass wir die Grenzen öffnen müssen.

Kapitel 7: Wie kommen wir dorthin?

»Es gibt kein Herz, das der Staat beschränken könnte; Träume fressen sich wie Säure in seine Vernunft.«

– Joseph Andras

Nehmen wir einmal an, Sie sind jetzt überzeugt. Sie erkennen, dass die verschiedenen Übel geschlossener Grenzen die materiellen Vorteile, die Grenzen der globalen Elite gewähren, überwiegen, und Sie sind nunmehr bereit, die Mauern einzureißen. Das ist schon einmal ein guter Anfang. Aber wo genau sind diese Mauern? Denn – abgesehen von der Vielzahl physischer Barrieren an den Grenzen und den Hunderttausenden von Grenzwachen rund um die Welt – was ist mit den bürokratischen Mauern, die die Menschen umschiffen müssen, um sich frei in der Welt bewegen zu können? Was ist mit den umherstreifenden Angestellten der Einwanderungspolizei, die heimlich vor Gerichten und Schulhöfen warten, Türen von Geschäften und Unternehmen eintreten oder sich im Morgengrauen vor Familienunterkünften auf die Lauer legen? Und hier noch eine wichtige Frage, deren Beantwortung helfen könnte, eine Öffnung der Tore zu bewirken: Wie würde eine Welt mit offenen Grenzen eigentlich aussehen?

Während ›offene Grenzen‹ seit Langem als rhetorischer Knüppel und als Synonym für praktisch jede Reform benutzt wird, die an der immer stärkeren Zementierung immer undurchlässigerer Grenzen auch nur ein wenig kratzen will, haben sich nicht viele die Mühe gemacht zu beschreiben, was ›offene Grenzen‹ eigentlich bedeuten. (Das entgegengesetzte Extrem – ein totaler globaler Lockdown – ist vielleicht leichter vorstellbar, wenn auch unmöglich durchzusetzen.)[1]

---

1 Der *Secure Fence Act* von 2006 sah vor, dass die Minister*innen für Heimatsicherheit »alle Maßnahmen ergreifen, die sie für notwendig und angemessen halten, um die operative Kontrolle über die gesamten Land- und Seegrenzen der Vereinigten Staaten durchzusetzen und zu behalten«. Das Gesetz definierte ›operative Kontrolle‹ als »die Verhinderung jeglichen gesetzwidrigen Eindringens in die Vereinigten Staaten«. Dieses Ziel ist unmöglich zu erreichen, vor allem, weil das Gesetz selbst die Kriminalität erzeugt, die es angeblich abwehren soll.

Es gibt zwei diametral entgegengesetzte Antworten auf die Frage, wie eine Welt mit offenen Grenzen aussehen würde, und sie sind beide richtig. Die erste ist, dass sie gar nicht so anders aussehen würde als die Welt von heute. Die zweite besagt, dass in ihr zwangsläufig alles ganz anders sein wird. Sehen wir uns nun diese gegensätzlichen Antworten an, um herauszufinden, wie sie beide gleichzeitig sowohl ein attraktives Versprechen sein als auch der Wahrheit nahekommen können.

Es wäre alles gar nicht so anders

Um zu verstehen, warum alles gar nicht unbedingt so anders wäre und warum offene Grenzen zwischen Nationalstaaten wie die offenen Grenzen innerhalb von Nationalstaaten (wie zum Beispiel den USA) aussehen könnten, müssen wir uns als erstes die Frage der Implementierung ansehen: *Wie* würden die Grenzen in der Praxis geöffnet werden? Denn anders als in der magischen Vorstellung vieler, irgendeine Art von königlichem Dekret würde die Welt schon wieder richten, funktionieren Reformen heute im Allgemeinen nicht auf diese Art. *Könnten* sie so funktionieren? Vielleicht. Die Doktrin der unbeschränkten Vollmacht gibt bestimmten Zweigen des staatlichen Systems in den USA in bestimmten Fragen fast absolute Entscheidungsbefugnis. Der Kongress hat die alleinige Macht zur Initiierung und Regulierung von Handel und er unterliegt auch im Hinblick auf die Verabschiedung von Einwanderungsgesetzen kaum einer gerichtlichen Überprüfung. Zugleich hat die Exekutive des staatlichen Systems weitreichende Befugnisse bei der *Umsetzung* dieser Einwanderungsgesetze.

Ich fragte Aaron Reichlin-Melnick, Politikberater am *American Immigration Council*, ob der Kongress einfach ›mit den Fingern schnippen‹ und sämtliche Einwanderungsgesetze abschaffen könnte. Seine Antwort: »Ja, das könnte er.« Wahrscheinlicher und für unseren Punkt wichtiger ist jedoch, dass er wichtige Bestimmungen abschaffen könnte, die die Migration kriminalisieren.

Aber da der Kongress sich im Lauf der letzten 30 Jahre wiederholt sogar bei ganz kleinen Reformen der Einwanderungsgesetze als äußerst unwirksam erwiesen hat, wurde die Einwanderungspolitik in den USA in jüngerer Zeit vor allem durch Präsidialverfügungen gestaltet. Viele dieser Verfügungen werden später vor Gericht angefochten und wieder aufgehoben, aber viele traten und treten zumindest teilweise in Kraft. Könnte, wer auch immer Präsident*in ist, eine Verfügung erlassen, mit der dekretiert wird, dass die Grenze ab morgen geöffnet ist? Laut Reichlin-Melnick wahrscheinlich nicht, aber er oder sie könnte die Dimensionen der Kriminalisierung nicht-autorisierter Immigrant*innen minimieren, die tatsächliche Durchführung der Einwanderungsgesetze beträchtlich einschränken, alle Truppen von der Grenze zurückziehen und Millionen von Menschen eine zeitweilige Aufenthaltsgenehmigung erteilen.[2] 2021 verfügte Präsident Biden ein partielles, 100-tägiges Moratorium für Abschiebungen, das dann rasch durch eine Klage des Bundesstaates Texas blockiert wurde. Sämtliche möglichen Präsident*innen würden bei der Verfolgung des Ziels offener Grenzen (nicht, dass Biden das tatsächlich gewollt hätte) auf ähnliche Weise wie bei dieser Klage durch den *Administrative Procedure Act* von 1946 sowie die ›Take Care‹-Klausel der Verfassung gelähmt werden, die verlangt, das Staatsoberhaupt habe »Sorge zu tragen, dass die Gesetze gewissenhaft vollzogen werden«. Sowohl das Gesetz als auch die Klausel besagen im Wesentlichen dasselbe, nämlich, dass Präsident*innen die vom Kongress verabschiedeten Gesetze umzusetzen haben, selbst wenn diese wie im Fall der heutigen Einwanderungspolitik unmenschlich, migrationsfeindlich, unpopulär oder ganz einfach schrecklich sind.

Wenn also eine Präsidialverfügung uns nicht dorthin bringt, was könnte es dann tun?[3] Es gäbe da immer noch die Revolution, eine Machtergreifung durch die Massen und ein Aufsperren der Tore – und das wäre gar nicht schlecht.

Wesentlich wahrscheinlicher ist jedoch, dass wir das Ziel offener Grenzen durch legale rechtliche Schritte erreichen. Silky Shah, die Direktorin von *Detention Watch Network*, meinte mir gegenüber, »die Priorität jeder Veränderung in Richtung offene Grenzen« sollte ein Abbau der vorhandenen Infrastruktur sein. Die ersten Schritte wären ihrer Meinung nach eine Reduzierung der finanziellen Mittel für die Einwanderungsbehörden, ein Moratorium für weitere neue Grenztechnologie und -infrastruktur und die Aufkündigung der Verträge mit militärischen und privaten Agenturen zur

---

2   Die Verleihung eines TPS (*Temporary Protected Status*), also einer zeitweiligen Aufenthaltsgenehmigung, an Mexikaner*innen würde die Abschiebung von Millionen von Menschen blockieren, die derzeit unautorisiert in den USA leben. Eine ganze Reihe ähnlicher technischer Schritte könnte enorme Auswirkungen im realen Leben vieler Menschen haben.

3   Ich konzentriere mich hier wieder auf die Vereinigten Staaten, aber die im Folgenden gemachten Vorschläge sind auch für viele andere Länder relevant.

Grenzsicherung. Shah unterstreicht außerdem die Bedeutung eines simplen Problembewusstseins und einer verbesserten Aufklärung als wichtige Elemente für eine Entwicklung hin zu offenen Grenzen. »Wenn die Menschen sehen und verstehen würden, welch enorme Schäden die Grenzen anrichten, würden diese viel rascher geöffnet werden.« (Auch wenn, wie der Autor Adam Serwer es formuliert hat, für einige die »Grausamkeit genau der Punkt ist«.)

Was jetzt folgt, ist eine Liste möglicher erster Schritte, die nicht Kosmetik am System der geschlossenen Grenzen betreiben sollen, sondern letztlich auf dessen Abbau und Beseitigung abzielen.

| | | | | | |

Das Milliardengeschäft, bei dem Geld mit der Inhaftierung bestimmter Menschen verdient wird, weil sie bestimmte Grenzen überquert haben, ist noch relativ neu.[4] Während der Bundesstaat Kalifornien schon 1850 ein Privatunternehmen mit dem Betrieb eines Gefängnisses beauftragte, funktionierte das Experiment nicht und zog auch keine weiteren Kreise. Es dauerte dann bis 1983, bis das erste speziell mit Gefängnissen befasste Privatunternehmen, die *Corrections Corporation of America* (CCA), gegründet wurde, die 2016 in *CoreCivic* umbenannt wurde. Ihren ersten Vertrag schloss sie mit dem *Immigration and Naturalization Service* (INS) und dieser beauftragte die CCA mit der Inhaftierung von Migrant*innen in einem umfunktionierten Motel in der Nähe von Houston.

---

4   Die Grenze zwischen den USA und Mexiko wird jedes Jahr von etwa 350 Millionen Menschen überschritten. 2019 wurden in den USA von sämtlichen Personen, die über die Grenze zwischen Mexiko und den Vereinigten Staaten in die USA kamen, nur 0,03 Prozent dafür strafrechtlich verfolgt. Wenn man hier die Grenze zwischen den USA und Kanada, die Seegrenzen und die Grenzübertritte in die USA uber den Luftverkehr miteinrechnet, sinkt der Prozentsatz der kriminalisierten Grenzübertritte gegen Null: Meiner sehr groben Berechnung zufolge liegt der Prozentsatz aller Menschen, die pro Jahr in die USA kommen und dafür strafrechtlich belangt werden, bei ganzen 0,02 Prozent. Alle, die sich legal hier aufhalten, sollten sich einmal einen Moment Zeit nehmen und sich vorstellen, sie gehörten zu diesen 0,02 Prozent, denen man nicht erlaubt zu tun, was mehr als eine halbe Milliarde Menschen tun – und sie würden nicht nur daran gehindert, sondern außerdem auch verhaftet, gedemütigt und nicht selten gefoltert und eingesperrt werden, wenn sie es doch versuchten.

Ein Teil der Strategie, mit der gewinnorientierte Unternehmen, die Einwanderungsgefängnisse betreiben, dafür sorgen, dass ihre Profite immer so hoch wie möglich sind, besteht im Knausern an einer menschenwürdigen medizinischen Versorgung der Zig Tausend eingesperrten Menschen, was solche Haftzentren – die ohnehin schon überfüllt, traumatisierend, isolierend und extrem deprimierend sind – unvermeidlich in Orte verwandelt, die aus medizinischer Sicht für die Insass*innen höchst gefährlich sind. Diese profitorientierten Zentren bieten fade, verdorbene, unzureichende und gehaltlose Nahrung an und sie kultivieren eine Atmosphäre der Angst und oft auch einer Normlosigkeit, die sich im Endeffekt für die Gefangenen selbst äußerst destruktiv auswirkt.

Die Wachen, die mit der Beaufsichtigung der Häftlinge betraut sind, sind oft unterbezahlt und schlecht ausgebildet und lassen nicht selten ihre eigene Angst und Unzufriedenheit an denen aus, mit deren Knechtung sie beauftragt sind. Wenn Menschen, die in diese Höllenlöcher gesteckt werden, für ihre Rechte eintreten oder auch nur den Versuch dazu unternehmen, können sie geschlagen, isoliert oder anderswohin transferiert werden, oder auch noch das bisschen Ablenkung, das sie haben, wie Lektüre, frische Luft, Sonnenlicht oder Kontakt mit anderen Menschen entzogen bekommen. In den letzten Jahren gab es in diesen Haftzentren eine Reihe von Hungerstreiks, tatsächlich waren es so viele, dass sie für die Medien kaum noch einen Nachrichtenwert haben, selbst wenn Dutzende von Menschen wochenlang gegen ihre brutale Behandlung protestieren. In Reaktion auf diese verzweifelte Gegenwehr greift ein überfordertes medizinisches Personal häufig auf Zwangsernährung zurück, die weithin als Folter betrachtet wird, und außerdem kommt es dazu, dass die Hungerstreikenden geschlagen werden oder ihnen mit sofortiger Abschiebung gedroht wird.[5]

Ein Asylsuchender aus Indien, Ajay Kumar, floh in die Vereinigten Staaten, um sich dort in Sicherheit zu bringen, und verbrachte dann fast ein Jahr in einem Haftzentrum, wo er auf eine Entscheidung in seinem Fall wartete. Als er aus religiösen Gründen dagegen protestierte, dass man ihm Rindfleisch zu essen geben wollte, wurde er dafür in Isolationshaft gesteckt. Nachdem man ihm die Freilassung auf Kaution verweigert hatte, trat er im Juli 2019 zusammen mit drei weiteren Asylsuchenden in einen Hunger-

---

5   Die *World Medical Association* betrachtet es als unethisch, wenn Ärzt*innen sich an Zwangsernährung beteiligen, und die Vereinten Nationen betrachten Zwangsernährung als eine Verletzung internationalen Rechts.

streik. Er aß einen ganzen Monat lang nichts, woraufhin Anwält*innen des US-Justizministeriums eine richterliche Anordnung erwirkten, die seine Zwangsernährung erlaubte. Als die Wachen ihm eine letzte Möglichkeit gaben, doch noch etwas zu sich zu nehmen, bevor das medizinische Personal ihm einen Schlauch in die Nase einführte, lehnte Kumar ab: »Ihr wisst doch genau, dass das Einzige, was ich will, meine Freiheit ist.«

Später berichtete er dem Magazin *The Intercept*, das Videoaufnahmen von der grausamen Prozedur erhalten hatte: »Zuerst bekam ich Angst, als ich diesen Schlauch sah – der Schlauch war fast so dick wie mein kleiner Finger, und jetzt wollten sie ihn mir in die Nase stecken.« Er war tatsächlich etwa sechs Millimeter dick.

Er erinnerte sich, wie das Personal ihm den Schlauch das Nasenloch hochschob:

»Zu diesem Zeitpunkt trat ich mental völlig weg. Ich dachte nur noch, hoffentlich würde der Schlauch wegrutschen und direkt in mein Gehirn gehen, und damit wäre endlich alles vorbei. Als er meine Kehle erreichte, fühlte es sich an, als würde er das Fleisch aufreißen. Und dann kam mir auf einmal Blut aus Mund und Nase.«

Der Schlauch hatte sich in seiner Speiseröhre verhakt und das Personal musste ihn wieder herausziehen. »Als sie ein zweites Mal damit anfingen«, sagte Kumar, »war es noch schmerzhafter als beim ersten Mal, weil meine Nase schon verletzt war und der Schlauch jetzt wieder hineingeschoben wurde und sie erneut aufriss.«

Und wieder verdrehte sich der Schlauch in seiner Speiseröhre und sie mussten ihn wieder herausziehen und es von neuem versuchen.

Während der COVID-19-Pandemie verschlechterte sich die ohnehin schon üble Situation in den Haftzentren weiter. Gemeinsam mit José Olivares berichtete ich damals über eine Whistleblowerin im *Irwin County Detention Center*, einem privat betriebenen Knast im Bundesstaat Georgia, wo sie Krankenpflegerin war. Sie beschrieb eine ganze Palette furchtbarer Bedingungen, darunter Schimmel und Ungeziefer in der Krankenabteilung, Lügen des Personals über die Verbreitung von Corona-Infektionen und das Ignorieren von Bitten um medizinische Behandlung selbst von Häftlingen mit Corona-Symptomen.

So wurde die Einrichtung zur Brutstätte für das Virus. Zugleich wurde ein Arzt glaubwürdig beschuldigt, ohne vorheriges Einverständnis

Dutzende gynäkologische Eingriffe zur Sterilisierung inhaftierter Frauen vorgenommen zu haben, darunter auch Gebärmutterentfernungen.

Alles in allem sind profitorientierte Gefängnisse ein perfekter Nährboden für Misshandlung und Machtmissbrauch. Sie unterliegen fast keiner Kontrolle und fördern die weitere Kriminalisierung von Migration durch die Einführung eines perversen Gewinnmotivs. Hinzu kommt die widerliche Drehtür zwischen Politik und dem Management privater Gefängnisse für Migrant*innen. Um nur ein Beispiel zu nennen: Der ehemalige Stabschef des Weißen Hauses John Kelly verließ die Politik, wo er für die Trump-Regierung gearbeitet hatte, die systematisch Kinder von Migrant*innen von ihren Familien trennte und dann in Haft hielt – um einen fabelhaft bezahlten Job bei einem Unternehmen anzutreten, das mit der Einsperrung genau dieser Kinder beschäftig ist.

Kalifornien, Illinois und Washington haben Gesetze verabschiedet, mit denen die profitorientierte Einsperrung von Immigrant*innen beendet werden soll, und eine Reihe anderer Bundesstaaten sind dabei, dasselbe zu tun. Aber selbst wenn solche Gefängnisse vom Staat betrieben werden, werden notwendige Dienstleistungen (wie Gesundheitsversorgung oder Ernährung) oft an profitorientierte Unternehmen ausgelagert. Eine Beschneidung privater Gewinnabsichten (die in gefährlichen Einsparungen bei grundlegenden Leistungen resultieren) ist ein guter erster Schritt. Noch besser wäre die komplette Abschaffung solcher Gulags.

Während die Inhaftierung von Einwander*innen in den Vereinigten Staaten zwar eine lange Tradition hat, war die US-Regierung nicht immer so erpicht darauf, Migrant*innen einzusperren, wie heute. Noch in den 1960ern gehörte die Inhaftierung von Immigrant*innen praktisch der Vergangenheit an. Im Jahr 1970 wurden in den Vereinigten Staaten weniger als 600 Menschen wegen eines Einwanderungsvergehens angeklagt. Und selbst 1993 war diese Zahl erst auf weniger als 2.500 angestiegen. Aber 2018 gab es dann schon fast 110.000 solche Anklagen.

Heute schmachten Migrant*innen wochen-, monate- oder sogar jahrelang in den mehr als 200 Haftanstalten für Einwander*innen in den USA, von denen viele im Endeffekt Geheimgefängnisse sind. Und bevor sie dorthin gebracht werden, werden viele erst einmal in bitterkalte Verliese gestopft, die unter den Migrant*innen als *hieleras*, oder Eiskästen, bekannt sind, wo 24 Stunden am Tag gleißende Lichter brennen, es keine Betten gibt, sie kaum etwas zu essen bekommen und sie manchmal

Kapitel 7: Wie kommen wir dorthin?

durch die Fenster aus Sicherheitsglas wie Tiere angegafft oder verspottet werden.

Und natürlich ist all das nicht auf die Vereinigten Staaten beschränkt. Neben dem Horror des Offshore-Haftzentrums in Australien gibt es da noch das berüchtigte *Siglo XXI* in Südmexiko, ein Freiluftgefängnis, das an einen ausrangierten Schlachthof erinnert. In den libyschen Gefängnissen, in die Migrant*innen gesteckt werden, nachdem man sie am Betreten Italiens gehindert hat, werden sie gefoltert, vergewaltigt und manchmal gezwungen, ihre Notdurft in den Ecken ihrer Zellen zu verrichten; manche von ihnen werden zu Tode geprügelt oder in die Sklaverei verkauft. »Wir täten gut daran, nicht zu vergessen, dass die ersten Lager in Europa als Orte zur Kontrolle von Flüchtlingen gebaut wurden«, schreibt der italienische Philosoph Giorgio Agamben, »und dass die weitere Entwicklung von da aus – Internierungslager, Konzentrationslager, Vernichtungslager – eine Linie darstellt, in der sich eins aus dem anderen entwickelt.«

Die weltweite Schließung dieser Orte wäre ein großer Schritt zur Beendigung enormer Ungerechtigkeiten.

Auf diesem Weg kann man auf vielerlei Arten vorankommen. In den Vereinigten Staaten schließen Städte und Countys mit der US-Regierung Verträge über die Eröffnung und den Betrieb dieser Einrichtungen ab. Wenn sich Aktivist*innen auf der Ebene der Stadträte organisierten, um eine Aufkündigung dieser Verträge durchzusetzen, könnten viele dieser Lager geschlossen werden – wie es sowohl in Adelante in Kalifornien als auch in Williamson County in Texas geschehen ist, die beide ihre Verträge mit der Einwanderungsbehörde (ICE) zum Betrieb von Haftanstalten gekündigt haben. Während diese und andere Haftzentren in Städten und Countys, die ihre Verträge mit der ICE gekündigt haben, weiter geöffnet blieben, führen einzelstaatliche und lokale Jurisdiktionen in New York, Michigan, Illinois, Kalifornien und anderswo jetzt Beschränkungen im Hinblick darauf ein, wie und wo die ICE Menschen einsperren kann. In den letzten Jahren wurden diverse solche Einrichtungen aufgrund von Berichten über schwere Misshandlungen und öffentlichen Protesten geschlossen. Auch auf nationalstaatlicher Ebene können Fortschritte bewirkt werden, denn obwohl die Biden-Regierung das Haftsystem für Immigrant*innen in den USA weiterführt, waren zuvor im Wahlkampf noch ganz andere Töne zu hören gewesen. Von Politiker*innen zu verlangen, ihre Wahlversprechen einzuhalten, ist von entscheidender Bedeutung.

Direkte Aktionen und Proteste, mit denen Aktivist*innen schon bisher erfolgreich Behördenoperationen und Abschiebungen sabotiert haben, sind ebenfalls notwendig. Ich konnte zu einigen Aktionen, durch die die Deportation oder der Transfer von Migrant*innen zwischen verschiedenen Haftzentren zeitweise verhindert wurde, einen kleinen Beitrag leisten. So schloss ich einmal vor dem berüchtigten Adelanto-Haftzentrum, wo eine nicht angekündigte Inspektion 2018 in den Zellen 15 aus Streifen von auseinandergerissenen Bettlaken zusammengeflochtene Galgenschlingen vorfand, eine junge Frau ohne Papiere mit dem Hals an den Zaun des Tores an, durch das die Abschiebebusse die Einrichtung verlassen. Nachdem Feuerwehrleute das Bügelschloss durchgesägt hatten, wurde die mutige Frau festgenommen, wurde aber später freigelassen. Zumindest an diesem Tag wurde niemand aus Adelanto abgeschoben. Wenn man auf diese Art die Arbeit der Einkerkerung von Migrant*innen erschwert, verlangsamt oder sogar verunmöglicht, kann das zur Schaffung einer Bewegung beitragen, die das System derart durcheinanderbringt, dass es sich nicht mehr aufrechterhalten lässt.

Kein Mensch sollte eingesperrt werden, weil er nach Sicherheit und Würde gesucht hat.

Die Abschaffung der Pflichten der ICE bei der Umsetzung der Einwanderungsbestimmungen und die Umorientierung der Beamt*innen der ICE auf ihre *anderen* Aufgaben, wie etwa den Kampf gegen Kinderpornografie, würde zu einer wesentlich besseren Nutzung der Zeit der Beschäftigten und der öffentlichen Gelder führen. Der Vorschlag, die Durchsetzung des Einwanderungsregimes vom Rest der Aufgaben der ICE abzutrennen, wurde wiederholt schon von Beamt*innen der Behörde selbst gemacht, da diejenigen von ihnen, die in investigativen Einheiten arbeiten, unglücklich über die Politisierung und das Stigma sind, mit denen die Arbeit der ICE im Einwanderungsbereich sie belastet: Sie sagen, dass ihre Arbeit dadurch schwieriger wird, weil die Menschen ihnen nicht trauen. Eine Behörde erwirbt sich eben einen gewissen Ruf, wenn ihre Mitarbeiter*innen dafür bekannt sind, dass sie Eltern, die ihre Kinder zur Schule begleiten, beschatten und verfolgen, Frauen während der Geburt ans Bett ketten lassen oder en masse ehrlich arbeitende Menschen verhaften, die für andere Leute Wohnungen und Straßen bauen, Mahlzeiten zubereiten oder Nahrungsmittel erzeugen. Auch das Vertrauen in die Polizei ist – neben anderen, nur zu berechtigten Gründen, darunter der weitverbreitete, offene und oft tödliche Rassismus

Kapitel 7: Wie kommen wir dorthin?

in den Reihen der Polizei – durch die Assoziation beschädigt worden, die die Migrant*innen zurecht zwischen der Einwanderungsbehörde und gewöhnlichen Streifenpolizist*innen herstellen.

Wenn Polizist*innen auf jemanden ohne Aufenthaltsberechtigung stoßen, könnten sie diese Person, statt sie an die ICE zu überstellen, an die *United States Citizenship and Immigration Services* (USCIS) verweisen, die Behörde, die ihnen (ungeachtet ihrer eigenen teilweise unschönen Geschichte) dabei helfen könnte, die notwendigen Papiere zu bekommen, statt sie irgendwo in ein Verlies zu sperren. Migrant*innen bei ihrer Legalisierung zu helfen statt sie zu verhaften und abzuschieben wäre ein positiver Schritt, selbst wenn es nur ein halber wäre.

Wir könnten nämlich die ICE auch ganz abschaffen, da es sich bei ihr letztlich um einen neofeudalistischen, zu gewalttätiger Schikane neigenden und oft gesetzlos agierenden Polizeiapparat handelt. In einem Zeitalter, das offiziell ständig Demokratie und Menschenrechte feiert, ist es sehr merkwürdig, dass die Losung ›Schafft die ICE ab‹ erst seit etwa 2018 zu einem weitverbreiteten Slogan geworden ist. Andererseits ist diese Parole, wie jeder politische Slogan, etwas unklar und die tatsächliche Abschaffung der ICE liegt für viele, die die Losung gehört und vielleicht sogar schon selbst gerufen haben, jenseits der Grenzen (!) des Vorstellungsvermögens. 2009 schrieb Peter L. Markowitz im *Yale Law Journal*, was im öffentlichen Diskurs fehle, sei »eine klare positive Vision für ein System zum praktischen Umgang mit Einwanderung, das sich nicht auf massenhafte Inhaftierung und Deportation stützt«. Markowitz versucht, eine »Vision für ein neues Paradigma zur Handhabung der Immigration« anzubieten, »aber eine, die nicht auf der Existenz der ICE oder einer mit Einwanderung befassten Polizeibehörde basiert«. Aber leider läuft diese Vision für Markowitz und für viele andere auf eine Reform in winzigen Schritten hinaus, die in puncto ›Abschaffung‹ riesige Lücken hat. Während er die Missbräuche der ICE beschneiden möchte, tritt er dafür ein, ›das optimale Maß‹ des Eingreifens der ICE zu identifizieren, ein Eingreifen, zu dem aber, wie wir oben gesehen haben, auch die brutale Trennung von Kindern und ihren Eltern, die Ankettung gebärender Mütter und die Zwangsernährung von Asylsuchenden gehört.

Aber es gibt auch einige, die die Losung von der Abschaffung wörtlich meinen: Wir wollen die Behörde namens *Immigration and Customs Enforcement*, die sich seit ihrer Gründung einen Ruf als verlogene, rassistische und gesetzlose Institution erworben hat, die regelmäßig rechtliche Grenzen ignoriert und sich jedem Hauch von Kontrolle empört widersetzt, vollkommen abschaffen. Wie die Behörde es in ihrem mit »Endgame« betitelten strategischen Plan von 2003 formulierte, bestand ihr Ziel in der Durchsetzung einer »hundertprozentigen Entfernungsrate« durch die Verhaftung und Abschiebung sämtlicher nicht legal in den Vereinigten Staaten lebender Migrant*innen. Allerdings ist es der ICE nicht einmal im Entferntesten gelungen, dieses Ziel zu erreichen: Die Zahl der Menschen ohne Papiere stieg in den ersten zehn Jahren der Existenz der Behörde um rund 70 Prozent von sieben auf zwölf Millionen. Zugleich sind die Schäden und Kosten des Versuchs, dieses Ziel zu erreichen, außerordentlich hoch.

Heute, 2024, ist die ICE erst 21 Jahre alt. Das Land hat jahrhundertelang ohne diese mörderische Einwanderungspolizei überlebt und kann dies zweifellos wieder tun.

An dieser Stelle kommt vielleicht die Frage: Was ist denn mit den Migrant*innen, die Gewaltverbrechen begehen – sollte man die nicht hinauswerfen? Das ist ein gängiges Gegenargument und eines, auf das auch eingegangen werden muss. Man könnte antworten, dass Immigrant*innen ohne Papiere, die für ein solches Verbrechen verurteilt werden, wie jede andere wegen eines Verbrechens verurteilte Person behandelt werden sollten, aber gerade in den USA würde ich zögern, sie oder sonst jemanden dem dysfunktionalen, diskriminierenden und extrem grausamen Strafrechtssystem des Landes auszusetzen.

Die Massenkriminalisierung und -einkerkerung insbesondere von Schwarzen und Braunen Menschen ist ein grausig gescheitertes nationales Experiment, hat die Gesellschaft nicht sicherer gemacht und stürzt viele Familien und Communitys, besonders aber die Menschen selbst, die in die Fänge dieses Systems geraten, ins Elend. In den Vereinigten Staaten tragen die Gefängnisse mehr zur Erzeugung von Verbrechen und Gewalt bei als zu deren Verhinderung.

Aber zurück zum Szenario von Immigrant*innen, die ein Verbrechen begehen. Die Logik der Grenzziehung suggeriert uns hier, dass sie deportiert oder vielleicht zuerst ihre Haftstrafe verbüßen und dann abgeschoben werden sollten.[6] Aber die Abschiebung einer Person, die ein Verbrechen

---

6   Wir sollten hier auch ein weiteres Mal festhalten, dass die Kriminalitätsrate bei Migrant*innen im Durchschnitt wesentlich geringer ist als bei Einheimischen. Eine umfassende Studie in den *Proceedings of the National Academy of Sciences* von 2020

begangen hat, verlagert das Problem lediglich anderswohin. Die Erwartung, dass das Heimatland der betreffenden Person dieser Gerechtigkeit zukommen lässt, basiert auf einem falschen Verständnis der globalen Verflechtungen und der heutigen Migration.

Betrachten wir hier einmal einen Fall, bei dem die Polizei eine Person aus Mexiko, die sich illegal in den USA aufhält, bei einer Trunkenheitsfahrt ertappt, und nehmen wir eine Kosten-Nutzen-Analyse vor. Betrunken zu fahren ist sicher eine gefährliche Handlung, an deren Unterbindung die Gesellschaft ein Interesse hat. Aber was für Kosten entstehen, wenn die örtliche Polizei die Person an die ICE überstellen muss, die ICE einen privaten Transportdienst für die Verschubung in ein Haftzentrum der ICE anheuert, sie dann dort wochen- und vielleicht monate- oder sogar jahrelang festhält und sie danach nach Mexiko zurückbringt, wo sie wahrscheinlich extrem gestresst und ratlos sein wird und kaum Aussicht auf Arbeit, finanzielle Mittel oder die Unterstützung hat, die sie braucht, um wieder auf die Beine zu kommen?[7] Dieses Szenario ist geradezu prädestiniert dafür, sie erneut zur Flasche greifen zu lassen oder sie zu einem weiteren verzweifelten Versuch zu veranlassen, in die USA zu gelangen. Hier wäre es wohl vernünftiger, sich anzusehen, welche Gründe diese Person überhaupt veranlasst haben, sich mit Alkohol ans Steuer zu setzen. Hat sie 60 Stunden in der Woche in einem unterbezahlten Job gearbeitet und so versucht, sich irgendwie durchzuschlagen und vielleicht noch Geld nach Hause zu überweisen? Stand sie wegen ihres rechtlichen Status unter Anspannung und hat sie sich nach ein paar Drinks gesagt, darauf kommt es jetzt auch nicht mehr an, da doch Menschen, deren Aufenthalt nicht legal ist, ohnehin kein Fahrzeug führen dürfen?

Man kann an diesem spezifischen Szenario allerlei Kritik üben (Was ist, wenn es um ein schlimmeres Vergehen geht? Was ist, wenn es eine Wiederholungstat ist?), aber der allgemeine Punkt hier ist, dass ein Verfrachten

---

kam zu dem Schluss, dass »die Wahrscheinlichkeit, dass in den USA geborene Bürger*innen verhaftet werden, bei Gewaltverbrechen mehr als doppelt so hoch, bei Drogenvergehen über 2,5-mal so hoch und bei Eigentumsdelikten mehr als viermal so hoch ist wie bei Migrant*innen ohne Papiere«.

7 Man muss sich hier nur den Aufstieg der Gangs MS-13 und Barrio 18 ansehen, die beide in Los Angeles gegründet wurden, aber sich dann, nach Jahren der Massenabschiebungen nach El Salvador und in andere mittelamerikanische Länder, dort verwurzelten und ausbreiteten – um dann wieder in die Vereinigten Staaten zurückzukehren. Die Abschiebung eines Problems – und das ist das, was wir nicht gelernt haben – ist eben nicht gleichbedeutend mit seiner Lösung.

über die Grenze keine produktive Antwort auf gewalttätige Handlungen oder andere Vergehen darstellt. Die Probleme einer Gesellschaft nach außen zu verlagern oder Menschen, die Verbrechen begehen, aus der Gesellschaft auszuschließen, ist keine langfristige oder nachhaltige Lösung. Eine Analyse und eine Auseinandersetzung mit der Frage, wie die Gesellschaft Menschen in Abhängigkeit und Sucht, zu gewaltsamen Handlungen und in ein Leben ohne Halt treibt, wären nützlicher als die oberflächlichen und ad hoc Antworten, die die Einsperrung und Abschiebung der straffällig Gewordenen fordern.

||||||

Die Historikerin Kelly Lytle Hernández beschreibt die tägliche Arbeit der Beamt*innen der Grenzpatrouille in ihrem Buch *Migra!* als »Kategorisierung von Körpern in die abstrakte Kaste der Illegalität«. Die Beamt*innen, deren Zahl 2023 etwa 20.000 betrug und die damit beauftragt sind, Menschen zu suchen und zu finden, die eine Linie überschritten haben, und dafür zu sorgen, dass sie angeklagt werden, oder sie über diese Linie zurückzustoßen, berauben die Migrant*innen ihrer politischen und Menschenrechte. Und es wird kaum kontrolliert, wie die Angestellten der Behörde das tun.

Ein Blick zurück auf die Entstehung dieser berüchtigten Institution liefert hilfreiche Einsichten in ihre fortdauernde und schmähliche Rolle bei der Aufrechterhaltung des Grenzregimes der USA. Die erste Variante der US-Grenzpatrouille war eine berittene Polizei, die seit 1904 den spezifischen Auftrag hatte, Chines*innen aus den USA herauszuhalten. Die ersten Rekruten hatten enge Beziehungen zum Klu Klux Klan oder waren ehemalige Mitglieder der Texas Rangers, einer Truppe, die sich der Jagd auf Indigene widmete. Einer der ersten Chefs der Behörde, Harlon Carter, der Mann, der die große Abschiebeaktion von 1954–55 namens ›Operation Wetback‹ leitete, wurde dafür verurteilt, dass er einen mexikanischen Teenager tötete, weil dieser ihm zu laut gesprochen hatte. Lange für ihre Rückgriffe auf brutale Gewalt und sogar Mord bekannt und mit einer durchgängigen Tradition des *weißen* Nationalismus muss die Grenzpatrouille heute als unreformierbare Behörde betrachtet werden.

Um sie, falls eine vollständige Abschaffung nicht erreicht werden kann, doch zu reformieren, sollten ihren Angestellten die Waffen weggenommen werden und sie sollten alle, besonders aber diejenigen in Führungspositionen, einer gründlichen unabhängigen Überprüfung unterzogen werden.

Diejenigen, die nicht wegen Machtmissbrauchs oder anderweitigen Fehlverhaltens entlassen werden müssen, könnten neu für Rettungsaktionen in entlegenen Gegenden, die Beaufsichtigung und Wiederherstellung von Ökosystemen und Beiträge zur Bekämpfung des Klimawandels ausgebildet werden. Sie könnten Teil eines neuen *Civilian Climate Corps* werden, das sich mit Themen wie Hochwasserschutz, Bodenerosion, Waldpflege und einer Mission zur Verbesserung der Infrastruktur zur Bekämpfung und Linderung der Auswirkungen des Klimawandels beschäftigt. Beinahe jedes Projekt im Bereich öffentlicher Dienstleistungen – die Reparatur von Straßen und des Stromnetzes oder die Neuausbildung von Beamt*innen für den Gesundheits- und Sozialbereich oder ganz einfach ihre Transferierung in ganz normale andere Berufe – wäre für die Gesellschaft von viel größerem Nutzen als das, was die Grenzpatrouille derzeit tut.

Ein weiterer leicht gangbarer Schritt wäre, die Bestimmungen über das illegale Betreten des Landes zunächst beizubehalten, aber *allen* Immigrant*innen den Zutritt durch Stellen zu erlauben, wo sie legalisiert werden können. Das könnte die akzeptabelste Vision von offenen Grenzen sein, weil die Migrant*innen sich immer noch bei offiziellen Eintrittsstellen melden, Dokumente vorlegen und sich registrieren lassen müssten, bevor sie ins Land kommen können, aber Letzteres wäre dann für *alle* möglich. Menschen, die an anderen Stellen versuchen würden, ins Land gelassen zu werden, könnten weggeschickt und dazu aufgefordert werden, sich bei einer offiziellen Eintrittsstelle wieder zu melden. Sobald sie dort einträfen, wäre eine Nicht-Vollstreckungsbehörde wie die USCIS (*US Citizenship and Immigration Services*) dort beauftragt, die Papiere der Migrant*innen in Ordnung zu bringen, aber niemand wäre dazu gezwungen, ›schwarz‹ oder unter der ständigen Bedrohung, deportiert zu werden, zu leben. Auf ein solches System würde der gegen Einwander*innen gerichtete Spruch »Stellt euch erstmal in die Schlange« tatsächlich einmal passen. (Heute ist es so, dass es für die meisten Menschen außer den Wohlhabenden und denen mit ›Beziehungen‹ *gar keine Schlange gibt.*)

Aber warum sollte Migration überhaupt kriminalisiert werden? Auch hier ist ein Blick zurück auf die Geschichte der Einwanderung in die USA aufschlussreich. Das ›Verbrechen‹, ohne Erlaubnis die Grenze zu überschreiten, ist heute auf Bundesebene das meistangeklagte Verbrechen in den

Vereinigten Staaten und wurde 1929 nach konzentrierten Anstrengungen des Arbeitsministers James Davis und eines Senators aus South Carolina, Coleman Livingston Blease, erfunden, den Kelly Lytle Hernández in *Migra!* als einen »stolzen und unverbesserlichen Vertreter des *weißen* Rassendünkels« bezeichnet. Das unerlaubte Betreten der USA wurde zu einem Vergehen, das mit sechs Monaten Haft und einem Bußgeld von bis zu 250 Dollar bestraft werden konnte. Eine zweite solche ›Tat‹ wurde dann als regelrechtes Verbrechen betrachtet und konnte mit zwei Jahren Gefängnis oder einem Bußgeld von 2.000 Dollar oder beidem sanktioniert werden.[8]

Es ist klar, dass die Kriminalisierung und Bestrafung von Menschen, die migrieren, als Abschreckungsmaßnahme nicht funktioniert. Noch keine Studie hat zeigen können, dass Strafandrohungen Menschen davon abhalten würden, eine Grenze zu übertreten oder dies auch ein zweites Mal zu tun. Tatsächlich hat es in den letzten Jahrzehnten immer mehr Anklagen wegen ›illegalen Betretens‹ gegeben und es gibt keinerlei Anzeichen dafür, dass es weniger werden. Und während es keine spezifische Straftat des ›erneuten illegalen Betretens‹ (oder eines dritten, vierten... Betretens) gibt, ist es, wenn Menschen von existentiellen Bedürfnissen, familiären Verpflichtungen oder Angst getrieben werden, nur natürlich, wenn sie das, was für sie (wie die Widervereinigung mit der Familie oder die Flucht vor drohender Gefahr) diese Probleme löst, immer wieder tun. Die Kriminalisierung dieses Tuns wird sie nicht davon abhalten. Die Kosten für die Inhaftierung von Zig Tausenden von Migrant*innen in den Vereinigten Staaten liegen jährlich bei über 1,3 Milliarden Dollar. Es gibt nur wenige politische Schritte, die so viel Gutes bewirken können wie eine Entkriminalisierung in diesem Bereich, und zwar nicht, indem der Staat weitere bürokratische Maßnahmen ergreift, sondern einfach, indem er bestimmte Maßnahmen fortan unterlässt. Viel Schmerz und Leid könnten enden – und gleichzeitig könnten mehr Gerechtigkeit herbeigeführt und Gewinne gemacht werden –, wenn man ganz einfach damit *aufhörte*, Migration als Verbrechen zu betrachten.

Eine wichtige symbolische Geste in dieser Hinsicht wäre der Abriss der Grenzmauer selbst, genauso wie der Abbau der Berliner Mauer im November 1989 für die Deutschen in beiden Teilen Berlins und auch für einen Großteil der restlichen Welt eine gewaltige symbolische Bedeutung hatte.

---

8   Es ist kein Verbrechen, sich ohne Papiere in den USA *aufzuhalten*, wohl aber eines, das Land ohne Genehmigung zu betreten.

Kapitel 7: Wie kommen wir dorthin?

Während der Abriss dieser Mauer nicht das Ende der Geschichte oder eine neue Pax Romana einläutete, brachte er sehr wohl Hoffnung und war ein wichtiger Schritt zur Wiedervereinigung Deutschlands und eines Großteils von Europa sowie zum Abbau der globalen Spannungen.

Die Mauer an der mexikanischen Grenze, wie wir sie heute kennen, ist ungefähr so alt wie die Berliner Mauer es war, als sie zu Fall gebracht wurde (obwohl einige wichtige neue, unter der Trump-Regierung gebaute Teile natürlich wesentlich jünger sind). Vor den 1990er-Jahren gab es an der Grenze zwischen den USA und Mexiko fast keine physischen künstlichen Hindernisse, obwohl in den ersten beiden Jahrzehnten des 20. Jahrhunderts einige Zäune aufgestellt worden waren. Heute gibt es entlang der 1.933 Meilen langen Grenze an die 700 Meilen von Zäunen und Mauern. Wenn die USA und Mexiko fast 200 Jahre lang überlebt haben, ohne eine Mauer zwischen sich zu haben, könnte dies wohl auch wieder geschehen.

»Wer hätte gedacht, dass eine Mauer gebaut werden könnte!« schreibt Anna Funder in ihrem Buch *Stasiland* über die Berliner Mauer. »Und wer hätte am Ende gedacht, dass sie jemals wieder fallen würde! Das war ebenfalls unmöglich!«

Politik wird immer durch das beschränkt, was möglich ist – aber wenn die Politik diese Mauern errichtet hat, kann die Politik sie auch wieder einreißen. Wir selbst täten gut daran, Ronald Reagans Aufforderung an Mr. Gorbatschow zu folgen: »Reißen Sie diese Mauer ein!«

Bevor er zu diesem so häufig zitierten Finale kam, sagte Reagan in derselben Rede: »Solange dieses Tor geschlossen ist, solange diese Schande von einer Mauer weiter steht, ist es nicht nur die deutsche Frage allein, sondern die Frage der Freiheit für die ganze Menschheit, die offenbleibt.«

Wie reißen wir diese Mauern ein? Hier kann ein Bulldozer einem Gesetz folgen. Oder das Gegenteil: Das Herz folgt der Hand.

||||||

Sowohl Expert*innen als auch Politiker*innen haben eine Vielzahl technokratischer Lösungen zur Abmilderung von Jahrzehnten einer migrationsfeindlichen Politik vorgeschlagen. Ein sehr simpler solcher Vorschlag besteht darin, Familienangehörige bei den Einwanderungsquoten nicht mehr mitzuzählen. Die gegenwärtige Gesetzeslage beschränkt die jährliche Einwanderung auf 226.000 Visa für Familienmitglieder von US-Bürger*innen,

140.000 für Beschäftigte und 55.000 für ›Immigrant*innen unterschiedlicher Herkunft‹, die durch die Lotterie der Green Card ausgewählt werden. 1990 begann die Regierung George H. W. Bushs, Ehepartner*innen und Kinder bei der Höchstzahl der Zulassungen mitzuzählen. Bald erhielten, besonders bei den als Beschäftigte zugelassenen Immigrant*innen, die Partner*innen und Kinder die Mehrzahl der erteilten Visa. 2014 waren fast 60 Prozent der Einwander*innen, die aufgrund des ›Beschäftigtenstatus‹ kommen durften, Familienmitglieder von Beschäftigten. Das Gesetz selbst enthält jedoch keine Bestimmung, die eine Mitzählung der Familienmitglieder verlangen würde. Bei einer einfacheren und korrekteren Interpretation des Gesetzes, die die Familienmitglieder bei der Höchstquote nicht mitzählt, würde sich die Zahl der Migrant*innen, die in die Vereinigten Staaten kommen dürfen, mehr als verdoppeln.[9]

Die Wiederinkraftsetzung des *Burlingame Treaty* – des bahnbrechenden Abkommens zwischen den USA und China, das eine neue Ära des Handels und der Migration zwischen den beiden Mächten einleitete – wäre ein willkommener Fortschritt und ein Schritt zur Entschädigung besonders gegenüber chinesischen Migrant*innen.

»Frieden, Freundschaft und Handel« lautete der offizielle Titel des Vertrags, der am 4. Juli 1868 zwischen den Vereinigten Staaten von Amerika und dem chinesischen Ta-Tsing-Reich unterschrieben wurde und welcher »das inhärente und unverrückbare Recht des Menschen, seine Heimat und seine Zugehörigkeit zu wechseln, sowie den wechselseitigen Vorteil der freien Migration und Emigration ihrer jeweiligen Bürger und Untertanen von einem Land zum anderen aus Neugier, zum Zweck des Handels oder als permanente Bewohner« feierte.

Danach folgen im Vertragstext einige martialische Tiraden, aber *das inhärente und unverrückbare Recht des Menschen, seine Heimat und seine Zugehörigkeit zu wechseln, sowie [...] der wechselseitige Vorteil der freien Migration* – das ist eine amerikanische Tradition, auf die wir ruhig wieder zurückkommen sollten.

---

9   Das Gesetz selbst hat jedoch seine eigenen Probleme, da diese Visa reserviert sind für »(A) Ausländer*innen mit außergewöhnlichen Fähigkeiten ... (B) Hervorragende Professor*innen und Forscher*innen ... (C) Gewisse multinationale Führungspersönlichkeiten und Manager*innen ...«, was die Reichen und gut Ausgebildeten auf unfaire Weise bevorzugt und somit weiter eine Immigrationspolitik zementiert, die die Menschen in Reich und Arm aufspaltet.

Kapitel 7: Wie kommen wir dorthin?

Eine offensichtliche und doch bisher übersehene Maßnahme wäre die Etablierung einer freien Transitzone, die die Vereinigten Staaten, Kanada und Mexiko umfasst. Die USA behandeln die Südgrenze Mexikos und die Grenzen, die Zentralamerika in verschiedene Staaten aufteilen, schon jetzt als de facto Südgrenzen der USA, geben Hunderte von Millionen von Dollar für ein ausgelagertes Grenzregime und die Ausbildung von Grenzwachen in diesen Ländern aus und setzen diplomatischen Druck und die Drohung mit Sanktionen ein, um diese Staaten zur Überwachung ihrer Grenzen zu zwingen. »Die Vereinigten Staaten«, schreibt Todd Miller in *The Empire of Borders*, »sind zu einer globalen Maschine zum Bau von Grenzen geworden«. Hier wäre es ein leichter erster Schritt, einfach nichts von alledem zu tun und einen freien Transit von Panama bis Kanada zu erlauben. Das C-4-Abkommen zwischen Guatemala, Honduras, El Salvador und Nicaragua ermöglicht schon jetzt den Bürger*innen dieser Länder freien Transit. Der Anschluss der C-4-Länder an einen Block transitfreier NAFTA-Länder (USA, Kanada, Mexiko), der den Menschen des gesamten Gebiets ermöglichen würde, dem freien Fluss von Gütern und Kapital zu folgen, wäre nichts weiter als ein ganz natürlicher nächster Schritt.

Warum verbinden wir nicht einfach das Konzept der freien Migration mit dem des freien Handels?

Freier Handel sollte jedoch nicht als Mittel dienen, um den Reichen die Taschen zu füllen und die Arbeiter*innen ins Elend zu stürzen. Die verheerenden Auswirkungen von NAFTA sowohl auf die mexikanischen als auch auf die US-amerikanischen Arbeiter*innen sind längst gründlich dargelegt worden, unter anderem von Justin Akers Chacon und David Bacon.[10] Das gesamte derzeitige Arrangement basiert auf einem für die Kapitalist*innen nützlichen freien Fluss von Gütern und der Ausbeutung einer immobilisierten Arbeitskraft. Menschen werden in Sweatshops in Slumgebieten

---

10 Bacon zieht einige interessante Vergleiche und erwähnt zum Beispiel, dass Automobilarbeiter*innen im Jahr 2017 in den USA 21,50 Dollar in der Stunde verdienten, während es in Mexiko nur drei Dollar waren, wobei eine Gallone Milch in Mexiko mehr kostete als in den Vereinigten Staaten. Mexikanische Arbeiter*innen in der Autoindustrie müssen mehr als eine Stunde arbeiten, um ein Pfund Hamburger-Fleisch kaufen zu können, während Autoarbeiter*innen in Detroit das schon nach zehn Minuten können, obwohl die mexikanischen Arbeiter*innen genauso effizient arbeiten wie die in Detroit. »Der Unterschied«, schreibt Bacon, »bedeutet Profit für General Motors, Armut für die mexikanischen Arbeiter*innen und die Migration von denen, die so nicht überleben können, von Mexiko in die USA.«

gesperrt, wo sie für wenig Geld teure Waren produzieren. Wenn Länder die Freiheit haben, Toaster und Tomaten ins Ausland zu verkaufen, sollten sich die Menschen, die diese Toaster herstellen und diese Tomaten ernten, ebenfalls frei über die Grenzen bewegen können. (Wenn man sich damit nicht abfinden kann, könnte man die derzeitige Gleichung ja auch umdrehen und den Verkauf von Toastern ins Ausland kriminalisieren.)

||||||

Auch die Europäische Union könnte zu solchen Grenzöffnungen beitragen, indem sie weitere Länder in die Schengen-Zone aufnimmt.

1985 einigten sich die Mitgliedsländer der damaligen Europäischen Wirtschaftsgemeinschaft EWG (die später in der Europäischen Union aufging) auf die schrittweise Abschaffung von Pass- und Migrationskontrollen zwischen den beteiligten Ländern. 2021 genossen dann beinahe eine halbe Milliarde Menschen in einem Gebiet von 1,6 Millionen Quadratkilometern in 26 Ländern Reisefreiheit, ohne ihren Geburtsort nachweisen oder sich durch irgendwelche bürokratischen Hürden kämpfen zu müssen. (Mit dem Brexit-Schock und dem Aufstieg der rechten Antieinwanderungsparteien überall in Europa könnte diese Zone des freien Transits allerdings in Zukunft beträchtlich schrumpfen.)

Während Europa im 20. Jahrhundert sowohl den scharfen Anstieg als auch den raschen Fall von Einwanderungsbeschränkungen erlebt hat, begann die Europäische Union im 21. Jahrhundert simultan mit dem Abbau interner Grenzkontrollen und der Militarisierung ihrer Außengrenzen.

Ich habe als Journalist über die äußerst gefährliche, immer stärker militarisierte Grenze zwischen der Türkei und Griechenland berichtet, die mit Haftzentren, Polizeistationen, Wachtürmen, Panzergräben und Minenfeldern übersät ist und an der europäische Kommandostreitkräfte Migrant*innen gewalttätig abweisen oder verschwinden lassen. Auch hier wäre eine Lösung, die offenbar zu einfach ist, als dass sie gesehen würde, einfach damit aufzuhören: Es gilt hier, zu entmobilisieren, zu entmilitarisieren und den dort Beschäftigten eine konstruktivere Arbeit zu geben als die, Menschen zu jagen und verschwinden zu lassen.

Nach einer Einbeziehung der Türkei in eine Zone freier Migration – und der Rückverwandlung der Mariza-Region aus einer Zone gewaltsamer Entrechtung in ein ganz normales Flussgebiet – könnten dann auch ehemalige

Kapitel 7: Wie kommen wir dorthin? 183

afrikanische Kolonien dieser Zone beitreten. Als erstes wäre hier Marokko zu nennen, nicht zuletzt, weil Spanien immer noch Landansprüche auf die Exklaven Melilla und Ceuta am nördlichen Rand Afrikas erhebt. Die anderen vier nordafrikanischen Staaten an der Mittelmeerküste, Algerien, Tunesien, Libyen und Ägypten, sind multiethnische Nationen mit tiefen historischen, kulturellen, und sprachlichen Verbindungen zu Europa (z. B. durch Handel und wechselnde Phasen der Kolonisierung), und all das sollte ihre Einbeziehung erleichtern. Algerien war bis 1962 französische Kolonie. Wenn seinen Bürger*innen der Zugang zum Territorium Frankreichs gewährt würde, wäre dies ebenso sehr ein Akt der Kompensation und der Reparation wie schlicht eine natürliche Art des Umgangs mit den Menschen und der Geografie.

Andere regionale Zonen der freien Migration sollten ebenfalls ausgeweitet werden.

Solche Zonen sind überall auf der Welt weit häufiger, als es vielen bewusst ist. Die *African Continental Free Trade Area*, zu der Algerien, Libyen und Marokko gehören, sollte ausgedehnt werden und weitere Länder aufnehmen. Das *Free Movement Protocol* in der Region der *Intergovernmental Authority on Development* (IGAD), einem Handelsblock, der aus Eritrea, Äthiopien, Kenia, dem Süd-Sudan, dem Sudan, Somalia, Dschibuti und Uganda besteht, enthält spezifische Bestimmungen, nach denen Menschen, die von Katastrophen und vom Klimawandel betroffen sind, frei über die jeweiligen Grenzen wechseln können.

Mercosur, der gemeinsame Markt der Staaten Argentinien, Brasilien, Paraguay und Uruguay (mit Bolivien, Chile, Kolumbien, Ecuador, Guyana, Peru und Surinam als assoziierten Mitgliedern und Venezuela als derzeit suspendiertem Mitglied) umfasst eine riesige Landmasse, wo Bürger*innen jedes Mitgliedslandes sich in den anderen Signaturstaaten niederlassen und eine Arbeitserlaubnis erhalten können, ohne dass dafür etwas anderes erforderlich ist als ein gültiger Pass, eine Geburtsurkunde und eine Hintergrundüberprüfung. Die zeitweilige Aufenthaltsgenehmigung gilt für zwei Jahre und kann auf Antrag in eine permanente Genehmigung verwandelt werden. Ein offensichtlicher Schritt wäre hier eine Erweiterung um den restlichen Kontinent und eine Wiederaufnahme Venezuelas (aus dem in den letzten Jahren sechs Millionen Menschen ausgewandert sind). Der nächste Schritt wäre dann, sich weiter in Richtung Norden zu bewegen, um Zentralamerika miteinzubeziehen.

Die Nordische Passunion, zu der Island, Dänemark, Norwegen, Schweden und Finnland gehören, gestattet den Bürger*innen dieser Zone, ohne jegliche Reisedokumente im gesamten zugehörigen Gebiet (einschließlich Spitzbergens) zu reisen und zu wohnen. Seit 2001 sind diese fünf Länder auch Teil des Schengen-Gebiets.

Das *Trans-Tasman Travel Arrangement* erlaubt die freie Bewegung zwischen Australien und Neuseeland. Die Einbeziehung Papua-Neuguineas, wo Australien derzeit Haftzentren betreibt, wäre ein bedeutender nächster Schritt, ein weiterer die Ausdehnung der Zone auf andere südasiatische Länder, deren Bevölkerung von Australien lange Zeit diskriminiert worden ist.

1950 unterzeichneten Indien und Nepal mit dem Friedens- und Freundschaftsvertrag ein Dokument, dass letztlich auch ein Abkommen über offene Grenzen ist. Eine Ausdehnung des Vertrags auf Indiens andere Nachbarn, Pakistan und Bangladesch, könnte sowohl die seit langer Zeit glimmenden politischen Spannungen mindern als auch Geld für unnötige und todbringende Operationen zur Durchsetzung der Grenze sparen. Ferner würde sie Menschen, die gezwungen sind, ihre Heimat zu verlassen, Sicherheit, Erleichterungen und neue Möglichkeiten bieten.

Selbst in den USA gab es bis 1968 ein Gesetz, das im Endeffekt ein Abkommen über Bewegungsfreiheit in der Region war. Tatsächlich sah der *Immigration Act*, das rassistische und diskriminierende Gesetz von 1924, das Länderquoten festlegte, die Amerika ganz explizit *weißer* machen sollten, auch Ausnahmen für Migrant*innen vor, die »in Kanada, Neufundland, der Republik Mexiko, der Republik Kuba, der Republik Haiti, der Dominikanischen Republik, der Kanalzone oder einem unabhängigen Land Mittel- oder Südamerikas geboren sind«.

Eine Erweiterung dieser vielen Abkommen über offene Grenzen würde für sich allein genommen noch nicht die globale Situation verbessern, weil Grenzen zwischen größeren Regionen genauso schädlich und gefährlich sein können wie nationale Grenzen. So schottete der Eiserne Vorhang die Länder des Warschauer Paktes im Osten fast ein halbes Jahrhundert lang von den NATO-Ländern im Westen ab (während zusätzlich auch die Grenzen der einzelnen Länder eifrig bewacht wurden). Heute bilden die Außengrenzen der Festung Europa mit Abstand die tödlichste Demarkationslinie auf der ganzen Welt.

Dennoch erweitert jede neue Region, die den Zonen freier Migration hinzugefügt wird, die Freiheit, fördert Gerechtigkeit und ökonomische

Gleichheit und ist ein Schritt zur Befreiung von Menschen, die nur aufgrund der Tatsache, wo sie geboren wurden, unterdrückt und erniedrigt werden.

||||||

In der Praxis sind Bewohner*innen von Grenzgebieten schon jetzt der Macht zweier Staaten, einer auf jeder Seite der Grenze, ausgesetzt, da die Grenzregionen immer mehr unter doppelter nationaler Kontrolle stehen. Der Politikwissenschaftler Matthew Longo schlägt daher eine »Perimeter-Zonen-Bürgerschaft« vor, die den Bewohner*innen von Grenzgebieten eine zumindest partielle politische Kontrolle über die Grenzpolitik geben würde. Die Menschen in solchen Zonen würden Bürger*innen ihres eigenen Landes bleiben, aber außerdem auch »Sonderrechte und -verantwortlichkeiten bekommen, die nur für die Perimeter-Zone selbst gelten«. Ein grundlegendes Recht dabei wäre der Schutz von Menschen in Not, da Longo auch vorschlägt, dass die Grenzgebiete zu »Zufluchtsstätten für Menschenrechte« werden könnten, in denen Asylsuchende Sicherheit und zumindest ein gewisses Maß an Freiheit finden würden.

Das wäre bestenfalls ein Viertel von einem Schritt, aber ein nützlicher auf dem Weg, aus Grenzen – statt Orte der Rechtlosigkeit und Gewalt – wieder Zonen der Interaktion und des Austauschs zu machen.

Vielleicht das überzeugendste Argument, das Longo für diese einzigartige Form der Bürgerschaft vorbringt, ist die Tatsache, dass die Bewohner*innen auf der einen Seite der Grenze direkt, und oftmals schwer, unter den Konsequenzen einer schädlichen Politik leiden, die von der anderen Seite ausgeht. Der Gedanke, diesen Menschen ein gewisses Maß an politischer Kontrolle zu geben, ergibt sich aus dem Konzept des *Tangiert-Seins*: »dem Prinzip, dass diejenigen Menschen, die von einer Politik tangiert werden, eine Stimme bei der Formulierung dieser Politik haben sollten«. (Das Konzept wäre dann offenkundig auch auf die *clandestini*, die Illegalen, innerhalb von Ländern anwendbar und böte somit mehr Menschen als nur den Aggressor*innen oder den Exekutor*innen des Grenzregimes Selbstbestimmung.)

Aber während die Gewährung des Rechts auf Bürgerschaft den Bürger*innen in Grenzregionen erlauben würde, frei über die Grenzen zwischen den beiden Staaten zu wechseln und über gemeinsame Angelegenheiten abzustimmen, ist Longo der Meinung, man solle den Bürger*innen nicht das Recht auf freie Niederlassung geben. In diesem Szenario würde die Grenze nicht eliminiert oder geöffnet, sondern die Linie würde zu etwas *Graduellem*. Longo zitiert das von der Rechtswissenschaftlerin Ayelet Shachar entwickelte Konzept des *jus nexi*, oder der *verdienten Bürgerschaft*, das »seine moralische Kraft aus dem Gedanken des Verwurzelt-Seins in einer Gemeinschaft bezieht«. Dieser Theorie zufolge verdienen die Menschen sich ihre Bürgerschaft und die Rechte, die damit verbunden sind, durch die Beziehungen, die sie zu den Communitys und den Gebieten, in denen sie leben, entwickelt haben.

Was die Gesetzgeber*innen unter uns betrifft: Ihr könntet mit der Wiederabschaffung der Antieinwanderungsgesetze beginnen. Für eine rechtskonforme Öffnung der US-Grenzen müsste der Kongress das gesamte Konzept der autorisierten bzw. unautorisierten Migration abschaffen, und der einzige wirkliche Weg, das zu tun, wäre die Abschaffung der Einwanderungsgesetze und die Neuschreibung oder komplette Annullierung des *Immigration and Nationality Act*, der erstmals 1952 beschlossen, dann 1965 gravierend geändert und seitdem mehrmals modifiziert und mit Zusätzen versehen wurde.

Die Rücknahme eines Gesetzes geschieht auf demselben Weg wie seine Inkraftsetzung: Ein Mitglied des Kongresses verfasst eine Vorlage zum Widerruf des Gesetzes, diese wird in beiden Kammern des Kongresses verabschiedet und dann wird sie vom Präsidenten (oder der Präsidentin) unterzeichnet. So wurden in den letzten Jahren in vielen Staaten die Bestimmungen zur Kriminalisierung des Konsums von Marihuana per Gesetz aufgehoben. Manche Gesetze sind innerhalb von Tagen verabschiedet worden: Der *Patriot Act* von 2001 wurde dem Repräsentantenhaus am selben Tag zur Abstimmung vorgelegt, an dem er erstmals vorgeschlagen wurde, und er wurde verabschiedet und drei Tage später unterzeichnet. Es gibt keinen formalen Grund, weshalb ein Gesetzesvorschlag über offene Grenzen nicht morgen oder übermorgen schon gültiges Gesetz sein könnte.

|||||||

Aber wie würde die Welt nach einigen oder all diesen Schritten aussehen?
Eine Welt mit offenen Grenzen könnte so aussehen wie die Vereinigten Staaten und Europa es schon heute tun. Sowohl die USA als auch die EU

Kapitel 7: Wie kommen wir dorthin? 187

sind unglaublich vielfältige politische Gebilde, die sich aus Staaten mit einem unterschiedlichen Maß an Unabhängigkeit zusammensetzen, die ihre eigenen Gesetze schreiben und durchsetzen, deren Bevölkerungen ihre eigenen kulturellen Praktiken haben und (besonders in der Europäischen Union) ihre eigenen Sprachen sprechen.

In einer Welt mit offenen Grenzen wird es auch in den Aufnahmeländern genügend Platz geben. Die USA, einer der flächenmäßig größten Staaten der Welt, haben eine Bevölkerungsdichte von 86 Menschen pro Quadratmeile.[11] In Frankreich sind es 350 pro Quadratmeile, in Belgien 976 und in Südkorea 1.337. Keines dieser Länder kommt auch nur annähernd an Bangladesch mit seinen 2.980 Menschen pro Quadratmeile oder an Singapur heran, wo die Zahl 20.000 beträgt. Das alles bedeutet, dass die Bevölkerung der USA sich vervierfachen könnte und die Bevölkerungsdichte immer noch etwas geringer wäre als in Frankreich, das ja wohl kaum einen übervölkerten Eindruck macht. Insgesamt sind nur fünf Prozent der Fläche der USA überhaupt erschlossen. Der Wirtschaftswissenschaftler Thomas Sowell hat darauf hingewiesen, dass der Bundesstaat Texas die gesamte Bevölkerung der Welt beherbergen könnte: Wir alle könnten dann immer noch ein einstöckiges Haus mit Hof oder Garten haben. Selbst dann hätte Texas noch eine geringere Bevölkerungsdichte als Manhattan. (Was mich betrifft, nicht unbedingt die angenehmste Zukunftsvorstellung, aber der Punkt ist dennoch gültig: Wir haben Platz genug.)

Selbst Polen, ein wesentlich kleineres Land als die USA mit einer viel höheren Bevölkerungsdichte (bei einer Gesamtbevölkerung von weniger als 40 Millionen Menschen beherbergt Polen 320 Menschen pro Quadratmeile, verglichen mit 86 in den USA), war 2022 in der Lage, innerhalb nur weniger Monate über drei Millionen Flüchtlinge aus der Ukraine aufzunehmen. Natürlich war ein derart rascher und massiver Zustrom eine Belastung, aber die polnische Industrie brach nicht zusammen, viele der Ukrainer*innen suchten sich schnell Arbeit, um sich allein über Wasser halten zu können, und es gab keine Berichte über einen Anstieg der Kriminalität und nur wenige fremdenfeindliche Zwischenfälle. Wenn Polen und auch die Türkei (die sich ja schon längst vorher mit abrupten Zuströmen von Migrant*innen auseinanderzusetzen hatte) Millionen von Menschen

---

11 Insgesamt leben etwa 75 Prozent der Bevölkerung der USA auf 3,5 Prozent des Landes.

bei sich aufnehmen können, dann können wesentlich wohlhabendere westliche Nationen das erst recht.

Es ist hier außerdem wichtig, Befürchtungen darüber zu entkräften, dass das eigene Land, welches auch immer das sein mag, vom Zustrom von Migrant*innen überwältigt werden könnte. Die Vereinigten Staaten, die derzeit eine Geburtenrate haben, die weit unter den 2,1 Geburten pro Frau liegt, die notwendig wären, um die aktuelle Bevölkerungszahl konstant zu halten, brauchen Migrant*innen: Vorläufigen Daten zufolge fiel die Geburtenrate 2020 auf 1,7 Geburten pro Frau, was bedeutet, dass die US-Bevölkerung ohne Migration schrumpfen und das Durchschnittsalter ansteigen wird, was wiederum eine Belastung für den Staatshaushalt, die Gesundheitsversorgung und die Sozialversicherungssysteme darstellen würde. Alle Amerikaner*innen, die vorhaben, alt zu werden, sollten sich daher für Einwanderung einsetzen.

Eine Überquerung der Grenze zwischen den benachbarten Bundesstaaten Arizona und Kalifornien muss sich gar nicht so sehr von der Überquerung der Grenze zwischen den benachbarten Bundesstaaten Sonora (Mexiko) und Arizona (USA) unterscheiden. Ebenso müsste ein kleiner Spaziergang aus dem pakistanischen Bundesstaat Punjab in den indischen Bundesstaat Punjab nicht mit so viel stärkeren Regulierungen verbunden sein als ein Wechsel zwischen zwei indischen Bundesstaaten. Einige werden sich vielleicht Sorgen machen, dass die seit Langem brodelnde Animosität zwischen Pakistaner*innen und Inder*innen zu einem Pulverfass werden könnte, wenn die beiden Bevölkerungen mehr miteinander zu tun hätten. Aber tatsächlich ist es genau umgekehrt: Die Grenze und all das, was die Grenze repräsentiert – unter anderem natürlich militanten Nationalismus –, sind ja gerade der Grund dafür, dass die Animositäten und die Differenzen zwischen den beiden Nationen immer wieder geschürt und aufgebauscht werden können. Es war die Aufteilung Britisch-Indiens in rassifizierte, ethnisierte und religiös geprägte Staaten, die die Gewalt zwischen ihnen provozierte und bis heute befeuert. Ähnlich war es auch im Südafrika der Apartheid die Trennung der angeblichen ›Rassen‹, die zum Aufflammen der Gewalt führte, während die Aufhebung dieser Trennung die politischen Wogen glättete. Und die Grenze zwischen den USA und Mexiko ist der wesentlichste *Grund*, der die Grenzgebiete in Brennpunkte von so viel wirtschaftlicher Ungleichheit und von so viel Ausbeutung und Leid verwandelt hat.

Wie der Wechsel von, sagen wir einmal, Frankreich nach Deutschland oder von Ohio nach Pennsylvania zeigt, muss das Überqueren einer Grenze nicht damit verbunden sein, Menschen ihrer Humanität zu berauben. Eine Welt mit offenen Grenzen wäre wie eine Ansammlung unabhängiger und kulturell und sprachlich unterschiedlicher Staaten, die sichtbare, aber überschreitbare Grenzen haben würden, die der Organisierung der Bevölkerungen und ihrer jeweiligen Staatswesen dienen würden. Wir können die Festungsmentalität, die Extreme des Nationalismus und das menschenfeindliche Filtersystem der Grenzen von heute hinter uns lassen und dabei weiterhin demokratische Staatsformen haben – oder diese überhaupt erst einmal wiederherstellen.

Oder wie die politische Theoretikerin Jacqueline Stevens sagt: »Nicht die Grenzen selbst müssen geändert werden, sondern ihre Rolle bei der Festlegung qua Geburt definierter Gruppen und bei der Regulierung der Bewegungsfreiheit von Menschen auf dieser Basis.«

||||||

Die andere Wahrheit – die zugleich auch ein Ziel und eine dringliche Notwendigkeit ist – besteht darin, dass die Welt, wenn die Grenzen erst einmal geöffnet sind, *vollkommen anders aussehen wird*.

Das liegt daran, dass die Praktizierung einer gerechten und moralischen und fairen Grenzpolitik beträchtliche Veränderungen in der gegenwärtigen Weltordnung erfordert, darunter auch massive Reparationen und ein Ende der postkolonialen kapitalistischen Ausbeutung.

An dieser Stelle ist es wichtig, sich daran zu erinnern, dass Migrant*innen nicht einfach so an Grenzen auftauchen oder diese überqueren, und dass sie ihre Heimat nicht aus einer Laune heraus verlassen, um mit einem Mal Teil eines fremden Landes zu werden. Tatsächlich haben die allermeisten von ihnen sich mit systemischen Kräften auseinanderzusetzen, die sie anderswohin treiben: Dazu gehört nicht nur die Zerstörung traditioneller Lebensweisen (darunter der Verlust von Kulturen, die Überschwemmung mit Waren und Produkten aus dem Ausland, die Industrialisierung der Landwirtschaft sowie wirtschaftliche Kriegführung), sondern auch politische Verfolgung und die Auswirkungen der Klimakrise.

Wie Harsha Walia mir in einem Interview für *The Nation* erklärte, geht es beim Abbau von Grenzen im echten Sinne nicht nur um die Öffnung der

Tore, sondern auch um die Entwicklung und Sicherung zweier entscheidend wichtiger Freiheiten: der Freiheit der Bewegung und der Freiheit, ein Heim, eine Heimat zu haben und dort zu bleiben. »Es geht nicht darum, einfach nur die Grenze abzuschaffen«, sagte Walia, »und dann die ganz soziale und staatliche Gewalt unangetastet zu lassen, die die Menschen überhaupt zur Migration zwingt.«

Wenn man das weltweite Regime der Ungleichheit intakt lassen und lediglich die Grenzen öffnen würde, würde dies der gewaltsamen Entwurzelung der Menschen kein Ende machen: Ihre Bewegungen über den Globus wären immer noch erzwungen und würden lediglich etwas sanfter und reibungsloser ablaufen. »Wenn ich an eine Politik für die Abschaffung der Grenzen denke«, meinte Walia, »muss diese Teil eines größeren Projekts und einer größeren Vision sein, die die Beseitigung dieser Herrschaftsbeziehungen zum Ziel haben. Es geht um die Beseitigung der gesellschaftlich bedingten Unterschiede, um die Beseitigung des Kapitalismus in einer Weise, die auch der Spaltung zwischen dem sogenannten Norden und dem sogenannten Süden ein Ende macht.« Aber wie Mahmood Mamdani schreibt, ist es dazu nicht notwendig, »dass wir alle so tun, als wären wir dieselben, ganz im Gegenteil. Wir dürfen ganz einfach nicht mehr akzeptieren, dass die Unterschiede zwischen uns darüber bestimmen, wer vom Staat profitiert und wer von ihm marginalisiert wird.«

Wenn die Vereinigten Staaten, die Europäische Union und Australien sich entschließen würden, der Durchsetzung des Grenzregimes und dem Militär die Finanzierung zu entziehen, würden sie damit enorme Mittel freisetzen, die stattdessen für die Schaffung von Arbeitsplätzen, die Finanzierung von Schulen, die Linderung der Auswirkungen des Klimawandels, Reparationszahlungen, Kunst und eine verantwortungsbewusste Unterstützung von Gemeinschaften im Ausland verwendet werden könnten, wo Menschen zur Flucht gezwungen sind.

In dieser Vision wird die Notwendigkeit, aufgrund von Unterdrückung oder enormer Ungleichheit der Lebensbedingungen zu fliehen, beseitigt. Die Menschen würden dann vielleicht (besonders wegen des Klimawandels) immer noch wegziehen, aber die Migration wäre dann eher ein harmonischer Strom und würde sich organischer verteilen. Sie wäre weniger dauerhaft und würde nicht immer nur in eine Richtung gehen; sie wäre eher die Ausnahme, würde eine größere Vielfalt von Zielorten involvieren und würde unter würdigen und sicheren Bedingungen stattfinden.

Kurz, beim Projekt offener Grenzen kann es sich nicht um einen isolierten politischen Schritt handeln. Das Projekt muss Teil einer tiefergehenden Umstrukturierung der globalen Politik sein, zu der auch die Abschaffung des vom postkolonialen Kapitalismus etablierten Regimes der Ungleichheit gehört. Eine bahnbrechende Studie der Denkfabrik *Global Financial Integrity* von 2016 kam zu dem Ergebnis, dass entgegen dem geläufigen Narrativ die sogenannten Entwicklungsländer in Wirklichkeit als Gläubiger der restlichen Welt betrachtet werden sollten. Ungeachtet aller Behauptungen über großzügige Entwicklungshilfe an die armen Länder findet man bei Miteinberechnung des gesamten Ressourcentransfers zwischen reichen und armen Ländern in Wirklichkeit einen beständigen finanziellen Nettoabfluss von den armen an die reichen Länder, der inzwischen über eine Billion Dollar im Jahr beträgt. Die Studie zog den Schluss, dass die Entwicklungsländer von 1980 bis 2016 16,3 Billionen Dollar an die reichen Länder verloren haben. Wenn wir hier lediglich die Grenzen öffnen oder einreißen würden, statt auch den Teufelskreis der Akkumulation von Schulden, der Etablierung exportorientierter Wirtschaften und der Unterstützung autoritärer starker Männer in den ärmeren Ländern zu beenden, und wenn wir nicht alles in unserer Macht Stehende zur Geringhaltung des weltweiten Klimawandels tun, wird die Öffnung der Grenzen nur eine schwache Bremse sein, während wir weiter auf den Abgrund zurasen.

Eine mögliche Vision von einer Welt ohne Grenzen, wie sie von Jacqueline Stevens verfochten wird, wäre die Schaffung von ›Staaten ohne Nationen‹. Das heißt, die Bevölkerung würde sich immer noch durch staatliche Regierungen organisieren, aber wir würden den Teil der Gleichung, in dem von *Nation* die Rede ist, streichen, da er eine gekünstelte und oft erzwungene Identität erzeugt, die durch ausschließende Praktiken und ein räuberisches und besitzergreifendes Verhältnis zum Territorium gekennzeichnet ist.

»Wenn der historische Präzedenzfall der starken und tief empfundenen Ängste in Bezug auf die freie Bewegung zwischen Städten sich in eine historische Kuriosität verwandelt konnte«, schreibt Stevens,[12] »erscheint es

---

12   Siehe Kapitel 5 über die im kolonialen Amerika und während der Anfänge der USA in New York und Massachusetts eingeführten Armengesetze. Die Armengesetze in England waren besonders drakonisch, wie zum Beispiel 1388 unter Richard II., als ›Bettler*innen‹ das Verlassen ihrer Herkunftsgemeinden verboten wurde. Bei der

gewiss auch plausibel, dass die Beseitigung der auf dem Geburtsrecht basierenden Staatsbürgerschaft in einer ähnlichen Dynamik münden könnte.« Während die enge Bindung zwischen Territorium und Identität vielleicht untrennbar ist, baut sich Identität (nationaler, regionaler, familiärer oder welcher Art auch immer) dennoch erst im Lauf der Zeit auf, ist ständig im Wandel und immer veränderbar. Wäre die nationale Identität der USA von 2024 für die Menschen der Vereinigten Staaten von 1924 wiederzuerkennen, als die Frauen gerade erst das Wahlrecht erhalten hatten, die rassistische Jim-Crow-Gesetzgebung noch in voller Blüte stand, Katholik*innen keine öffentlichen Ämter bekleiden konnten, gleichgeschlechtliche Ehen oder die bloße Erwähnung von Rechten für Schwule und Lesben undenkbar waren, Alaska und Hawaii noch nicht einmal Teil des Territoriums waren, die Eugenik eine populäre und geachtete ›Wissenschaft‹ war, der Verkauf und der Konsum von Alkohol verboten waren und es weder eine Grenzmauer noch eine Grenzpatrouille gab? Zustände in der Vergangenheit können nachträglich kritisiert oder mit nostalgischen Gefühlen bedacht werden, ohne zu politischem – und moralischem – totem Gewicht zu werden. Kultur und Identität sind immer im Fluss, und keine Tradition, die auf Verleugnung und Ausschluss beruht, ist es wert, beibehalten zu werden, besonders dann nicht, wenn das in Leid und Tod resultieren würde.

Daher schreibt Stevens, wenn eine Abkopplung staatlicher Regierung von der Idee des Nationalismus zur Schwächung der Treue gegenüber einigen Ritualen führen würde, sei dies wohl »nur ein kleiner Preis, den man für die Beendigung organisierter Gewalt und die Befreiung von Ressourcen für schöpferischere Zwecke, für die Förderung statt der Erstickung von Regungen des Mitgefühls zu zahlen hat«.

Aber wie würde nach alldem, nach der Abschaffung nativistischer Unterdrückung und der Beseitigung der Extreme des gnadenlosen Kapitalismus – wie würde die Welt da aussehen? »Eine Karte der Welt,«, schrieb der berühmte Dichter und Theaterautor Oscar Wilde, »die nicht auch Utopia einschließt, ist nicht einmal wert, überhaupt betrachtet zu werden…« Angesichts der Tatsache, dass die gegenwärtige Weltordnung zur Verelendung von Milliarden von Menschen und zur lähmenden und manchmal tödlichen Diskriminierung von Hunderten von Millionen weiterer Menschen

---

ersten Zuwiderhandlung wurden sie ausgepeitscht, bei der zweiten wurden ihnen die Ohren abgeschnitten und nach der dritten wurden sie gehängt.

geführt hat, lohnt es sich nicht nur, über ein anderes System nachzudenken, sondern auch, sich für die Unterstützung und Verteidigung der Menschen zu engagieren, die vom gegenwärtig herrschenden System zermalmt werden. Der beste Weg, dies zu tun, ist eine Öffnung der Grenzen durch eine veränderte Gesetzgebung – oder mit militanteren Mitteln.

||||||

Und doch kann die Durchführung jedes einzelnen dieser Schritte in der realen Welt Ängste auslösen, und eine reflexartige Reaktion auf diese ist die Behauptung, dass eine Öffnung der Grenzen ins Chaos führen würde. Vor dem Hintergrund ›historischer Experimente‹ wie des Mariel Boatlift und anderer Beispiele von rascher Massenmigration ist klar, dass solche Befürchtungen unbegründet sind. Und selbst wenn die Bewegung vieler Menschen zunächst eine relativ hektische Angelegenheit sein könnte, als was soll man dann die gegenwärtige Situation an den Grenzen der Welt – Zonen des Chaos, des Verschwindens und Verschwindenlassens, sich lang hinziehender Haft und beinahe völliger Rechtlosigkeit – bezeichnen, wenn nicht als Chaos?

Eine 2021 erschienene Untersuchung des *Cato Institute* kam zu dem Ergebnis, dass Amerikaner*innen im Durchschnitt schätzten, dass die US-Bevölkerung zu 40 Prozent aus Immigrant*innen besteht. In Wirklichkeit beträgt die Zahl weniger als 14 Prozent. Diese krasse Form von Fehlwahrnehmung zeigt uns, wie jede Neuerung in einem System und jegliche neu hinzukommenden Personen Ängste auslösen können, besonders wenn die Medien beständig so darüber berichten, als brächten sie die Apokalypse mit sich: Man spricht von Einwander*innen als Wogen, Fluten, Brandungen; die bloße Mobilität der Menschen wird als Dammbruch oder Invasion betrachtet. Aber Migration ist eine ganz normale und natürliche Handlung. Die Menschen bewegen sich und wandern, und das haben sie immer getan. Immigrant*innen sind letzten Endes und alles in allem genau wie wir alle. Sie haben dieselben Bedürfnisse, Sorgen, Hoffnungen und Ängste. Sie wollen leben und ein gutes Leben haben. Die Unterschiede zwischen den Migrant*innen und den Einheimischen sind oberflächlich, haben mit der geografischen Herkunft zu tun und sind kaum größer als die Unterschiede zwischen beliebigen Nachbar*innen. Selbst in Ländern, in denen die Zahl der Migrant*innen – wie in den Vereinigten Arabischen

Emiraten, wo fast 90 Prozent der Bevölkerung aus dem Ausland kommt – wesentlich höher ist, passt sich die vorherrschende Kultur dem erfolgreich an *und* hält das aus.

Eine weitere reflexartige Reaktion ist der Einwand, offene Grenzen seien ganz einfach zu radikal. Aber was ist radikal daran, nicht gewaltsam von seiner Familie getrennt und Tausende von Meilen weit weg deportiert werden zu wollen? Was ist radikal daran, Menschen das Recht zuzugestehen, nach Würde, Sicherheit, neuen Möglichkeiten und einem besseren Leben zu suchen? Was ist radikal daran, Artikel 13 der Allgemeinen Erklärung der Menschenrechte (der bekräftigt, dass jeder Mensch das Recht hat, sein Land zu verlassen) eine notwendige und bei der Formulierung übersehene Komponente hinzuzufügen? Dieses offensichtliche, aber übersehene Gegenstück ist das *Recht, ein anderes Land zu betreten*, kommt aber in der Erklärung leider nicht vor. Zu dieser Frage schreibt Norman Finkelstein anlässlich der israelischen Blockade des Gazastreifens (aber das gilt im Hinblick auf Asyl auch für einen Großteil der restlichen Welt): »Ist es ›effektiv‹, Warnschilder aufzustellen, die besagen, *Bei Feuer den Notausgang benutzen*, wenn das Gebäude gar keinen Notausgang besitzt?« Im Fall der Migration ist das Problem nicht, dass es keinen Ausgang gibt, sondern dass die Ausgangstür verrammelt ist, wenn die Grenzen geschlossen bleiben.

||||||

Wie kommen wir also dorthin? Wir öffnen Grenzen, indem wir sie überschreiten. Wir kommen dorthin, indem wir Menschen, die in Bewegung sind, helfen und sie willkommen heißen. Wir kämpfen gegen die Kriminalisierung, Inhaftierung und Abschiebung von Migrant*innen. Wir unterstützen und beschützen unsere Nachbar*innen. Wir schließen uns gegen die ausbeuterischen Kriege und die Wirtschaftsmaßnahmen zusammen, die Menschen rund um die Welt entwurzeln und ihnen die Heimat nehmen. Wir heben den Kampf gegen den Klimawandel auf eine völlig neue Stufe.

Harsha Walia sagt dazu: »Ich glaube ganz entschieden nicht, dass die heutige Totenlandschaft der ›schrittweisen Veränderungen‹ irgendwie ›praktikabler‹ ist als radikale Transformation.«

Das ist alles gut und schön, aber wie sieht das alles am Ende wirklich aus? Hier mögen die Leser*innen einfach auf den Roman warten, der auf dieses Buch folgen wird und in unserer Zukunft mit offenen Grenzen im Jahr

2030 (oder, wenn wir zu langsam auf die Sprünge kommen, 2035) spielt. Wie die Vorkämpferin im Kampf für die Abschaffung der Gefängnisse Mariame Kaba zu der Frage, wie eine Welt ohne Gefängnisse aussehen würde, gesagt hat: »Wir werden es herausfinden, indem wir an der Durchsetzung dieses Ziels arbeiten.« Oder vielleicht beantworten wir die Frage mit einer weiteren Frage: »Wie stellen wir uns selbst eine bessere und gerechtere Welt vor?«

Sind flächendeckende Überwachung, staatliche Repression, ein Regime der Masseninhaftierung, Mauern und die beständige Bedrohung von Menschen mit Abschiebung unsere Antwort auf den Klimawandel, wachsende Ungleichheiten und einen tiefverwurzelten Rassismus? Oder können wir uns etwas Besseres vorstellen?

»Es ist an der Zeit«, schreibt Kaba, »Alternativen zu den höllischen Bedingungen ins Auge zu fassen und zu schaffen, die unsere Gesellschaft hervorgebracht hat.«

Das hätten wir in Wirklichkeit schon längst tun sollen.

Kapitel 8:
Josiel und die eisernen Obelisken

Vor einem Hilfszentrum für Migrant*innen in Nogales im mexikanischen Bundesstaat Sonora – Veranda mit ramponiertem Betonboden, grellweiß getünchte Fassade, Straßenhändlerglocken an der Tür und auf der Straße Busse, die schwerfällig die Gänge wechselten, während sie die nahegelegene Anhöhe hochfuhren – saß Josiel auf dem geborstenen Bordstein, zog die Krempe seiner Mütze über die Augen hinunter und erzählte mir, wie er, nachdem er Honduras verlassen hatte, durch Guatemala gereist war, sich zu Fuß und mit dem Zug auf den Weg durch Mexiko gemacht hatte (eine Reise, die über zwei Monate gedauert hatte und bei der er »alles verlor«) und dann mit zwei Männern und zwei Frauen, die er kurz zuvor getroffen hatte, über die Grenze zwischen Mexiko und den USA gegangen war. Sie hatten erst ein paar Tage miteinander verbracht, aber sie fühlten sich schon wie Freund*innen, erzählte er mir (er nannte mir nicht ihre Namen und wollte auch nicht, dass ich seinen verwende – er heißt nicht Josiel). Und nach einer kalten Nacht und einem langen Morgen am zweiten Tag ihrer Wanderschaft durch die Wüste kamen sie an eine Piste und sahen schwere Wagen der Grenzpatrouille am Straßenrand. Ein Beamter in einem der Trucks, der das Fenster heruntergelassen hatte, sah sie, machte die Tür auf und rief ihnen zu: *¡Párense!* Die Gruppe ließ ihr Gepäck fallen und begann zu rennen, und der Beamte stieg aus dem Wagen und rannte hinter ihnen her, während der andere Truck auf der Straße davonfuhr. Die beiden Frauen wollten nicht weglaufen und blieben bald stehen, um sich zu ergeben (›give-ups‹, nennt die Grenzpatrouille solche Leute; eine andere Kategorie sind die ›bodies‹ [Leichen]; die, die zum Bedauern der Beamt*innen entkommen, sind ›gotaways‹). Dann kam auf der Straße ein weiterer Truck angefahren und dann ein Quad-Fahrzeug und weitere Beamt*innen, und es gab wohl auch eine Drohne im Himmel, oder einen Überwachungsturm in der Nähe, oder Infrarotkameras und Bogenlampen, um die Nacht zum Tag zu machen, einen Luftballon, der sich wie ein schwangerer Drache dick am Himmel abzeichnete, in die Erde eingelassene Bewegungsmelder und schließlich die klimatisierten Überwachungszentren, von denen aus Beamt*innen all das aus der Ferne beobachten: Sie streben nach ›operativer Kontrolle‹, um alles zu sehen und alles und jede*n aufzuhalten, außer den Dingen, die sie nicht aufhalten wollen.

Jetzt kamen schon die andere Beamt*innen herbei, sagte Josiel, aber wir rannten einfach: Sie kämpften sich durch die stacheligen Büsche, versuchten, durch die Lücken zu schlüpfen und wussten nicht, ob sie es schaffen würden oder ob man sie einfangen würde; sie wussten nicht einmal, in welche Richtung sie rannten. Ein paar Minuten später – waren sie ihren Verfolger*innen entkommen? – und bereits erschöpft liefen sie allmählich langsamer und kamen an eine andere, aber in Wirklichkeit dieselbe Straße und mussten erkennen, dass sie im Kreis gerannt waren, und da hörten sie den dröhnenden Motor eines Trucks und sprangen blitzschnell zurück in das dürre Buschland und pressten sich durch das Stechen und Ziehen der Dornen, bis sie an eine Lichtung kamen und über sie hinwegrannten, und Josiels Sicht verschwamm von dem Blut, das jetzt wieder in seinem Kopf hämmerte, und dem Schweiß in seinen Augen und dann kamen er und die beiden anderen Männer an eine nicht sehr hohe ›Büffelklippe‹, die vielleicht vier oder fünf Fuß in die Tiefe ging, und die sie im Lauf fast hinuntergefallen wären – sie war gar nicht so hoch, sagte er, aber der Boden unten war uneben und voller Steine und Geröll und sie hatten wackelige Beine, ihre Lungen brannten und die Grenzwächter*innen befanden sich mit gezogenen Waffen hinter ihnen, und Josiel fiel mehr als er sprang, und er stolperte und rappelte sich hoch, um weiter zu rennen, bis er von hinten das laute Knacken eines Knochens hörte.

Einer der Männer, es war eigentlich eher ein Junge, einer der neuen Freunde, die er gerade erst getroffen hatte, war falsch aufgekommen. Er schoss mit dem Körper nach vorne, aber sein Fuß kam nicht nach, da er mit dem Schienbein gegen einen Felsen geknallt war, und der Knochen krachte, als sei er ein Stück Feuerholz. Blitzschnell bohrte sich eine scharfe Kante des Knochens durch die Haut, der Junge sank in sich zusammen und Blut strömte an seinem Bein hinunter, während ihm ein heftiger Schmerz durchs Rückgrat und ins Gehirn schoss.

Es blutete sehr stark, berichtete Josiel mir. Er zog sein Hemd aus und wickelte es um das Bein des Jungen, aber das Blut quoll hindurch und der andere Mann zog den Jungen zu sich hinüber und presste ihn fest an sich, als versuchte er, ihn zu umarmen, um ihm gegen den Schmerz zu helfen, und dann zog Josiel seinen Gürtel aus und schlang ihn dem Jungen um den Schenkel, um zu versuchen, den Blutstrom zu verlangsamen. Der Junge atmete so mühsam, dass man fast gar keine Bewegung der Brust sah, und außer dem sägenden Atem und dem strömenden Blut und dem Schweiß war die Welt still geworden und Josiel erinnerte sich, wie er dachte: *Und jetzt?*

Die Grenzwächter*innen hatten sie nicht gefunden, aber sie suchten immer noch nach ihnen und er sagte: »Ich wollte ihn nicht zurücklassen, aber« – er pausierte – »ich wollte auch nicht, dass sie mich kriegen.«

Die Sonne ging allmählich unter. Josiel horchte, ob die Grenzer*innen ihnen auf der Spur waren, aber alles, was er hörte und sah und wahrnahm, waren das Auf und Ab seines eigenen trockenen Atems und der infernalische Schmerz des Jungen neben ihm, die Wüste, die am Abend begann, zu knistern und zu seufzen und zu summen, die Arme und Spindeln der sich gegen den Himmel abzeichnenden Kakteen, das wahnsinnige Gejaule von Coyoten in der Ferne, Raubtiere auf der Jagd – und dann hörte er es, das Durchdrehen und das trockene Spucken von Reifen auf dem Sand. Und dann ein bedrohlicher Ruf und Josiel erklärte dem verletzten Jungen, dass er ihn jetzt zurücklassen werde.

Auch der andere Mann stand auf und machte sich bereit, sich ebenfalls in Sicherheit zu bringen. »Gib' uns eine Minute, um loszulaufen«, sagte Josiel, »und dann schrei so laut du kannst, damit sie zu dir kommen. Lass uns erst von hier wegkommen, und dann schrei und schrei und schrei, OK? OK?« Und dann rannten er und der andere Mann los und er erinnert sich nicht daran, einen Schrei gehört zu haben; er verlor den anderen Mann und alles, woran er sich noch erinnert, sind sein stampfender Atem und der Schmerz in seiner Brust, der Schmerz in seinem Rücken und seinen Beinen und dann, immer noch im vollen Lauf, sah er die Grenzwächter*innen im Gegenlicht auf einem Kamm in der Nähe mit Ferngläsern vorm Gesicht, und er duckte sich nieder und drängte sich ins Gebüsch. »Sie sahen mich nicht«, sagte er. »Ich konnte sie sehen, die Grenzer*innen da oben auf dem Kamm, ungefähr fünf von ihnen, wie sie nach mir suchten. Es waren auch Trucks da. Ich rührte mich nicht.« Es war fast dunkel. Er drückte sich noch tiefer ins Gestrüpp.

Er war müde. Hatte Schmerzen. Angst. Er konnte sich nicht bewegen. Er wartete, bis die Beamt*innen gingen und – so sagte er mir – »als ich versuchte, wieder aufzustehen, ging es nicht, ich konnte einfach nicht«, und so kroch er zurück in seinen Busch und schließlich, viel später in dieser

Nacht, es war schon fast Morgen, stand er auf, stand auf und begann weiterzugehen, und zuerst wusste er nicht, wo er hinging, er war vollkommen benommen – was war passiert, was hatte er getan, warum hatte er den Jungen mit dem gebrochenen Bein zurückgelassen? Konnte er ihn wiederfinden? Er wanderte herum, ging hin und her, suchte nach dem Jungen, aber nichts kam ihm bekannt vor.

Schließlich lief Josiel nach Mexiko zurück, zurück über die Linie, die 1853 etabliert wurde, als der *Gadsden Purchase* die Grenze von dort, wo sie 1848 mit dem Vertrag von *Guadalupe Hidalgo* – dem *Treaty of Peace, Friendship, Limits, and Settlement* –, mit dem die Annexion der Hälfte Mexikos durch die USA offiziell gemacht wurde, gezogen worden war, ein Stück nach Süden verlegte.[1] Josiel brauchte fast vier Tage, um zurück über diese Linie zu laufen. Er aß Blätter, Wurzeln, alles, was er finden konnte, er war fast tot und lief immer noch, und dann war er wieder zurück auf dieser Seite oder auf jener Seite, der richtigen oder der falschen Seite der Grenze, je nachdem, wie man sie betrachtet.

Die genaue Aufteilung zwischen den beiden Ländern – auf Land im Gebiet der heutigen Bundesstaaten Arizona und Sonora, das den O'odham, Apache, Pima, Jano, Cocopah, Maricopa und anderen indigenen Gruppen gehörte und das man ihnen gestohlen hatte – wurde Ende des 19. Jahrhunderts zunächst durch eine Reihe von Steinhaufen markiert, die von Ranchern und Goldschürfern, die sich möglichst viel Weideland und Rohstoffrechte aneignen wollten, immer wieder versetzt und von hier nach da und wieder zurück getragen wurden. Die Steinhaufen wurden schließlich durch 200 eiserne Obelisken ersetzt, die 150 Dollar pro Stück kosteten und entlang der 1.800 Meilen langen Grenze aufgestellt wurden, einer Grenze, die jetzt durch eiserne Zäune, Fahrzeugsperren, Wachtürme, nicht identifizierte Leichen, ein Bombentestgelände, offene Wüste und einen Fluss markiert ist. »Die Region, die später zur Grenze zwischen den USA

---

1 In den 1960er-Jahren führten Gruppen, die in erster Linie von Hispanier*innen (Nachkommen einiger der ursprünglichen spanischen Kolonisator*innen New Mexicos) geführt wurden, einen Kampf um die Neuverhandlung des Vertrags und forderten die Wiederherstellung der Landzuteilungen, auf die man sich Mitte des 19. Jahrhunderts geeinigt hatte. Später, 2018, wurde im Kongress ein Gesetz, H.R. 6365, eingebracht, um »die *Treaty of Guadalupe Hidalgo Land Grant-Merced Claims Commission* und andere Maßnahmen zur Rückgabe von Land zu etablieren, mit der die Härten ausgeglichen werden sollten, die aus der unvollständigen und unfairen Implementierung« des ursprünglichen Vertrags resultierten.

und Mexiko werden sollte«, schreibt Joseph Nevins, »war in den 1800ern eine dynamische, multinationale Zone fluider Identitäten und poröser und flexibler sozialer Grenzen.« Das ist vorbei. Wie Rachel St. John es in *Line in the Sand* ausdrückt: »Dort, wo jetzt die westliche Grenze ist, war vor dem Vertrag von Guadalupe Hidalgo einfach gar nichts. [...] Sie zogen eine Linie über die Landkarte und erfanden einen vollkommen neuen Raum, wo zuvor keiner gewesen war.«

Josiel wusste nicht, was aus dem jungen Mann mit dem gebrochenen Bein geworden war. Er hatte auch keine Ahnung, was er als nächstes tun würde. Wir hockten zusammen auf dem Bordstein vor dem Hilfszentrum. Er sah friedlich, müde und sehr verloren aus. Seine flachkrempige Dodgers-Mütze war ganz bis zu den Augenbrauen hinuntergezogen und ich musste den Kopf senken, um ihm in die Augen sehen zu können.

Man verlässt das Land, erklärte er mir, wegen der Kriminalität und der Armut.

»In meinem Land zahlen sie mir für einen ganzen Tag Arbeit fünf Dollar. Den ganzen Tag unglaublich harte Arbeit ohne etwas zu essen. Es ist zu wenig, um die Miete zu zahlen, aber genug fürs Essen – um zu überleben. Es ist hart, durch die Wüste zu laufen. Man hat da viel zu erdulden. Du machst so viel durch, wovon keiner spricht, das kannst du nicht verstehen, wenn du es nicht erlebt hat. Wenn jemand sich ein Bein bricht und nicht mehr laufen kann und niemand dir folgt, kannst du etwas tun, du kann die Person tragen, aber wenn jemand hinter dir her ist und versucht, dich zu kriegen, und du entkommen muss, und wenn dein Freund verletzt ist, wie der Junge, der sich das Bein gebrochen hatte – Ich wollte ihm helfen, ihn tragen, aber ich wollte auch nicht, dass sie mich kriegen. Es war schwer für mich, ihn da liegen zu lassen, einfach wegzurennen, aber obwohl es mir in der Seele weh tat, musste ich ihn dalassen. Ich denke, dass er gestorben ist. Ich glaube, das ist es, was passiert ist. Ich glaube, er ist da verblutet. Es kam einfach zu viel Blut aus seinem Knochen.«

Josiel bat mich, die Audioaufnahme anzuhalten. Er hätte sich gewünscht, nie eine solche Entscheidung treffen zu müssen. Er wünschte, er hätte den Jungen nicht zurückgelassen. Er wünschte, er hätte nicht getan, was er getan hatte. »Ich wünschte«, sagte er, und dann hielt er inne, oder er konnte den Gedanken nicht zu Ende aussprechen.

||||||

Kapitel 8: Josiel und die eisernen Obelisken

In den ersten beiden Dekaden des 20. Jahrhunderts haben die Vereinigten Staaten mehr als 400 Milliarden Dollar für die Durchsetzung ihres Immigrations- und Grenzregimes ausgegeben. In demselben Zeitraum sind mindestens 10.000 Menschen bei dem Versuch, über die US-amerikanisch-mexikanische Grenze zu kommen, gestorben (das ist die offizielle Zahl; die tatsächliche Zahl ist wahrscheinlich zwei- bis dreimal so hoch oder noch höher). Viele sind auch auf ihrem Weg in Richtung USA gestorben, das heißt, bei der Reise durch Mexiko und Mittelamerika oder während sie sich durch den Dschungel des Darién Gap kämpften, der Süd- und Mittelamerika voneinander trennt. Auch Europa wendet jedes Jahr Milliarden von Euro für die Unterhaltung seines Grenzregimes auf und Zehntausende von Migrant*innen sterben auf ihrem Weg zu diesem Kontinent, sie ertrinken im Mittelmeer oder werden auf früheren Stationen ihrer Reise, die sie durch Afrika nach Norden führt, zu Opfern der Wüste, diverser Verbrecher und des Sandes und der Schakale. Von 2005 bis 2015 haben weltweit schätzungsweise 100.000 Migrant*innen bei dem Versuch, über eine Grenze zu kommen, den Tod gefunden. (Die Frage, was die Statistik für die zehn Jahre danach erbringen wird, ist zutiefst alarmierend. Die doppelte oder die dreifache Zahl? Mehr als eine Viertel Million Tote an den Grenzen dieser Welt?)

»Ich trat über die Grenze und ich konnte es sofort spüren«, erklärte mir ein Mann aus El Salvador über seine ersten Momente in den Vereinigten Staaten. »Ich war weniger wert als die anderen.«

Warum? Warum geben wir so viel Geld für ein Projekt aus, das Tod und Entmenschlichung bringt? Die Verfechter*innen von Einwanderungsbeschränkungen werden uns sagen, dass wir das tun, um das Heimatland zu schützen, die Integrität des Nationalstaates aufrechtzuerhalten, die Souveränität zu verteidigen und für unsere und die Sicherheit der Unsrigen zu sorgen. »Ein Land ohne Grenzen ist überhaupt kein Land«, hat Donald Trump immer wieder gesagt und damit nur wiederholt, was auch so viele andere sagen. Aber eine überzeugendere Formulierung sagt uns genau das Umgekehrte, nämlich, dass eine Grenze ohne Nation keine Grenze ist. Es ist die Nation, die wie im Kino für die Lichter, die Platzanweiser*innen, die Wimpel und den Vorhang sorgt, der dann für die große Show der Grenzen aufgezogen wird. Und Show ist für die Nation von größter Bedeutung. Sie ist das, was die Konglomerate von Menschen, die Benedict Anderson als »imaginierte Gemeinschaften« bezeichnet hat, zusammenhält – sie ist das nationale Bindeglied zwischen weit entfernten und sehr verschiedenen Bürger*innen. Die Künstlichkeit dieser Verbindung ist der Grund, weshalb Nationen sich an Festtagen, in Museen, in Schulbüchern und mit all dem Pomp und Geschnatter in Politik, Medien und Populärkultur feiern. Der bekannte Spruch von Trump erinnert an ein angebliches Zitat Ronald Reagans: »Eine Nation, die nicht imstande ist, ihre Grenzen zu kontrollieren, ist keine Nation.« Aber was ist Kontrolle? Muss Kontrolle bedeuten, dass man Menschen heraussiebt, einsperrt und tötet?

»Ich möchte nur, dass meine Kinder es warm haben«, sagte Abu Yassin mir. »Ich möchte sie nicht an die Kälte verlieren. Ich möchte nichts als ein Haus mit Fenstern, das die Kälte und den Wind draußen hält.« Was Abu Yassin daran hindert, dieses Haus zu haben, ist die Grenze.

Die Grenzen, über die Josiel erst hin- und dann wieder zurückging, die den Weg Abu-Yassins und Shafas blockierten, sind rechtliche Fiktionen. Sie sind nicht durch Eigenschaften der Landschaft oder durch klare kulturelle oder sprachliche Unterschiede bestimmt. Sie stellen, wie der Ausdruck, den die ostdeutsche Stasi dereinst benutzte, lautet, die *Mauer im Kopf* dar.

»Wenn mein Vater jemand anderes gewesen wäre, oder ein US-Bürger, denke ich, dass man ganz anders nach ihm gesucht hätte«, sagte eine junge Frau über ihren Vater, der in derselben Wüste, die Josiel zu überwinden versucht hatte, verschwunden war.

Mit der Wahl, vor der Josiel stand – das Leben seines Freundes oder seine eigenen Möglichkeiten – steht er nicht allein da: Menschen, die in Grenzregionen leben, sind gezwungen, sich mit ihrer eigenen Entmenschlichung auseinanderzusetzen, da man sie dazu zwingt, noch die elementarsten Bitten um Menschlichkeit zu ignorieren. Viele Menschen, die sich eine Weile in den Grenzgebieten der Welt aufhalten, sehen sich vor ähnlichen moralischen Problemen.

Die enorme Maschinerie des Staates, ihre Antipathie und ihre Angst gegenüber den Anderen, ihre Kriminalisierung grundlegender Akte des Überlebens und der Menschlichkeit, ja, der Menschen selbst, zerstört alles Gute, das die Zivilisation uns gegeben hat. Wir handeln nicht nur deshalb nicht so, wie wir einander behandeln sollten, und wir handeln nicht nur deshalb nicht aus Nächstenliebe und Mitgefühl, weil wir den Staat fürchten, sondern auch, weil der Staat seine eigene Angst in uns eingepflanzt hat: die Angst vor den Anderen.

1951 schrieb Hannah Arendt, was für das 20. Jahrhundert beispiellos sei, sei »nicht der Verlust der Heimat, wohl aber die Unmöglichkeit, eine neue zu finden«. Im 21. Jahrhundert werden in beiderlei Hinsicht neue Maßstäbe gesetzt werden: Mehr Menschen werden ihre Heimat verlieren und mehr Menschen werden es noch schwerer haben, eine neue Heimat zu finden. Das Ausmaß der Entwurzelung heute ist größer als alles, was Menschen bisher erlebt haben. 2020 waren mindestens 80 Millionen Menschen gewaltsam aus ihrer Heimat entwurzelt. Aber wie Arendt diagnostiziert, ist das Problem nicht, und war es nie, das Fehlen möglicher Heimaten, sondern die Tatsache, dass sie außer Reichweite sind – blockiert von Grenzen und dem Regime der Grenzpolizei. Gleichzeitig sehen wir jedes Jahr ein Wachstum grenzüberschreitender Handels- und Finanztransaktionen. Im Jahr 2021 machte der internationale Handel mehr als 50 Prozent des weltweiten BIP, 50 Billionen Dollar, aus. Wie lösen wir dann das Problem – das vorsätzliche Desaster – der Entwurzelung, des Leids und des vorzeitigen Todes von Millionen von Migrant*innen, die hinter Grenzen in der Falle sitzen?

Ein Weg dazu besteht in der Öffnung der nationalen Grenzen und in neuen Visionen von einem besseren und schöneren Leben für alle. Es ist schwer zu sagen, wie genau eine praktikable und faire Lösung aussehen könnte, und beides ist ja nicht immer dasselbe, aber wir haben klare und reichliche Belege für das, was *nicht* funktioniert.

Immer dringlichere und realistischere Warnungen sagen uns, dass der Klimawandel bald große Teile der Welt unbewohnbar machen wird. Trotz dieser sich immer deutlicher abzeichnenden düsteren Realität wird die Idee offener Grenzen beständig abgetan und die Formulierung selbst ist mittlerweile zu einer Art Schimpfwort geworden: ein Anzeichen von kindischem Idealismus und dem Wunsch, politischen Selbstmord zu begehen.

Vor gerade erst einmal hundert Jahren hatten die Vereinigten Staaten noch, wenn man nicht gerade Asiat*in, Ir*in oder arm war, de facto offene Grenzen. Es gab keine Mauer. Tatsächlich gab es fast nirgendwo auf der Welt Grenzmauern. In den 1950er-Jahren hatten die USA die Inhaftierung von Menschen wegen Einwanderungsvergehen so gut wie vollkommen eingestellt.[2] Und noch 1984 brachte das eingefleischt konservative *Wall Street Journal* eine Gastkolumne, in der ein aus fünf Worten bestehender

---

2   Unter der Trump-Regierung erreichte die Zahl der täglich in Haftzentren eingesperrten Immigrant*innen eine Rekordzahl von 55.000 Menschen.

Verfassungszusatz gefordert wurde: »Es soll offene Grenzen geben.« Heute vertritt die Zeitung nicht mehr dieselbe Position. Stattdessen ruft sie nach einer »schärferen Asylgesetzgebung«, »stärkeren Abschreckungssignalen« und einer »strafferen Sicherung der Grenzen«.

»Heute ist für die Menschen das Recht der Staaten auf die Kontrolle über den Zutritt zum eigenen Territorium etwas völlig Vertrautes und Akzeptiertes – ein Vorrecht, das mittlerweile als eines der wichtigsten Kennzeichen von Souveränität verstanden wird«, schreibt der Soziologe John Torpey. Aber der Gedanke, es müsse überall nationale Einwanderungskontrollen geben, ist ein Phänomen jüngeren Datums. Vor dem Ersten Weltkrieg »war ein deutscher Analytiker des internationalen Passsystems nicht in der Lage, einen Konsens für die Ansicht zu finden, derzufolge Staaten ein eindeutiges Recht haben, Fremden den Zutritt zu ihrem Territorium zu verwehren.«

Wie schnell wir doch vergessen. Wenn Kommentator*innen, Liberale und Konservative den Ruf nach offenen Grenzen verdammen oder als unrealistisch abtun, wissen sie dann überhaupt, was sie verdammen und ablehnen? Der andere Pol der Konversation – geschlossene Grenzen und ein drakonisches Antieinwanderungsregime – ist nun einmal leichter vorstellbar. Von Grenzmauern schwärmende Hurrapatriot*innen, Nationalist*innen und Isolationist*innen machen sich entschieden für eine klar definierte Vision stark: höhere Mauern, militarisierte Lockdowns, Massenabschiebungen und religiös motivierte Einwanderungsverbote.

Aber da immer größere Teile der Weltbevölkerung entwurzelt werden und sich auf die Wanderschaft machen, ist der Versuch, Menschen durch Mauern auszuschließen, weder durchführbar noch in irgendeiner Hinsicht human.

Sich bewegen, Ziel einer Bewegung sein. Eine Grenze überschreiten, eine Grenze errichten. Beide Handlungen erwecken einige unserer elementarsten Leidenschaften. Wir wandern, um zu überleben. Wir verteidigen unsere Position. Wir migrieren. Wir bleiben, wo wir sind.

Durch kluge Politik und durch sorgfältiges Nachdenken und Handeln können die beiden Positionen miteinander versöhnt werden.

21 Argumente für offene Grenzen

»Das Recht auf Bewegung; das Recht auf Migration; das Recht, das keiner besonderen Rasse, sondern allen und allen gleichermaßen gehört. Es ist das Recht, das ihr in Anspruch nehmt, indem ihr hierbleibt, und das unsere Väter in Anspruch nahmen, indem sie hierherkamen. Es ist dieses große Recht, dass ich für die Chinesen und Japaner und für alle Arten vom Menschen im selben Maß wie für euch in Anspruch nehme, jetzt und für immer.«
– Frederick Douglass in seiner Rede »Gemischte Nationalität« (1869)

»Von allen spezifischen Freiheiten, die uns in den Sinn kommen mögen, wenn wir das Wort Freiheit hören, ist die Bewegungsfreiheit nicht nur die historisch älteste, sondern auch die elementarste.«
– Hannah Arendt, »Von der Menschlichkeit in finsteren Zeiten« (1959)

1. Es hat nicht immer Grenzen gegeben
2. Immigrant*innen nehmen keine Arbeitsplätze weg – sie schaffen welche
3. Immigrant*innen sind keine Belastung für den Staatshaushalt
4. Grenzen tun nichts gegen Verbrechen und Gewalt, sie bringen beides hervor
5. Immigrant*innen sind keine Gefahr für Gemeinschaften, sondern sorgen für ihre Belebung
6. Migrant*innen sorgen für Verjüngung
7. Offene Grenzen führen zu keinem Ansturm von Migration
8. Der Unsinn des Nationalismus
9. Geschlossene Grenzen sind unmoralisch
10. Es geht hier nicht um Brain-Drain
11. Das libertäre Argument

12. Die entmenschlichende Grenzmaschinerie ist auch für die Einheimischen schlecht
13. Eine Öffnung der Grenzen ist wirtschaftlich klug
14. Offene Grenzen sind eine dringliche Antwort auf die Klimakrise
15. Offene Grenzen sind ein Beitrag zur Entschädigung und Entkolonisierung
16. Die Weltreligionen sind sich einig: Öffnet die Grenzen
17. Geschlossene Grenzen sind rassistisch
18. Mauern funktionieren nicht
19. ›Intelligente‹ Mauern sind dumm
20. Das Recht auf Migration / Das Recht auf Bleiben
21. Das einfache Argument

Die meisten Argumente für offene Grenzen beginnen, indem sie sich mit Gegenargumenten auseinandersetzen und versuchen, die Angst vor Übervölkerung, zusammenbrechenden Sozialsystemen, schrumpfenden Volkswirtschaften oder allgemeinem Chaos zu beschwichtigen. Diese Arbeit ist sehr wichtig, und sorgfältig entwickelte Argumente können die nativistische Angstmache leicht widerlegen, aber das Argument für offene Grenzen muss letztlich ein positives sein. Es muss erklären, warum die Freiheit, fortgehen zu können, zusammen mit der Freiheit und der Möglichkeit zu bleiben, wo man ist, ein notwendiges Gut ist. Es muss außerdem klarmachen, warum eine Welt, die *nicht* in exklusive Nationalstaaten mit militarisierten Grenzen aufgeteilt ist, egalitärer wäre, warum sie Diversität statt Angst kultivieren würde und wie sie einen Beitrag zur Schaffung einer Situation leisten würde, in der Nachhaltigkeit und Gerechtigkeit den Vorrang vor Raubbau und Ausbeutung gewinnen.

Wenn wir die Grenzen öffnen, wird es keinen überwältigenden Zustrom von Migrant*innen geben, die Löhne werden nicht in den Keller fallen, es wird keinen lähmenden Ansturm auf staatliche Leistungen und auch keinen Anstieg der Kriminalität geben. Das alles stimmt, aber politische Programme werden nur selten durchgesetzt, indem man eine Defensivposition einnimmt. Die Beschwichtigung unbegründeter Ängste kann diese paradoxerweise noch verfestigen. »Alle Bewegungen brauchen einen Anker in einer geteilten positiven Vision«, schreibt Harsha Willis, »und zwar nicht als homogenes oder genaues oder perfektes Bild, wohl aber eines, das die Auflösung von Hierarchien, den Abbau von Machtkonzentrationen, die Schaffung gerechter Beziehungen und die Förderung individueller Autonomie und kollektiver Verantwortlichkeit vorsieht.« Warum fehlt das fundamentale Recht auf Bewegung überall auf der Welt und warum wird es sogar noch immer weiter eingeschränkt? Warum beklagen und unterbinden Staaten Verstöße gegen das Recht auf Meinungs- und Pressefreiheit oder das Recht auf Freiheit von staatlicher Unterdrückung überall auf der Welt, während sie selbst begeistert gegen das Recht auf Bewegungsfreiheit verstoßen? Unterscheidet sich dieses Recht irgendwie vom Recht auf Meinungsfreiheit oder sonstige Freiheiten? Warum ist das Recht, das eigene Land zu verlassen, in der Allgemeinen Erklärung der Menschenrechte der UN enthalten, aber nicht das Recht auf Zutritt zu einem anderen Land? In einer Welt, die (fast) völlig in Nationalstaaten aufgeteilt ist, ist das Recht, fortzugehen, ohne das Recht, anderswo hingehen zu können, nur ein halbes Recht.

Unautorisierte Migration sollte als ein radikaler politischer Akt betrachtet werden, ganz gleich, ob es sich um Asylsuchende, die um ihr Leben fliehen, oder um arme Menschen handelt, die sich nach einem besseren Leben sehnen. Sie ist ein individueller Akt und oft eine Reaktion auf Notwendigkeiten, aber zugleich attackiert und untergräbt sie auch ein gewalttätiges System kolonialer Herrschaft. Die Siedlerkolonialist*innen in den USA betrachteten sich als Subjekte, die sich gegen eine repressive Herrschaft auflehnten und wurden als solche gefeiert. Die heutigen Migrant*innen, die ihr fundamentales Recht auf Bewegungsfreiheit ausüben, migrieren auf viel friedlichere Weise als die damaligen Siedler*innen und Kolonist*innen. Sie sind keine Bedrohung der Freiheit, sondern eine sehr willkommene Bedrohung eines globalen Unterdrückungssystems. Schon die Tatsache, dass sie ihre Rechte in Anspruch nehmen, macht sie zu Freiheitskämpfer*innen.

Wie im Fall der mutigen Aktivist*innen, die sich dem Rassismus widersetzten und ihren Platz nicht aufgaben, die sich Panzern entgegenstellten, die sich weigerten, eine Waffe in die Hand zu nehmen, oder die ihre Stimmen gegen repressive Institutionen erhoben und diese stürzten, ist es auch jetzt an der Zeit, mutig zu handeln, um das System der geschlossenen Grenzen in ein Relikt der Vergangenheit zu verwandeln und es auf den Müllhaufen der Geschichte zu befördern.

Die Grenzen zu öffnen ist möglich. Wir müssen nur herausfinden, wie wir an diesen Punkt gelangen. Ein notwendiger erster Schritt in Richtung einer Garantie des Rechts auf Bewegungsfreiheit und seiner Ausübung ist ein Verständnis seiner Implikationen und Verheißungen. Es folgt nun eine kurze und keineswegs erschöpfende Liste einiger der simplen Argumente, die erklären, warum offene Grenzen ein wirtschaftlicher, ökologischer und ethischer Gewinn wären.

1. Es hat nicht immer Grenzen gegeben

In den Vereinigten Staaten des 19. Jahrhunderts konnten sich viele eine Welt ohne Sklaverei nicht vorstellen, und selbst die meisten Abolitionist*innen waren der Meinung, man solle diese ›spezielle‹ Institution ganz langsam und allmählich zum Verschwinden bringen. Das Problem mit dem schrittweisen Verschwinden der Sklaverei war jedoch, dass sie sich – rückblickend gesehen – in ihren letzten Jahren und ungeachtet des Wachstums der abolitionistischen Bewegung sogar noch tiefer festsetzen und noch profitabler werden konnte. In den 1850er-Jahren wuchsen der auf Sklavenarbeit beruhende Anbau und die Ausfuhr von Baumwolle im amerikanischen Süden fast auf das Doppelte an. Von 1850 bis 1860 wuchs der Marktwert einer versklavten Person von etwa 1.000 Dollar auf 2.250 Dollar, ein Anstieg von über 100 Prozent in nur zehn Jahren. Und dann wurde kaum fünf Jahre später die Sklaverei gesetzlich abgeschafft.

Um ein Gefühl dafür zu bekommen, mit welcher moralischen Selbstgewissheit und welcher Zuversicht in ihre Dauer die Sklaverei – selbst noch in ihren letzten Jahren – von vielen gesehen wurde, können wir uns einige Zeilen aus einem Editorial der Zeitung *Atlanta Confederacy* von 1860 ansehen: »Wir betrachten jeden Menschen in unserer Mitte als einen Feind der Institutionen des Südens, der nicht kühn erklärt, dass er die Versklavung der Afrikaner als sozialen, moralischen und politischen Segen betrachtet.« Wenn jemand die Sklaverei nicht als solchen Segen betrachtete, so der Kommentar weiter, sollte man von dieser Person »verlangen, das Land zu verlassen«.

Die abrupte politische Kehrtwende kam nur fünf Jahre später, beendete einen unerschütterlich scheinenden Status quo und veränderte das Leben von Millionen von Menschen zutiefst. (Natürlich wurde die Sklaverei in den folgenden Jahren in anderer Form wiedereingeführt.) Radikale Veränderungen mögen wie ein ferner Traum erscheinen, aber politische Institutionen sind allesamt Konstrukte, die nur durch konzertierten menschlichen

Willen und bürokratische Trägheit am Laufen gehalten werden. Wenn dieser Wille sich auf etwas anderes richtet oder verschwindet oder die sie tragende Bürokratie aufgelöst wird, können Institutionen von einem Tag auf den anderen in sich zusammenbrechen. Dann können neue und gerechtere, von der Tradition unbelastete Institutionen aufgebaut werden.»Im 12. Jahrhundert hat niemand den Kapitalismus vorhergesehen«, schreibt Jacqueline Stevens. »Gerade die Neinsager im Bereich der sozialen Veränderung, diejenigen, die die Zukunft immer aus der Gegenwart ableiten, haben in der Geschichte oft genug das Nachsehen gehabt.«

Im Mainstream wird heute vielleicht nur die Unterstützung für den Spätkapitalismus als noch selbstverständlicher betrachtet als die Unterstützung von Grenzrestriktionen. Ironischerweise reichen Grenzen aber insofern noch auf den Vorgänger des Kapitals, den Feudalismus, zurück, als sie die Menschen lediglich aufgrund des Zufalls ihrer Geburt aufteilen und gegebenenfalls zurückweisen.

Einige Wissenschaftler*innen betrachten das Bestreben der Nationen, die Grenzen zu schließen und sie zu hypermilitarisieren, als einen letzten verzweifelten Versuch zur Wiederherstellung der nachlassenden Wirkungsmacht des Nationalismus. Die politische Theoretikerin Wendy Brown schreibt dazu:

> »Mauern weisen nicht nur auf ein Nachlassen der staatlichen Souveränität hin, sondern sie beschleunigen dieses: Sie verwischen die Grenzen zwischen den polizeilichen und den militärischen Funktionen des Staates; sie bringen neue Arten von Selbstjustiz in den Grenzgebieten hervor; sie fördern die transnationalen Identifikationen, die ihrerseits Forderungen nach einer stärkeren Ausübung staatlicher Souveränität, effektiverem Mauerbau und weniger Flexibilität in den Reaktionen auf die Wechselfälle und Instabilitäten der Globalisierung auslösen.«

Während der weltweite Handel und die weltweite Vernetzung wachsen und während der Klimawandel Menschen aus ihrer Heimat vertreibt, machen Nationen, die sich einmauern, damit nur den vergeblichen Versuch, eine immer diffuser werdende geopolitische Macht festzuhalten.

Geschlossene Grenzen sind eine relativ neue politische Erscheinung. Während der ersten hundert Jahre des Bestehens der Vereinigten Staaten gab es auf Bundesebene keinerlei Einwanderungsgesetze und bis Ende der 1990er-Jahre gab es an der Grenze zwischen den USA und Mexiko keine nennenswerten Zäune oder Mauern. Laut dem Migrationsforscher Reece

Johnson existierten noch 1990 weltweit nur 15 internationale Grenzmauern. Heute liegt diese Zahl irgendwo zwischen 80 und 90. Aber Veränderungen können immer in beide Richtungen gehen, und diese Zahl könnte somit bald wieder auf 15 oder auch auf null fallen.

Grenzen waren nicht immer da. Und sie waren ganz bestimmt nicht immer so wie jetzt – militarisierte Zonen, in denen Menschen ihrer Rechte beraubt werden, nur weil sie eine imaginäre Linie überschritten haben. Und es wird auch Grenzen, wie sie jetzt sind, nicht immer geben.

2. Immigrant*innen nehmen keine Arbeitsplätze weg – sie schaffen welche

Ökonomische Studien quer über das politische Spektrum hinweg besagen, dass Einwander*innen mehr Arbeitsplätze schaffen, als sie wegnehmen, und dass die Jobs, in denen sie dann arbeiten, für die grundlegenden Funktionen eines Großteils der westlichen Gesellschaften unverzichtbar sind. Eine unter der Bush-Regierung durchgeführte Studie des US-Arbeitsministeriums stellte fest, die Meinung, laut der die Immigrant*innen den Einheimischen Arbeitsplätze wegnehmen, sei »der hartnäckigste Irrtum der öffentlichen Meinung in Bezug auf Einwanderung«. Ein umfassender Bericht der Cornell University von 2016 kam zu dem Schluss, Migration habe »langfristig wenige bis gar keine negativen Auswirkungen auf das allgemeine Lohn- und Beschäftigungsniveau der einheimischen Arbeitskräfte«.

Ein Großteil der Verwirrung hierüber resultiert aus dem Irrtum über das ›Arbeitsquantum‹, den das *Cato Institute* als die »fundamentale Fehlkonzeption« bezeichnet, laut der »es in einer Gesellschaft eine feste Summe an Arbeit gibt«. Der Wirtschaftswissenschaftler Jonathan Portes erklärt dazu:

> »Es stimmt, dass britische Arbeiter*innen, wenn Immigrant*innen einen bestimmten Arbeitsplatz bekommen, diesen Job nicht mehr bekommen können – aber das heißt nicht, dass sie nicht einen anderen Arbeitsplatz finden können, der direkt oder indirekt als Resultat von Einwanderung geschaffen wurde.«

Zahlen der britischen Zoll- und Steuerbehörde zeigen, dass im Rechnungsjahr 2013/14 Neuankömmlinge in Großbritannien 2,54 Milliarden Pfund mehr an Einkommensteuer und nationalen Versicherungsbeiträgen zahlten, als sie an Steuergutschriften oder Familienbeihilfen erhielten. Das britische Amt für Haushaltskontrolle hat geschätzt, dass die Arbeit der

Migrant*innen für einen Extra-Wirtschaftszuwachs von 0,6 Prozent sorgt. Dieses Wirtschaftswachstum bedeutet zugleich mehr Arbeitsplätze in einer Vielzahl von Wirtschaftsbranchen.

Ganz gleich, aus welchem Blickwinkel man es betrachtet oder wo Studien unternommen werden, Migrant*innen sorgen für die Belebung des Arbeitsmarktes. Selbst in Rezessions- und Krisenzeiten sind migrantische Arbeiter*innen von kritischer Bedeutung für die Konjunktur. Kurz nach dem Börsenkrach von 1929 führten die Vereinigten Staaten den *Mexican Repatriation Act* ein, mit dem volle zwei Millionen Menschen, viele davon US-Bürger*innen, aus den USA abgeschoben wurden. Die Logik dabei war, dass es zu wenig Arbeitsplätze gab und dass man daher einen Großteil der Arbeitskräfte selbst loswerden sollte. Aber später zeigten Studien, dass die Löhne für die Einheimischen, besonders in den ländlichen Gegenden, aus denen viele Mexikaner*innen und aus Mexiko stammende US-Amerikaner*innen abgeschoben worden waren, in Wirklichkeit danach zurückgingen. Die Produktion sank ebenfalls, die Farmer*innen hatten Probleme mit der Ernte und die Geschäfte hatten weniger Kund*innen. Wie ein Arbeitsökonom feststellte, schaffte jeder migrantische Farmarbeiter und jede migrantische Farmarbeiterin »drei Arbeitsplätze in verwandten Branchen – wie etwa in der Produktion und dem Verkauf von Geräten sowie in der Verarbeitung und Verpackung«.

Während der COVID-19-Pandemie kam eine Studie des US-Kongresses zu dem Schluss, dass »im Ausland geborene Arbeiter*innen einen entscheidend wichtigen Beitrag zur US-Wirtschaft leisten, mehr als 17 Prozent der gesamten Arbeitskräfte ausmachen und etwa ein Viertel der neuen Unternehmen gründen«. Das heißt, dass Immigrant*innen für die Arbeitskraft und die Innovationen sorgen, die das wirtschaftliche Wachstum antreiben, wobei sie sowohl im Dienstleistungsbereich als auch in der Gesundheitsversorgung und der Forschung arbeiten.[1]

2021 zählte das *Center for Migration Studies* 19,8 Millionen ausländische Arbeiter*innen (69 Prozent von allen ausländischen Arbeiter*innen) zu den systemrelevanten Arbeiter*innen, ein Prozentsatz, der höher liegt als bei den im Land geborenen Arbeitskräften. Diese aus dem Ausland stammenden Arbeiter*innen sind zudem in Schlüsselbereichen wie dem Gesundheitssystem und der Lebensmittelkette überrepräsentiert. Derselbe

---

1 Der Pfizer-Impfstoff gegen COVID-19 wurde von einem türkischen Einwandererpaar in Deutschland entwickelt.

Kongressbericht kam zu dem Ergebnis, dass 22 Prozent aller Beschäftigten in der Lebensmittelkette in den USA Immigrant*innen sind, obwohl Letztere nur 17 Prozent aller Arbeitskräfte ausmachen. Eine weitere Studie kam zu dem Ergebnis, dass hispanische junge Männer mehr arbeiten als im Land geborene junge Männer im selben Alter.

Laut dem *Migration Policy Institute* sind aus dem Ausland kommende Beschäftigte in spezifischen Bereichen der Lebensmittelkette (Landwirtschaft und Nahrungsmittelindustrie) noch stärker konzentriert; so stellen sie in der Landwirtschaft, im Pflanzenanbau, in der Fleischverarbeitung und in kommerziellen Bäckereien mehr als 30 Prozent der Arbeiter*innen. Unter Landarbeiter*innen, Ausleser*innen und Sortierer*innen beträgt der Anteil der migrantischen Beschäftigten mehr als die Hälfte. In Kalifornien machen Immigrant*innen 69 Prozent der Landarbeiter*innen aus. In Alaska bilden Immigrant*innen 70 Prozent der Beschäftigten in der Fisch- und Meeresfrüchteverarbeitung und in Nebraska sind 66 Prozent der Arbeiter*innen in der Fleischindustrie Immigrant*innen. Viele von ihnen haben keine Papiere, zahlen wesentlich mehr in die Sozialversicherungssysteme ein, als sie herausbekommen, werden aber ausgegrenzt und nicht selten gejagt und abgeschoben, obwohl sie Arbeiten verrichten, die für eine funktionierende Gesellschaft unentbehrlich sind.[2] In den Vereinigten Staaten ebenso wie in anderen Ländern hängen die Wirtschaft, die Nahrungsmittelproduktion und das Gesundheitssystem *existenziell* von der Arbeit von Migrant*innen ab.

Und diese unverzichtbaren Jobs, in denen die Immigrant*innen arbeiten, schaffen wiederum weitere Arbeitsplätze, was letztlich gut für alle ist.

3. Immigrant*innen sind keine Belastung für den Staatshaushalt

2016 trugen Immigrant*innen Schätzungen zufolge zwei Billionen Dollar zum BIP der USA bei. Zwei Jahre später berechneten Ökonom*innen, dass Immigrant*innen über 450 Milliarden Dollar an Steuern auf lokaler, einzelstaatlicher und bundesweiter Ebene zahlten. Im selben Jahr verfügten Immigrant*innen in den USA über eine Kaufkraft von 1,2 Billionen Dollar,

---

2   Laut einer schockierenden Untersuchung der *New York Times* von 2023 sind außerdem viele von ihnen Kinder, die von Rechts wegen zu jung sind, um zu arbeiten, aber dennoch für große US-Unternehmen schuften und manchmal sogar bei der Arbeit den Tod finden.

die sie nutzten, um bei kleinen oder großen Unternehmen Lebensmittel, Kleidung, Autos, Wohnungen, Geräte und alle möglichen anderen nützlichen und unnützen Dinge zu kaufen. Gleichzeitig könnten Einschränkungen der legalen Einwanderung in die USA, wie sie derzeit vorgeschlagen werden, Schätzungen zufolge im Lauf der nächsten 20 Jahre das BIP um zwei Prozent verringern, die Wachstumsrate um zwölf Prozent senken und 4,5 Millionen Arbeitsplätze vernichten. Dies würde die Staaten des US-amerikanischen *rust belt*, die älteste und größte Industrieregion im Nordosten des Landes, die für die Stabilisierung ihrer Bevölkerungszahl und die Wiederbelebung ihrer Wirtschaft stark von der Immigration abhängig sind, besonders hart treffen.

Ungeachtet all ihrer Leistungen haben Immigrant*innen kein Recht auf einen Großteil der staatlichen Sozialleistungen und sie nutzen die wenigen Rechte, die sie haben, in viel geringerem Maß als andere. Laut einer Studie aus dem Jahr 2015 beanspruchen Immigrant*innen den ärztlichen Notfalldienst nur halb so oft wie Einheimische.

Eine Studie in Großbritannien kam zu dem Ergebnis, dass neu ankommende Migrant*innen aus dem europäischen Ausland im Durchschnitt pro Kopf 78.000 Pfund mehr an Steuern und Sozialabgaben zahlen werden, als sie an Leistungen zurückbekommen. Nichteuropäische Migrant*innen leisten während ihres Aufenthalts in Großbritannien pro Kopf einen positiven Nettobeitrag von 28.000 Pfund. Dabei erhalten die britischen Staatsbürger*innen im Lauf ihres Lebens ungefähr dieselbe Summe aus diesem System, die sie auch eingezahlt haben.

Studien dieser Art zeichnen überall auf der Welt dasselbe Bild. In den USA müssen legalisierte Migrant*innen *mindestens fünf Jahre lang* in die Sozialsysteme einzahlen, bevor sie irgendwelche Leistungen in Anspruch nehmen können. Studien zufolge zahlen Migrant*innen in den Vereinigten Staaten viele Milliarden von Dollar mehr an Lohnsteuer, als sie an Sozialleistungen erhalten. Gleichzeitig zahlen nicht-legalisierte Migrant*innen so gut wie nur in den Topf ein und bekommen meist gar nichts daraus zurück.

Oder wie einer der Chefredakteure des *Wall Street Journal*, Jason Riley, es formuliert:

»Was bedeutet es, Sozialleistungen als Grund für Einwanderungsbeschränkungen anzuführen? Die, die das tun, deuten damit an, dass der Wert einer Person nur in der Summe der Steuern besteht, die sie zahlt. Aber daran gemessen sind

die meisten Einheimischen ›wertlos‹, weil etwa 60 Prozent von ihnen mehr an staatlichen Leistungen beziehen, als sie in Form von Steuern einzahlen.«
Die Einheimischen müssen sich wegen der Einwanderung keine Sorgen um ihren Geldbeutel machen. Immigrant*innen schaden der Wirtschaft nicht, aber oft fügen die wirtschaftlichen Arrangements *ihnen* Schaden zu.

4. Grenzen tun nichts gegen Verbrechen und Gewalt, sie bringen beides hervor

1917, als einige der ersten Mauer- und Zaunabschnitte an der Grenze zwischen den USA und Mexiko errichtet und Notstandsmaßnahmen zur Beschränkung der Einwanderung eingeführt wurden, wurde die Kopfsteuer an der Grenze durch ein neues Gesetz auf acht Dollar (162 Dollar in heutigen Preisen) erhöht und zum ersten Mal auch auf Bürger*innen Mexikos ausgeweitet. Wie Reece Jones bemerkt, resultierte dies in der »Entstehung von Schmuggelnetzwerken, die die Menschen für den halben Betrag über die Grenze brachten und den Arbeiter*innen so Geld sparten«. Seitdem haben verschärfte Einwanderungsgesetze und eine wachsende Militarisierung der Grenze im Lauf von mehr als hundert Jahren zu immer größeren und immer gewinnträchtigeren Schmuggelnetzwerken geführt. Drogenverbote (einschließlich Alkohols) und Razzien gegen Migrant*innen schufen die ultragewalttätigen transnationalen paramilitärischen Netzwerke (oder Kartelle), die jetzt seit Jahrzehnten großen Teilen Mexikos, Mittelamerikas und Südamerikas sowie Grenzregionen überall in der gesamten Hemisphäre schwer zu schaffen machen. Der Staat und die Politiker*innen kriminalisieren Drogen und Migration, während sie selbst kriminelle Netzwerke schaffen oder unterstützen, Schmiergelder kassieren und mit ihrer Politik zu einer Spirale der Gewalt beitragen, die allein in Mexiko in den letzten 20 Jahren zum Tod von beinahe einer halben Million Menschen und zum Verschwinden von weiteren 100.000 Personen geführt hat. Die Grenze hat die Krise nicht aufgehalten, sondern zu ihrer Entstehung beigetragen.

Noch 1994 wurden in den der US-Regierung unterstehenden Gefängnissen gerade einmal 5.000 Nicht-Bürger*innen festgehalten. Im Jahr 2011 jedoch entfielen volle 30 Prozent aller Gefängnisurteile auf Bundesebene auf Verstöße gegen die Einwanderungsgesetze. Von 1998 bis 2018 stieg die Zahl der Verhaftungen von Nicht-Bürger*innen wegen derartiger Verstöße um 440 Prozent, von 19.556 auf 105.748 Menschen, die sich nur deshalb hinter Gittern wiederfanden, weil sie migriert waren. Das war eine politische Entscheidung. Diese Migrant*innen müssen nicht kriminalisiert und ins Gefängnis geworfen werden. Wir können diese ›Verbrechen‹ beseitigen, indem wir einfach aufhören, sie zu Verbrechen zu erklären. (Erinnern wir uns daran, dass Immigrant*innen viel weniger Gewaltverbrechen verüben als Einheimische.)

Die Legalisierung von Migration und Drogen würde auf einen Schlag praktisch alle Profite eliminieren, von denen die transnational agierenden kriminellen Gruppen leben, und die obszön hohen Staatsausgaben, die für die Implementierung von Immigrations- und Drogengesetzen verwendet werden, könnten dann stattdessen für die Auseinandersetzung mit den eigentlichen Ursachen für Drogensucht und erzwungene Migration ausgegeben werden.

Wie die Historikerin Rachel St. John berichtet, erklärte der Chef des Einwanderungsbezirks Los Angeles schon 1925, dass »jede zusätzliche restriktive Maßnahme den Anreiz zur illegalen Einreise und zum Schmuggel vergrößert«.

Diese enge Beziehung zwischen scharfer Restriktion und illegalen Profiten finden wir in der gesamten Geschichte und überall auf der Welt, zusammen mit kriminellen Netzwerken, Menschenhändler*innen und korrupten Politiker*innen, die sich Macht verschaffen und Gewalt ausüben, indem sie die Grenze nutzen, um zu plündern, zu betrügen, auszubeuten und dann ihre Beute sicher zu verstecken.

Unterdessen bewegen sich die Reichen über die Grenzen hinweg, als existierten diese überhaupt nicht. Man betrachte sich nur die hemmungslosen Eskapaden der Superreichen oder die immer zahlreicheren Finanzskandale der Globetrotter, die im Wohlstand schwimmen und ihre fette Beute an fast beliebigen Orten parken können, um keine Steuern zahlen zu müssen – man nennt es auch *jurisdiction shopping*. Die Journalistin Atossa Araxia Abrahamian macht darauf aufmerksam, dass »enorm reiche Personen« Nationalstaaten mit geschlossenen Grenzen brauchen, um Steuern hinterziehen und ihr Geld »verborgen und im Abseits« bunkern zu können. Das System der Grenzen fungiert also in zwei Richtungen zugleich: Zum einen kriminalisiert es Migrant*innen und schürt Gewalt unter den Armen, aber gleichzeitig dient es auch dazu, die kriminellen Machenschaften der Reichen zu schützen.

Grenzen fördern sogar bei denen die Kriminalität, die mit ihrer Verteidigung beauftragt sind, gehören doch die Behörden zur Durchsetzung des Grenzregimes heute überall zu den undurchsichtigsten und menschenfeindlichsten Institutionen der Welt. In den USA werden jährlich Hunderte von Angestellten der Grenzpatrouille wegen Verbrechen und Korruption festgenommen. Die Rate der Festnahmen unter Angestellten der Zoll- und Grenzbehörden beträgt 0,5 Prozent bei einer Belegschaft von 60.000, was wenig erscheinen mag, aber sie ist damit fünfmal so hoch wie die jeder anderen Bundesstrafverfolgungsbehörde der USA. Außerdem wenden Beamt*innen der Grenzbehörde häufig exzessive Gewalt an und von ihnen eingesperrte Personen sind in höherem Maß Drohungen und sexueller Misshandlung ausgesetzt als bei anderen Strafverfolgungsbehörden. Und die Beamt*innen werden dafür nur höchst selten zur Rechenschaft gezogen. Da die Grenzpatrouille häufig in abgelegenen Wüstengebieten und fern jeder Öffentlichkeit operiert, kann man ihre Kultur, wie dies einmal ein Whistleblower mir gegenüber tat, mit den Worten »Erstmal draufhauen und dann Fragen stellen« zusammenfassen (und die Fragen entfallen dann in den meisten Fällen).

In Europa tragen die Mitarbeiter*innen der unter dem Namen *Frontex* bekannten *European Border and Coast Guard* dunkle Kleidung und sind damit beschäftigt, Migrant*innen zu schlagen, zu deportieren und verschwinden zu lassen. 2021 berichtete *Der Spiegel* über Europas gewalttätige »Schattenarmee«, die Flüchtlinge verprügelte und ihre Schiffe und Boote zurück aufs Meer trieb. Journalist*innen berichteten über eine Bande von über 20 Männern, die die bosnische Grenze nach Kroatien bewachte und über eine Gruppe von Migrant*innen herfiel, sie mit Knüppeln bearbeitete und ihnen zuschrie: »Go! Go to Bosnia!« Diese gangsterartige Schattenarmee wird indirekt – über die nationalen Regierungen – von der Europäischen Kommission bezahlt. 2015 berichtete ich über mexikanische Grenzbeamt*innen, die Migrant*innen aus Mittelamerika, die per Zug in Richtung Norden unterwegs waren, für ihre Schießübungen benutzten und dabei einen Teenager aus Honduras töteten. Schreckliche Taten wie diese und nicht das friedliche Überschreiten künstlicher Grenzlinien oder das Verbrechen, sich und seine Familie in Sicherheit bringen zu wollen, sind die tatsächliche Bedrohung für die Gesellschaft.

5. Immigrant*innen sind keine Gefahr für Gemeinschaften, sondern sorgen für ihre Belebung

Wenn Migrant*innen in einer Community ankommen, ist der Regelfall, dass die Kriminalität zurückgeht, der Wert der Immobilien steigt und die Nachbarschaften einen Zustrom an kultureller Energie und wirtschaftlicher Vitalität erleben. Es gibt natürlich Ausnahmen und fremdenfeindliche Kräfte schlachten bestimmte Fälle, wie von illegalen Migrant*innen verübte Verbrechen, immer wieder weidlich aus. Und nach den Angriffen vom 11. September nahmen die Vereinigten Staaten ganz spezifisch die muslimischen Migrant*innen ins Visier und kriminalisierten sie; Einwanderungsfragen wurden nun auf einmal zu Fragen der nationalen Sicherheit. Aber von den 180 Menschen, die in den folgenden 20 Jahren in den USA wegen der Planung von Terroranschlägen verhaftet wurden, hatten nur ganze vier illegal die US-Grenzen überschritten. Drei von ihnen kamen über die mexikanisch-US-amerikanische Grenze, allerdings zu einem Zeitpunkt, als sie noch keine fünf Jahre alt waren; einer von ihnen war sogar noch ein Säugling. Ihre Radikalisierung – sie führten nie tatsächlich einen Anschlag durch – fand *in* den Vereinigten Staaten statt. Bis jetzt ist in den USA niemand durch den Anschlag einer Person getötet worden, die illegal die Grenze zwischen den USA und Mexiko überschritten hat.

In einer Studie wurde ausgerechnet, dass die Wahrscheinlichkeit, dass eine Person in den USA durch den Terrorakt eines Flüchtlings getötet wird, bei eins zu 3,86 Milliarden liegt.[3]

Wir sprechen hier nicht nur von nationaler Sicherheit, sondern auch von der Sicherheit in den Communitys und Nachbarschaften: Forscher*innen kamen zu dem Ergebnis, dass die Wahrscheinlichkeit, dass mexikanische Immigrant*innen der ersten Generation ein Gewaltverbrechen begehen, um 45 Prozent niedriger liegt als bei US-Amerikaner*innen der dritten Generation. »Bei ausnahmslos jeder ethnischen Gruppe«, schreiben Rubén Rumbaut und Walter Ewing in einer Studie von 2007, die seitdem etliche

---

3   Weltweit benötigen Bürger*innen zumeist ein weitaus höheres Maß an Schutz innerhalb eines Staates oder sogar vor dem Staat selbst als vor Menschen, die Staatsgrenzen überschreiten. Wie Rudolf J. Rummel in *Death by Government* ausführt, fielen im 20. Jahrhundert 35 Millionen Menschen direkten Kriegen zwischen Staaten zum Opfer, während 165 bis 170 Millionen Menschen von ihren eigenen Staaten massakriert wurden.

Male repliziert worden ist, »sind die Haftraten von jungen Männern bei Immigranten am niedrigsten, und das gilt auch für die mit dem niedrigsten Bildungsgrad.« Derselben Studie zufolge ging die landesweite Rate an Gewaltverbrechen von 1994 bis 2005 um 34,2 Prozent zurück, obwohl sich die Zahl der Immigrant*innen ohne Papiere im selben Zeitraum verdoppelte. Gleichzeitig sank die Rate der Eigentumsverbrechen um 25,4 Prozent. Seit 2007 ist die Zahl der Immigrant*innen ohne Papiere zurückgegangen, während die Kriminalität wieder gestiegen ist. Eine *Axios*-Studie von 2021 kam zu dem Ergebnis, dass die Kriminalität in zahlreichen Städten der USA stark gestiegen ist, während die Rate von Gewaltverbrechen in elf der größten Städte an der Grenze zwischen den USA und Mexiko unter dem nationalen Durchschnitt blieb. Eine 2018 in der Zeitschrift *Criminology* erschienene Studie kam zu dem Ergebnis, dass »Zuwächse in der Zahl von Immigrant*innen ohne Papiere mit einem beträchtlichen Rückgang der Gewaltvorkommnisse korrelieren«.

Ähnliches gilt auch für Europa. Hier stellte eine Studie fest, dass die Auswirkung des Zustroms von Arbeiter*innen aus Osteuropa nach Großbritannien auf die Kriminalität minimal war. (Einige Recherchen deuten jedoch darauf hin, dass die gestiegene Zahl von Asylsuchenden in Großbritannien in den 1990er-Jahren, hauptsächlich aus Ländern des Nahen Ostens, mit einem leichten Anstieg in der Gesamtzahl von Eigentumsverbrechen korrelierte. Der Kausalzusammenhang ist hier nicht klar und einige Beobachter*innen haben spekuliert, dass der Anstieg bei den Eigentumsverbrechen mit der niedrigeren Beschäftigungsrate der Immigrant*innen zu tun gehabt haben könnte.)

Eine Studie in Deutschland fand keine »Belege für einen systematischen Bezug zwischen der Einwanderung von Flüchtlingen und dem Risiko für Deutsche, zu Opfern eines Verbrechens zu werden, bei dem Flüchtlinge tatverdächtig sind«. Ein ebenfalls in Deutschland erstellter Bericht von 2015 stellte fest, dass Flüchtlinge im Durchschnitt die gleiche Zahl von Verbrechen begehen wie die Lokalbevölkerung. Trotz eines relativ starken Zustroms von Flüchtlingen nach Deutschland in den Jahren 2014 und 2015 – und ungeachtet der prominenten Berichte über Verbrechen von Flüchtlingen – lag die Kriminalität in Deutschland 2018, als die dortigen Flüchtlingszahlen ein Rekordhoch erreicht hatten, auf dem niedrigsten Niveau seit 1992.

6. Migrant*innen sorgen für Verjüngung

Viele Städte der USA – St. Louis, Detroit, Philadelphia, Cleveland, Baltimore, Buffalo, New Orleans, Pittsburgh, Newark, Milwaukee – haben in den letzten Jahrzehnten einen Großteil ihrer Bevölkerung eingebüßt. In seinem Buch *One Billion Americans* fordert Matthew Yglesias eine *Wieder*bevölkerung des »extremem Entvölkerungsgürtels, der etwa ein Drittel der ländlichen Countys umfasst, die heute eine geringere Einwohnerzahl haben als 1950«. Diese Städte, Vorstädte und ländlichen Gebiete könnten neue Arbeiter*innen und Steuerzahler*innen sowie den revitalisierenden Geist, den Immigrant*innen überall mit sich bringen, sehr gut gebrauchen.

Die Vereinigten Staaten brauchen nicht nur mehr Migrant*innen – die gegenwärtige Geburtenrate in den USA liegt weit unter der Geburtenzahl pro Frau, die nötig wäre, um die Bevölkerung konstant zu halten –, sondern sie verfügen auch über mehr als genug Platz, um sie aufzunehmen. Mit einer Bevölkerungsdichte von 86 Einwohner*innen pro Quadratmeile sind die Vereinigten Staaten weit weniger dicht besiedelt als viele andere Länder überall auf der Welt. Und nur fünf Prozent des Landes sind überhaupt infrastrukturell erschlossen. Die USA könnten ihre Bevölkerung vervierfachen und wären immer noch weniger dicht besiedelt als Frankreich. Und das Land hat auch genügend wichtige Ressourcen, um eine wachsende Bevölkerung mit dem Notwendigen zu versorgen.

Die USA stellen jedes Jahr 8.800 Kubikmeter Frischwasser pro Person zur Verfügung. Wenn die US-Bevölkerung sich verdreifachen würde, wären das dann immer noch 2.900 Kubikmeter. Zum Vergleich verbraucht Spanien nur 2.400 Kubikmeter, für Großbritannien liegt die Zahl bei 2.200, für Deutschland bei 1.300 und bei den Niederlanden bei 650. Es ist schwer, den Gesamtbetrag an Wasser zu berechnet, der vergeudet wird, aber allein in den Vereinigten Staaten sind es sicherlich mehr als eine Billion Gallonen im Jahr. Trotz besorgniserregender Dürren und der bisherigen verantwortungslosen Verschwendung bleibt, wenn wir sorgsam sind, immer noch Wasser genug.

Das wirkliche Problem mit Ressourcen ist nicht, dass Migrant*innen sie aufbrauchen, sondern dass ein Großteil der Welt so verdammt viel von ihnen vergeudet. Den besten Schätzungen zufolge verschwenden US-Amerikaner*innen in jedem einzelnen Jahr zwischen 30 bis 40 Prozent ihrer Nahrungsmittel, das heißt, über 50 Milliarden Kilogramm. Bei anderen

Ländern des Globalen Nordens ist es nicht ganz so schlimm, aber auch sie vergeuden Milliarden von Tonnen an Nahrungsmitteln.

Nichts von alledem heißt, dass das Land mit etlichen neuen Einwander*innen komplett homogen bleiben wird. Wenn mehr Migrant*innen in eine Stadt kommen, wird sich diese verändern, aber das tun Städte nun einmal. 1920 bestand New York zu 44 Prozent aus Immigrant*innen. Im selben Jahr hatte Cleveland, wo ich aufwuchs, einen Einwandereranteil von 41 Prozent. (Und heute sind es in New York 36 und in Cleveland nur sechs Prozent). Diese beiden Städte florierten in den Jahrzehnten nach 1920 und wenn Leute heute den besten Tagen dieser Städte nachtrauern, trauern sie ihrem Status als Einwandererstädte nach.

7. Offene Grenzen führen zu keinem Ansturm von Migration

Laut Meinungsumfragen würden Hunderte von Millionen Menschen auf der ganzen Welt – etwa 14 Prozent der erwachsenen Weltbevölkerung, 710 Millionen Menschen – gerne auswandern, aber finanzielle Probleme, familiäre Bindungen und die Angst vor dem Unbekannten halten viele von ihnen davon ab. Zu erwähnen ist auch, dass viele dieser potentiellen Migrant*innen nicht in dieselbe Richtung migrieren würden. Trotz der Anziehungskraft des von Hollywood inspirierten Amerikanischen Traums und der wirtschaftlichen und politischen Probleme in den ›Senderländern‹ wollen die meisten Menschen in ihrer Heimat bleiben.

Puerto-Ricaner*innen haben seit 1904 das uneingeschränkte Recht auf Einwanderung in die ungleich reicheren Vereinigten Staaten, aber das heißt nicht, dass die Insel jetzt leer ist. Auch die Länder Osteuropas, deren Bürger*innen jetzt in der EU-Zone Bewegungsfreiheit genießen, haben deswegen nicht auf einmal Westeuropa überschwemmt. Wenn sie nicht tödlichen klimatischen oder politischen Bedrohungen ausgesetzt sind, bleiben die meisten Menschen lieber dort, wo sie sind.

Obwohl die USA laut einer kürzlich durchgeführten *Gallup*-Umfrage das begehrteste Zielland für Migrant*innen sind, würde der gesamte potentielle Bevölkerungszuwachs, wenn die Grenzen geöffnet und die von *Gallup* Befragten ihre Absichten tatsächlich wahrmachen würden, prozentual weit unter den Zahlen für andere Länder wie Singapur, Neuseeland, Saudi-Arabien, Kanada und Australien liegen. Und während 31 Prozent der Afrikaner*innen südlich der Sahara sagen, sie würden gerne auswandern, gilt dies auch für 21 Prozent der Bürger*innen der Europäischen Union. Auch 27 Prozent der Europäer*innen außerhalb der EU erklärten, sie wollten auswandern. Migration ist keine Einbahnstraße, sondern eine Bewegung, in der es ein Hin und Her gibt. (Mauern und die strenge Durchsetzung der Einwanderungsbestimmungen verändern das derzeit zum Teil und verwandeln Menschen, die eigentlich nur zeitweilig migrieren wollen, in permanente und prekär lebende Stammgäste.)

Eine weitere Studie, bei der Mittelamerikaner*innen gefragt wurden, ob sie in die USA auswandern wollen, kam zu dem Ergebnis, dass nur drei Prozent der Befragten, die eine positive Antwort gaben, tatsächlich Vorbereitungen für eine Reise nach Norden trafen. Weiter unklar bleibt, wie viele von diesen am Ende tatsächlich ihre Heimat verließen. Wenn wir nun zur obigen Umfrage zur weltweiten Gesamtzahl potentieller Migrant*innen zurückkehren, würde das bedeuten, dass von diesen 710 Millionen Menschen, die auswandern wollen, vermutlich nur 21 Millionen dies tatsächlich tun würden, und das ist eine Zahl, die wesentlich leichter zu absorbieren ist, besonders, wenn sie sich auf eine ganze Reihe von ›Empfängerländern‹ verteilt. Und selbst wenn man davon ausgeht, dass es vielleicht das System der geschlossenen Grenzen war, das etliche dieser Menschen davon überzeugt hat, zu Hause zu bleiben, und manche von ihnen bei offenen Grenzen ihre Träume verwirklichen würden, bleibt Migration dennoch teuer und bringt Entwurzelung mit sich, und viele Menschen wollen ihre Heimat, ihre Arbeit, ihre Familien, ihre Sprache und ihre Gemeinschaft nicht zurücklassen.

8. Der Unsinn des Nationalismus

Das moderne Konzept der Souveränität basiert auf der Idee der kollektiven Selbstregierung, die besagt, dass eine Nation von Menschen das Recht hat, darüber zu bestimmen, wie diese Menschen organisiert und regiert werden sollen und wer ein Mitglied dieses souveränen Gebildes sein kann. Laut dem *Internationalen Pakt über bürgerliche und politische Rechte*, einem Abkommen der Vereinten Nationen, das von fast jedem Land auf der Erde unterzeichnet und ratifiziert wurde, haben »alle Völker das Recht auf Selbstbestimmung«. Dabei wird oft davon ausgegangen, dass dieses Recht auf Selbstbestimmung auch das Recht auf den Ausschluss bestimmter Menschen einschließt. Aber dieses angebliche Recht enthält Migrant*innen, besonders solchen, die gewaltsam vertrieben wurden, ihr eigenes Recht auf

Selbstbestimmung vor. Wenn Menschen von einem Ort vertrieben werden und ihnen gleichzeitig der Zugang zu einem anderen verwehrt wird, wird ihre angebliche Selbstbestimmung mit einem Mal zu einer bloßen Fiktion. Hinzu kommt, dass die meisten Bevölkerungen ihre Macht zur Ausübung von Selbstbestimmung gewonnen haben, indem sie diese Macht anderen, nämlich indigenen oder ursprünglichen Bevölkerungen, gewaltsam weggenommen haben. So stellt sich der Ruf nach nationaler Selbstbestimmung nur zu häufig als Euphemismus für etwas wesentlich Bösartigeres heraus, nämlich für auf Klasse und ›Rasse‹ basierende Herrschaft und Unterdrückung.

Dennoch haben sich politische Denker*innen und Moralphilosoph*innen lange auf diese problematische Krücke der nationalen Selbstbestimmung gestützt, um für geschlossene Grenzen einzutreten. So behauptete der vielzitierte politische Theoretiker Michael Walzer, Nationen müssten eine »Gemeinschaft des Charakters« beibehalten und daher auch das Recht haben, Migrant*innen den Zutritt zu verwehren. Andernfalls, so Walzer, sei zu befürchten, dass die Bürger*innen aus ihrem Territorium und ihrer Kultur »radikal entwurzelt« würden. Ganz ähnlich vertrat Sarah Song in ihrem Buch *Immigration and Democracy* die Meinung, dass »das Recht auf Kontrolle der Einwanderung sich aus dem Recht des *demos* ableitet, sich selbst zu regieren«.

Aber der ›Charakter‹ jener gewaltsam geschmiedeten Gemeinschaften – der Nationalstaaten – bildet sich meist durch eine repressive Mehrheitsherrschaft heraus, bei der die Mächtigen die indigenen Minderheiten entmenschlichen und töten, widerspenstige Untertanen zwangsweise assimilieren und durch das Ausradieren geschichtlicher Fakten, selektive historische Feierung und mythische Heroisierung einen bestimmten *esprit national* etablieren. Es gibt nur wenig, was mehr zu nationalistischen Bindungen beiträgt, als ein gemeinsamer Gegner. Oder wie der Politikberater und Repräsentant der Sowjetunion in den Vereinigten Staaten Georgi Arbatov es 1987 ausdrückte: »Dieses Mal werden wir euch einen tödlichen Schlag versetzen, indem wir euch eines Feindes berauben.«

Migrant*innen den Zutritt zu verwehren, um den Charakter einer Nation zu erhalten, läuft also auf die Schaffung ethnisch ›reiner‹ Staaten hinaus. Und wenn man Angst vor einer Veränderung des Nationalcharakters hat, gibt es wahrlich bessere Zielscheiben als Immigrant*innen. Wie Jeremy Harding in seinem Buch *Border Vigils* schreibt, würde es Jahrzehnte der

Einwanderung brauchen, um »den Grad an ›kultureller Veränderung‹ zustande zu bringen, den eine internationale Handelskrise, eine Welle der Massenentlassungen oder die Entscheidung eines Großkonzerns, ins Ausland zu gehen, binnen eines Jahres in einem sozialen Umfeld bewirken kann«.

Ein weiteres Problem mit dem Konzept der nationalen Selbstbestimmung als Richtlinie der Einwanderungspolitik ist, dass man sich hier auf eine schiefe Ebene begibt. Wenn ›die Gemeinschaft‹ darüber bestimmen kann, wer hineingelassen wird, was soll dann ein Land davon abhalten, darüber zu bestimmen, wer hinausgeworfen oder verbannt wird? Und wie der Rechtswissenschaftler Ilya Somin schreibt, würde aus dem Recht auf nationale Selbstbestimmung eigentlich auch »die Macht folgen, sogar die derzeitigen Bewohner*innen des Landes gewaltsam an der Veränderung ihrer kulturellen Praktiken zu hindern«. Wenn eine herrschende oder Mehrheitspartei festlegen darf, dass eine Kultur oder ein demografischer Sektor unverändert bleiben muss, was für Zwangsmaßnahmen könnte sie dann gegen die Bewohner*innen des Landes ergreifen? Könnte sie Gesetze erlassen, die darüber bestimmen, wie die Menschen reden, handeln, feiern, sich mit Kunst befassen und wie viele Kinder sie haben dürfen? Solche Regulierungen würden zweifellos zur Unveränderlichkeit des Nationalcharakters beitragen.

Aber in der Realität lassen Menschen sich nicht so einfach in geordnete und geografisch unterscheidbare Gemeinschaften einordnen. Wir Menschen haben alle vielfältige Identitäten und bewegen uns in vielen einander überschneidenden Gemeinschaften. Die tatsächlichen Grenzen der USA decken sich nicht wirklich mit dem rechtlichen Territorium der Vereinigten Staaten, und dasselbe gilt natürlich auch für Frankreich oder China. Tatsächlich haben die USA ihr Grenzregime längst nach Mexiko, Zentralamerika und an andere Orte ausgelagert und dieses Grenzregime wirkt mittels wirtschaftlicher und kultureller Mechanismen weit über ihr eigenes Territorium hinaus. Ihre tatsächlichen Grenzen liegen weit jenseits dessen, was man auf der Landkarte sieht. Wie der Rechtswissenschaftler E. Tendayi Achiume es formuliert, extraterritorialisiert eine solche imperiale Überdehnung »den demos auf eine Weise über die geografischen Grenzen des Nationalstaates hinaus, dass die wahren Grenzen sich mit denen eines neokolonialen Imperiums decken«. Es verhält sich also in Wirklichkeit so, dass die nationale Selbstbestimmung der Vereinigten Staaten – mittels kriegerischer, kultureller und wirtschaftlicher Eroberung – über den Charakter etlicher Gemeinschaften außerhalb der USA bestimmt hat. Selbst innerhalb der Vereinigten Staaten wächst und schrumpft die Souveränität, und die Kultur weist von Ort zu Ort dramatische Unterschiede auf. Wenn man sich der bizarren Fiktion nationaler Selbstbestimmung hingibt, öffnet man damit dem Zwang und der Kontrolle des Staates Tür und Tor und rollt der Gedanken- oder Kulturpolizei den roten Teppich aus.

9. Geschlossene Grenzen sind unmoralisch

In seinem Buch *The Ethics of Immigration* schreibt Joseph Carens, Privilegien durch Geburt oder das *jus solis* – nicht selbst erarbeiteter Zugang zu Wohlstand, Freiheit, einer guten Gesundheitsversorgung und zahllosen anderen Privilegien – seien verwandt mit feudalen Klassenprivilegien, da sie

> »auf der Basis der Geburt große Vorteile [gewähren] und diese Vorteile obendrein auch noch zementieren, indem sie per Gesetz die Bewegungsfreiheit einschränken und es so für jene, die in eine sozial benachteiligte Position hineingeboren werden, extrem schwierig machen, diesen Nachteil zu überwinden, ganz gleich, wie talentiert sie sind oder wie hart sie arbeiten.«

Wir sind alle von anderen abhängig, und heute erstreckt sich diese Abhängigkeit auch über Staatsgrenzen hinweg. Wir alle haben uns aufgrund dieser wechselseitigen Abhängigkeit zu dem entwickelt, was wir als Individuen und als Gemeinschaften sind. Daher, so das ethische Argument, sind wir moralisch verpflichtet, Mitgefühl zu zeigen und füreinander Sorge zu tragen. Geschlossene Grenzen zerstören diesen gegenseitigen Charakter der Sorge und Verantwortung füreinander. Politiker*innen und Nativist*innen (und ›die Grenze‹ selbst, die ihr eigenes Gewicht und ihren eigenen Einfluss hat) halten die Menschen davon ab, füreinander zu sorgen, erzeugen Angst vor den Folgen, die es haben könnte, wenn man eine solche Sorge äußert oder praktiziert, und schaffen Bedingungen, die es unmöglich machen, sich um andere zu kümmern.

Abgesehen davon, dass sie Privilegien verleihen oder entziehen und Gegenseitigkeit zerstören, berauben geschlossene Grenzen Menschen ihrer Menschlichkeit, fügen ihnen Leid zu und töten sie. Geschlossene Grenzen verurteilen einige Menschen nur auf der Basis ihres Geburtsorts und der Visa und Pässe, die sie besitzen, zu fortgesetzter Haft, Folter, Isolation,

Trennung von ihren Familien und Deportation – und all das für einen Akt, der durch und durch menschlich ist: dorthin zu gehen, wo man Sicherheit, Freiheit oder bessere Möglichkeiten sucht. Es ist schwer, in einem solchen Arrangement auch nur einen Funken an Moral zu sehen. Der britische Philosoph Maurice Cranston sagt dazu:

»Eines der Dinge, die damit gemeint sind, wenn man sagt, dass die Menschen ein natürliches Recht auf Bewegungsfreiheit haben, ist die Feststellung, dass der Wunsch, sich zu bewegen, natürlich, universal und vernünftig ist, und dass es daher nicht so sehr der Wunsch eines Menschen, sich zu bewegen, ist, der der Rechtfertigung bedarf, sondern stattdessen jeglicher Versuch, die Befriedigung dieses Wunsches zu verhindern.«

Aber die diesbezüglichen Rechtfertigungen sind nicht überzeugend.

Man sehe sich nur einmal an, wie Notrufe von Menschen, die sich in der Wildnis der südwestlichen Grenzregionen der USA verirrt oder dort anderswie in Schwierigkeiten geraten sind, gehandhabt werden. Die humanitäre Hilfsorganisation *No More Deaths* hat umfangreich dokumentiert, dass die Reaktion auf Notrufe über die Nummer 9-1-1, wenn diese von Leuten kommen, von denen man annimmt, dass sie US-Bürger*innen sind, rasch und robust ist und meist mit der Rettung der Betroffenen endet. Aber wenn der Anruf von Menschen kommt, die verdächtigt werden, nicht die Staatsbürgerschaft zu besitzen oder gerade die Grenze überschritten zu haben, passiert meist nichts, und wenn dann doch eine Behörde reagiert, ist es meist die Grenzpatrouille, dieselben Leute also, die mit der Jagd auf Grenzübertreter*innen beauftragt sind und deren Antwort dann oft darin besteht, selbst bei verzweifeltem Bedarf keine oder zu wenig medizinische Hilfe zu leisten und die Betroffenen rasch wieder abzuschieben.[4]

---

4 In Nordmexiko verbrachte ich einmal einen langen Nachmittag mit dem Interview mit einem Mann, der nach einer Razzia auf Immigrant*innen deportiert worden war, nachdem er fast 40 Jahre in Los Angeles gelebt hatte, wo sich seine Familie immer noch befand. Er hatte dann versucht, in der Wüste über die Grenze zu gehen, um wieder mit ihr zusammenzukommen, und wurde dabei von der Grenzpatrouille festgenommen. Die Grenzer*innen stießen ihn in den Laderaum eines Trucks (sie nennen sie manchmal ›Hundefänger‹), wo sich der Mann, nachdem der Truck von der Strecke abgekommen war und sich überschlagen hatte, den Rücken brach (zum Glück wurde seine Wirbelsäule nicht ernstlich beschädigt). Die Beamt*innen der Grenzpatrouille gaben ihm eine Rückenstütze und ein Fläschchen Schmerztabletten und schoben ihn rasch erneut ab. Ich erinnere mich noch, wie er sein Pillenfläschchen wie eine Rassel schüttelte und irgendwie noch die Kraft

Dasselbe gilt für das Mittelmeer, wo die SOS-Rufe von Flößen oder Schiffen von Migrant*innen ungeachtet der alten und ehrwürdigen Tradition der Seenotrettung und des seit langer Zeit etablierten Seerechts, das Schiffe dazu verpflichtet, auf Notrufe zu reagieren, regelmäßig ignoriert werden. Und wenn einige dann doch antworten und versuchen, Migrant*innen zu retten, denen der Untergang auf dem Meer droht, werden sie manchmal als Menschenhändler*innen strafrechtlich verfolgt. Was die Tradition des Guten Samariters angeht, sind Migrant*innen davon offiziell ausgenommen.

Wie kommt es, dass wir Mitmenschen in verzweifelter Lage so bereitwillig den Rücken zukehren können? *No More Deaths*, für die ich als Freiwilliger gearbeitet habe, hat außerdem viele Fälle dokumentiert, in denen Beamt*innen der Grenzpatrouille und migrationsfeindliche Fanatiker*innen Wasser, das für Migrant*innen zurückgelassen wurde, von denen viele in genau diesem Grenzkorridor verdursten, ausgeschüttet oder die Wasserflaschen zerschossen, aufgeschlitzt oder mit Gift versetzt haben. Menschenverachtende Aktionen wie diese sind, wie Frederick Douglass über die grausamen Handlungen eines Sklavenbesitzers sagte, möglicherweise auf »Motive der Politik und nicht auf ein verhärtetes Wesen oder eine angeborene Brutalität« zurückzuführen. Es ist die Politik (in diesem Fall die der geschlossenen Grenze), die zu dieser Art von Bösartigkeit führt.

Seit der Zeit von Douglass hat ein Großteil der Welt begriffen, dass Rassismus ein radikales Übel ist, aber dennoch begrüßen oder entschuldigen viele Menschen ganz offen eine Entmenschlichung und tödliche Diskriminierung, die ausschließlich auf dem Geburtsort einer Person basiert. Es ließen sich noch viele weitere Beispiele für den unermesslichen Schaden anführen, den diese Diskriminierung anrichtet, aber hier ist eine Statistik, die dies für mich besonders klarmacht: 2012, unter der Obama-Regierung,

---

fand, über die Schmerzen zu scherzen, die ihn nach der letzten Tablette erwarten würden. Kaum eine Woche später und immer noch dabei, seinen nächsten Versuch zum Grenzübertritt zu planen, starb er. Als Grund für seinen Tod wurde ein Herzanfall angegeben, wobei kaum vorstellbar ist, dass der Stress und die gerade erlittene schwere Verletzung dabei keine Rolle gespielt hatten. Einige Tage später sprach ich in Los Angeles mit seiner Tochter, die etwas über die letzten Tage im Leben ihres Vaters erfahren wollte. Ich hatte nicht viel zu erzählen, berichtete ihr aber, dass er mich trotz seiner starken Schmerzen und seiner großen Verwirrung außerordentlich höflich behandelt und es sehr bedauert hatte, nicht das Geld gehabt zu haben, um mich zu einer Cola einzuladen.

wurden die Eltern von etwa 150.000 Kindern abgeschoben, die in den USA geboren und damit Staatsbürger*innen waren. Viele von ihnen wurden vor ihren Kindern in Handschellen gelegt und abgeführt. Was immer der Grund war, aus dem sie sich nicht legal im Land aufhielten (was ein Zivil- und kein Strafvergehen ist), ist doch unbestreitbar, dass solche Festnahmen und Abschiebungen grausam sind und bei den Betroffenen ein bleibendes intergenerationales Trauma auslösen. Man sieht hier, welches Elend und welche Schmerzen – menschlichen Verlust, Entbehrung, Inhaftierung – die Grenze Menschen zufügt, und das als Strafe dafür, dass sie nach einem besseren Leben, nach Sicherheit und Würde gesucht haben.

Die Historikerin Roxanne Dunbar-Ortiz stellt im Hinblick auf die ethische Asymmetrie zwischen dem Staat und den Migrant*innen eine ganz pointierte Frage: Da doch klar ist, dass

> »die Vereinigten Staaten im Umgang mit anderen Nationen einschließlich der Native Americans während des größten Teils des 19. und 20. Jahrhunderts auf ihrem eigenen Boden keineswegs rechtskonform gehandelt haben – wie können sie da jetzt von den Opfern dieser ungeheuerlichen Ungesetzlichkeit erwarten, dass sie den Gesetzen der USA gehorchen und zu Hause bleiben oder 30 Jahre auf ein Visum warten, um wieder mit ihrer Familie zusammenzukommen?«

Ihre Antwort: »Reparationen oder Migration – so lautet die Wahl.«
Man könnte aber auch für beides eintreten.

10. Es geht hier nicht um Brain-Drain

Die Rede vom ›Brain-Drain‹ geht von der falschen Annahme aus, es gebe eine fixe und begrenzte Menge an ›gelernter‹ Arbeit, weshalb man ausgebildeten Arbeitskräften aus ärmeren Ländern keine Auswanderung erlauben sollte.

Leute, die davon ausgehen, dass die Abwanderung von Ärzt*innen und Krankenpfleger*innen Ländern mit unterentwickelten Gesundheitssystemen Schaden zufügt, lassen den Einfluss anderer Faktoren, die nichts mit Migration zu tun haben, außer Acht, darunter das Fehlen medizinischer Ressourcen, niedrige Löhne für die Beschäftigten im öffentlichen Gesundheitssystem und schlechte Ausbildung sowie geringe Aussichten auf berufliche Weiterentwicklung. Dies alles behindert den Zugang der Menschen zu einer adäquaten Gesundheitsversorgung und treibt die Beschäftigten in diesem Bereich dazu, sich anderswo nach Möglichkeiten umzusehen. Etliche Studien haben gezeigt, dass die Emigration ausgebildeter Kräfte das wirtschaftliche Wachstum (und eine qualitativ bessere Gesundheitsversorgung) in solchen Ländern nicht bremst, sondern sogar beschleunigt.

Eine Studie über aus Rumänien emigrierte Ärzt*innen von 2015 kam zu dem Ergebnis, dass mehr als die Hälfte von ihnen »während ihres Aufenthalts im Ausland mit ihrem Herkunftsland zusammenarbeitete«. Die Forscherin Lina Semu kommentierte zusammenfassend:

> »Wir sollten Migration nicht unter dem Gesichtspunkt von Brain-Drain oder Brain-Gain betrachten, sondern unter dem einer Zirkulation von Hirnen und Gedanken, die einen Austausch von Wissen und Erfahrung zwischen den Herkunftsorten und den Orten ermöglicht, wo die Menschen jetzt leben.«

Gleichzeitig gibt es auf jeden Fall *innerhalb* von Ländern, darunter auch den USA, einen tatsächlichen ›Brain-Drain‹, da medizinische Arbeitskräfte in ländlichen Gegenden keine Arbeit finden können und daher in die Städte übersiedeln. So leben in Nairobi, der größten Stadt Kenias, nur acht Prozent der Bevölkerung des Landes, aber 66 Prozent seiner Ärzt*innen. Obwohl dies ein sehr ernstes Problem ist, wird an dieser Migration gelernter Arbeitskräfte vom Land in die Stadt kaum Kritik geübt.

Viele der ausgebildeten Migrant*innen, die aus ihren Herkunftsländern ›abgesaugt‹ wurden, kehren danach mit einer erweiterten Bildung und mehr Erfahrung sowie mit größeren finanziellen Mitteln in ihr Heimatland zurück. Eine der Studien dazu zeigt, dass »ein zehnprozentiger Anstieg des Anteils der Bevölkerung eines Landes, der emigriert, zu einem zweiprozentigen Sinken des Anteils der Menschen führt, die von weniger als einem Dollar am Tag leben müssen«. Dieselbe Studie fand, dass ein »zehnprozentiges Wachstum der Auslandsüberweisungen ausreicht, um die Armutsrate eines Landes um 3,5 Prozent zu senken«. Auslandsüberweisungen machen derzeit 29 Prozent des BIPs Haitis und 17 Prozent des BIPs El Salvadors aus – um nur zwei Länder zu nennen, die stark von ihren Landsleuten im Ausland abhängig sind. Ein Stopp des ›Brain-Drain‹ würde sich katastrophal auf die Wirtschaft dieser Länder auswirken.

Auslandsüberweisungen sind natürlich nicht das einzige Mittel, durch das ausgebildete wie auch ›ungelernte‹ Immigrant*innen zum Wohlergehen ihres Heimatlandes beitragen können. Migrant*innen jedes Ausbildungsgrades bilden im Ausland Netzwerke, die Möglichkeiten für die Menschen schaffen, die im Land geblieben sind, und die den Handel mit Technologien, Ideen, Gütern und Dienstleistungen fördern.

Und wenn wir die Migration zum Wohl der Heimat- oder der Herkunftsgemeinschaft verbieten wollten, was würde uns dann davon abhalten, auch unseren einheimischen gelernten Kräften zu verbieten, den Berufszweig zu wechseln? Könnten wir zum Beispiel Krankenpfleger*innen verbieten, ihren Beruf an den Nagel zu hängen und damit zu beginnen, Romane zu schreiben oder Landschaftsgärtnerei zu betreiben, weil wir dann nicht mehr genügend Beschäftigte im Gesundheitssektor hätten?

»Die Gehirne, um die es hier geht«, meint Ilya Somin, »gehören nicht dem Staat.«

11. Das libertäre Argument

Die sogenannten Libertären[5] haben ihre ganz eigene Vision von offenen Grenzen – sie basiert auf der Idee, dass man Menschen erlauben muss, frei und in gegenseitigem Einvernehmen miteinander zu handeln, wo immer sie das auch tun mögen. Ihre Argumente werden wohl allen gefallen, die für den Schutz grundlegender individueller Freiheiten sind.

Diese Denkrichtung stellt auch die Unterscheidung zwischen der Migration innerhalb nationaler Grenzen und der Migration über diese Grenzen hinweg infrage: Warum wird Binnenmigration umstandslos erlaubt, während internationale Migration mit einer geradezu irrationalen Wut verhindert wird?

Genau wie Kapital sich frei bewegen kann, so das Argument der Libertären, sollten dies auch die Menschen tun können.

Der libertäre Philosoph Robert Nozick tritt für einen minimalen Staat ein, dessen einzige legitime Funktion im Schutz der natürlichen Rechte der Menschen besteht. Demnach ist der Staat auch nicht für eine Verhinderung der Migration zuständig. »Individuen haben das Recht, mit anderen Individuen in einen freiwilligen Austausch zu treten«, schreibt Joseph Carens.

---

5   Im Mainstreamdiskurs in den USA versteht man unter ›Libertären‹ in der Regel Verfechter*innen einer von allen Fesseln befreiten Marktwirtschaft, also das, was man in Europa eher als ›Turbokapitalist*innen‹ bezeichnen würde. Viele Libertäre in den USA sind sehr konsequent in ihrem Eintreten für *politische* Bürgerrechte, aber mit sozialen Bürgerrechten wollen sie nichts zu tun haben. (A. d. Ü.)

»Sie besitzen dieses Recht als Individuen, nicht als Bürger*innen.« Wenn ein Farmer in den USA mexikanische Landarbeiter*innen einstellen will, so der Gedanke, sollte der Staat nicht in dieses freiwillige und für beide Seiten vorteilhafte Arrangement eingreifen.

Grenzposten (egal, ob sie sich an der Grenze selbst oder im Innern des Landes befinden), an denen Bürger*innen wie Nicht-Bürger*innen an ihrer freien Bewegung gehindert, angehalten und regelmäßig kontrolliert werden, sind den Libertären ein weiterer Dorn im Auge.

Auch Enteignungen sind eine klare Verletzung libertärer Prinzipien: Dabei nimmt sich der Staat zur Verwirklichung bestimmter Projekte einfach mit Gewalt das Eigentum von Bürger*innen, und genau das wurde von Polen bis Texas beim Bau von Grenzmauern getan. Die Durchsetzung von Grenzen und Einwanderungsrestriktionen sind gravierende und tiefe Eingriffe in die individuellen Freiheiten, ganz gleich, von welcher Seite der Grenze aus man es betrachtet.

Die Libertären vertreten jedoch auch die Meinung, dass jede*r nur eine minimale Verantwortung für Fremde trägt (was in meinen Augen eine zweifelhafte Maxime ist) und letztlich nur die Pflicht hat, sie nicht zu behelligen. Fremden das Recht auf Migration zu nehmen, stellt für sie eine Verletzung ihrer Richtlinie des *laissez faire et laissez passer* dar. Oder in der Zusammenfassung von Jason Riley: »Anhänger*innen des freien Marktes mit einem Minimum an Selbstachtung würden nicht einmal im Traum auf die Idee kommen, Gesetze zu unterstützen, die den freien Fluss von Gütern und Dienstleistungen über Grenzen hinweg behindern.« Und daher sollten sie auch nicht einmal im Traum daran denken, die freie Bewegung von Menschen verhindern zu wollen.

12. Die entmenschlichende Grenzmaschinerie ist auch für die Einheimischen schlecht

Die Technologie, die an Grenzen angewendet wird, ist nicht auf die Grenzregionen beschränkt. Die US-Grenzpatrouille ist auch schon gegen Aufstände von Los Angeles bis Portland und Miami eingesetzt worden und ihre Beamt*innen haben Kontrollen in Fernzügen durchgeführt und Greyhound-Busse durchsucht, sind mit Hubschraubern über Super-Bowl-Spiele geflogen und haben bei den Protesten gegen die Dakota-Pipeline Drohnen eingesetzt.

Von 2017 bis 2019 haben die Mitarbeiter*innen der geheimen *Tactical Terrorism Response Teams* der Grenzpatrouille über 600.000 Reisende festgehalten und verhört, von denen mehr als ein Drittel US-Bürger*innen waren. Hinzu kommen eine invasive Hightech-Überwachung und der Einsatz von Checkpoints im Inneren des Landes, deren Zielscheiben jetzt nicht mehr nur Nicht-Bürger*innen, sondern praktisch sämtliche Einwohner*innen sind, wobei diese Maßnahmen besonders gegen People of Color eingesetzt werden.

In Arivaca, einer kleinen Stadt in Süd-Arizona, richtete die Grenzpatrouille zwei Checkpoints ein, die die einzigen beiden Zugänge zum Ort blockierten. Eine lokale Watchdog-Organisation, *People Helping People*, stellte fest, dass die Behörde an den Checkpoints an der Arivaca Road systematisch Racial Profiling von Latin@-Fahrer*innen betrieb. Ihre Studie ergab, dass *weiße* Fahrer*innen die Checkpoints beinahe zehnmal öfter unbehelligt passierten als nicht-*weiße* Fahrer*innen und dass sie sich nur selten ausweisen oder zur weiteren Überprüfung an den Rand fahren mussten. Insgesamt mussten an die 16 Prozent der Latin@-Fahrer*innen aus dem einzigen Grund, dass sie diese Straße benutzten, ihren Ausweis zeigen, während *Weiße* dies nur in 0,6 aller Fälle tun mussten. Latin@s wurden also 26-mal häufiger überprüft als *Weiße*. Es gibt fast 200 solcher Checkpoints überall im Südwesten der USA, und von den meisten von ihnen sind ähnliche Geschichten über Diskriminierung, Belästigung und Schikane zu hören.

Solche Polizeimaßnahmen im Inneren gibt es nicht nur in den USA. 2019 sahen sich die Einwanderungsbehörden Mexikos scharfer Kritik ausgesetzt, als ihre Beamt*innen vier indigene mexikanische Bürger*innen attackierten, sie beschuldigten, Migrant*innen zu sein, und einen jungen Mann (auch er ein mexikanischer Bürger) von den Tzeltal Maya sogar taserten und ihn zwangen, ein Abschiebedokument zu unterzeichnen, in dem fälschlicherweise angegeben wurde, er stamme aus Guatemala. 2022 urteile das Oberste Gericht des Landes, Einwanderungskontrollen in Bussen seien rassistisch sowie diskriminierend und somit verfassungswidrig.

In Kenia wurden Bürger*innen in ihrem eigenen Land biometrisch überwacht und in Flüchtlingslager gesperrt. Und in Nordkorea haben Grenzwachen auf Menschen geschossen, die in die ›Pufferzonen‹ an der chinesisch-nordkoreanischen Grenze geraten waren – Zonen, die sich manchmal auf mehr als einen Kilometer von der eigentlichen Grenze entfernt ausdehnen und in denen die Wachen auf jede Person, die sie betritt, das Feuer eröffnen dürfen. Bei einem dieser Vorfälle haben Grenzwachen einen Anwohner erschossen, der seiner entlaufenen Ziege nachgegangen war. Grenzwachen überall auf der Welt streben nach der Durchsetzung und Aufrechterhaltung ›voller operationaler Kontrolle‹ über die immer größer werdenden Grenzzonen. Dies bedeutet für uns alle die Gefahr, dass die Grenze immer weiter und immer tiefer in unser Leben vordringt (von dem Tempo, mit dem dies geschieht, ganz zu schweigen). Wenn Mitarbeiter*innen der Grenzpatrouille eine Person festnehmen, nehmen sie ihr meist DNA-Proben und Fingerabdrücke ab, fotografieren sie und machen zunehmend auch Aufnahmen der Iris und der Stimme – und all das wird dann in einer gewaltigen Datenbank des Heimatschutzministeriums gespeichert. Derzeit befinden sich in dieser Datenbank biometrische Daten von einer Viertelmilliarde Menschen.

Wie der politische Philosoph Thomas Nail schreibt, werden heute mobile Überwachungstürme der US-Grenzpatrouille (die früher nach dem dreiköpfigen Hund der griechischen Mythologie, der die Menschen an der Flucht aus der Unterwelt hinderte, den Namen ›Cerberus‹ trugen) auf Lastwagen montiert und können an jedem Punkt entlang der Grenze positioniert werden. 2016 setzte das Ministerium ein Datensammlungsprogramm ein, das ebenfalls Cerberus hieß. Und ferner betrieb ein Unternehmen mit eben diesem Namen, Cerberus, Überwachungsflüge, in deren Rahmen 2020 gemeinsam mit der *Arizona National Guard* Aufklärungsmissionen über einer Protestveranstaltung in Phoenix geflogen wurden. Die Aufgabe des Cerberus, Menschen von der Flucht aus der Unterwelt abzuhalten, scheint eine passende Analogie für die Technologie zur Grenzsicherung zu sein. In einer Stadt in Maryland wandte sich die Schulleitung der örtlichen Highschool nach einer Reihe von Auseinandersetzungen an der Schule an Beamt*innen des Heimatschutzministeriums und bat um eine Überwachung der Social-Media-Accounts der Schüler*innen.

Diese Werkzeuge zur Durchsetzung von Grenzregimen breiten sich weltweit aus und folgen dabei dem Gesetz des Hammers, der immerzu nach Nägeln Ausschau hält – und diese Nägel können wir alle sein. Laut einer Schätzung von Jacqueline Stevens hat die US-Regierung zwischen 2003 und 2010 über 20.000 US-Bürger*innen festgenommen und abgeschoben, und es wird weiter geschätzt, dass zwischen einem und zwei Prozent der Menschen in Abschiebehaft in Wirklichkeit Bürger*innen der USA sind.

Geschlossene Grenzen bedeuten weniger Freiheit für alle, nicht nur für die auf der ›anderen‹ Seite der Grenze. Wie die Tohono O'odham-

Aktivistin und Wissenschaftlerin Nellie Jo David über ihre Lebenserfahrung in den Grenzgebieten Süd-Arizonas sagte: »Wir leben im Krieg, wir leben mit diesen Flugzeugen und wenn wir da draußen im Reservat oder in Ajo« – einer ehemaligen Bergbaustadt in der Region – »oder darum herum angehalten werden – wie viele Leute von der Grenzpatrouille kreuzen dann sofort auf? Sie behandeln das hier, als ginge ein Krieg vor sich.« Wenn man den Hightech-Unternehmen und den staatlichen Behörden, die sich mit Datensammlung oder Überwachung beschäftigen, den kleinen Finger reicht, nehmen sie nicht nur die ganze Hand, sondern alles andere gleich mit.

13. Eine Öffnung der Grenzen ist wirtschaftlich klug

»Was die Politik der Beschränkung von Auswanderung betrifft, verschwenden wir hier allem Anschein nach etliche Billionen Dollar«, schrieb der Ökonom Michael Clemens in einem berühmten Statement von 2011. »Die Schätzungen über den Zuwachs des weltweiten BIP durch eine Beseitigung der Mobilitätsbarrieren für Arbeit reichen von 50 bis 150 Prozent.« Ende 2021 betrug das weltweite BIP über 80 Billionen Dollar, was bedeutet, dass offene Grenzen dem insgesamt 40 bis 120 Billionen Dollar hinzufügen würden.

Der enorme Zuwachs, auf den Clemens hier kommt, ist fast mit Sicherheit übertrieben, vor allem, weil er von einer viel höheren als der tatsächlich wahrscheinlichen Migrationsrate ausgeht, und außerdem unterschätzt Clemens vermutlich diverse negative Auswirkungen auf die Produktivität und die grundlegenden Kosten einer massiven Migration. Aber sein Punkt ist letztlich dennoch richtig. Eine Öffnung der Grenzen würde den Wohlstand sowohl vergrößern als auch gerechter verteilen. Bei offenen Grenzen würden Hunger, Obdachlosigkeit und andere Formen der Armut, des Mangels und der Prekarität tatsächlich abnehmen.

2017 kam *ProPublica* zu dem Ergebnis, dass für jedes Prozent Zuwachs an Einwander*innen in die USA das BIP des Landes um 1,15 Prozent steigt. Und der durch Immigration ausgelöste Anstieg findet nicht nur auf nationaler Ebene statt: Laut einem Bericht der *Winthrop Rockefeller Foundation* von 2007 über den Einfluss von Latin@-Migrant*innen auf die Wirtschaft des Bundesstaates Arkansas haben diese »eine kleine, aber positive Nettoauswirkung auf den Haushalt« des Staates. Insgesamt ›kosteten‹ Immigrant*innen den Staat Arkansas 2004 237 Millionen Dollar, leisteten aber direkte und indirekte Steuerzahlungen in Höhe von 257 Millionen Dollar. Noch überzeugender ist die Tatsache, dass eingewanderte Einwohner*innen des Staates ungefähr 3 Milliarden Dollar an Unternehmensumsätzen generierten. Der Bericht kam auch zu der Einschätzung, dass ohne Immigrant*innen »der Output der verarbeitenden Industrie wahrscheinlich um 1,4 Milliarden Dollar sinken würde – oder um etwa acht Prozent des Gesamtbeitrags von 16,2 Milliarden, den diese Industrie 2004 zum Bruttoprodukt dieses Bundesstaates leistete«.

Wir finden also eine eindeutig positive Auswirkung der Migrant*innen auf die Wirtschaft der Einzelstaaten und der USA insgesamt. Aber wir müssen natürlich auch die Auswirkungen sowohl des Grenzregimes als auch einer Öffnung der Grenzen auf die Migrant*innen selbst in Betracht ziehen.

Ökonom*innen haben bei Beschäftigten, die annähernd dieselbe Arbeit verrichten, in den Vereinigten Staaten auf der einen und auf Haiti, in Nigeria oder Guatemala auf der anderen Seite Lohndifferenzen von bis zu 1.000 Prozent beobachtet. Es lässt sich schwerlich gegen eine Entscheidung argumentieren, für ein und dieselbe Arbeit statt weniger als fünf Dollar am Tag in Zukunft 15 Dollar pro Stunde verdienen zu wollen, und doch sind die Arbeiter*innen auf Haiti, in Nigeria oder Guatemala gezwungen, dafür ihr Leben aufs Spiel zu setzen. Solche Lohnabstände sind kein bedauerlicher, aber unvermeidlicher Bestandteil der wirtschaftlichen Ordnung, sondern sie werden mit voller Absicht durchgesetzt und ausgenutzt.

In seinem Buch *The Border Crossed Us* analysiert Justin Akers Chacon die Auswirkungen von erzwungenen staatlichen Sparmaßnahmen und NAFTA (dem Freihandelsabkommen zwischen Kanada, den USA und Mexiko, das den wachsenden Trend zur Verlagerung von Jobs aus dem US-amerikanischen Mittleren Westen und dem südlichen und ländlichen Mexiko in die Grenzregion in Nordmexiko verstärkte) auf manuelle Arbeitsplätze in Nordmexiko und rechnet aus, dass die untersten 29 Prozent der Arbeiter*innen in der *maquila*-Industrie 1992 64 Prozent weniger Lohn verdienten als noch 1976. Bis 2002 fielen die Löhne für dieselben Arbeiter*innen verglichen mit 1983 um 14 Prozent, während die Produktivität sich im selben Zeitraum verdoppelte.

In den ersten zehn Jahren nach der Einführung von NAFTA wuchs der Lohnabstand zwischen den Vereinigten Staaten und Mexiko um mehr als zehn Prozent. Das war dieselbe Periode, in der auch die Grenzinfrastruktur in beträchtlichem Maß ausgebaut wurde – simultan mit der eben erwähnten ausbeuterischen Wirtschaftspolitik. Wie Suketu Mehta zusammenfasst: »Zwischen 1970 und 2010 verlor Mexiko durch illegale Finanztransfers 872 Milliarden Dollar, und der größte Teil dieses Geldes landete schließlich in US-amerikanischen Banken.« Im Lauf derselben Periode wanderten 16 Millionen Mexikaner*innen in die USA ein. »Sie taten damit ganz und gar nichts Unrechtes«, schließt Mehta, »denn sie folgten ja nur dem Geld.«

Gleichzeitig verloren im Mittleren Westen der USA 50.000 Automobilarbeiter*innen ihre Arbeit. Die meisten dieser Arbeitsplätze gingen nach Mexiko, wo die Produktivität, wie Akers Chacon berichtet, von 1990 bis 1999 um über 66 Prozent anstieg. Aber zur gleichen Zeit fielen die Reallöhne um etwa 20 Prozent und auch der gewerkschaftliche Organisationsgrad sank. Ganz offensichtlich ist das Schema der *offenen Grenzen für das Kapital* und der *geschlossenen Grenzen für die Menschen* ein System, bei dem sowohl die US-amerikanischen als auch die mexikanischen Arbeiter*innen verlieren. Geschlossene Grenzen sind nur für die Unternehmen von Vorteil, weil sie dann die Grenze als Keil einsetzen können, um die Löhne zu senken, den Arbeitsschutz zu unterminieren und die Fließbänder noch schneller laufen zu lassen.

Eine Öffnung der Grenzen würde den Unternehmen sofort ein wichtiges Werkzeug zur Ausbeutung nehmen, den Arbeiter*innen bessere Aussichten auf anständige Löhne bieten und ihre Zusammenarbeit und ihre kollektive Organisierung erleichtern.

Akers Chacon weist darauf hin, dass in Nicaragua mehr als 120.000 Arbeiter*innen in der Textilindustrie Kleidung für große US-Unternehmen herstellen und dass in Mexiko etwa 600.000 Menschen Autoteile produzieren, von denen ein Großteil an Fabriken von General Motors, Chrysler und Ford in den Vereinigten Staaten geliefert wird. Diese ausländischen Arbeiter*innen werden von denselben Konzernen beschäftigt wie die Arbeiter*innen in den USA, aber sie sind, wie Chacon schreibt, »von diesen durch Grenzen getrennt und in ihren Heimatländern einem höheren (und von den USA unterstützten) Maß an gewerkschaftsfeindlicher Repression ausgesetzt«.

Von den zahlreichen von der Welthandelsorganisation WTO registrierten Freihandelsabkommen enthalten nur 40 Bestimmungen, die eine Migration von Beschäftigten vorsehen, und dies sind dann in der Regel hochausgebildete Arbeitskräfte.

14. Offene Grenzen sind eine dringliche Antwort auf die Klimakrise

Laut derzeitigen Schätzungen werden in den kommenden Jahrzehnten bis zu einer halben Milliarde Menschen durch Klimakrisen gezwungen sein, ihre Heimat zu verlassen. Sie zum Aufenthalt in Flüchtlingslagern oder Slums zu verurteilen, wäre nicht nur für sie gefährlich und außerdem ein beschämendes Zeichen für die moralische Armseligkeit der Welt, sondern auch eine bedrückende und politisch brisante Abdankung jedes menschlichen Anstands. Zig Millionen von Menschen, die sich hinter Grenzmauern ballen, würden uns einem Zustand politischer Verzweiflung und explosiver Gewalt immer näherbringen. Grenzen sind für die auf uns zukommenden Veränderungen genauso wenig eine Lösung wie ein Regenschirm für einen herabstürzenden Asteroiden. In unserer Arbeit für Nachhaltigkeit und die Überlebensfähigkeit unserer Spezies ist die Öffnung der Grenzen ein wesentlicher Schritt nicht nur zu mehr Sicherheit für die Menschen vor immer schlimmeren Katastrophen, sondern auch zum Finden kollektiver Lösungen.

Der Klimawandel wird auch die Menschen, die derzeit im Globalen Norden einen relativen Wohlstand genießen, zur Migration zwingen. 2020 wurden laut dem *International Displacement Monitoring Center* 30 Millionen Menschen durch Klimakatastrophen entwurzelt; das waren dreimal mehr, als durch kriegerische Konflikte vertrieben wurden. Allein in den Vereinigten Staaten zwangen die Hurrikane Katrina, Harvey, Maria und Irma Millionen von Menschen zum Verlassen ihrer Heimatorte, und das manchmal für immer. 2021 lebten mehr als 40 Prozent der US-Bürger*innen in Countys, die von Klimakatastrophen betroffen waren.

Von 2013 bis 2019 gaben die USA, Deutschland, Japan, Großbritannien, Kanada, Frankreich und Australien zusammen mit über 33,1 Milliarden Dollar mehr als doppelt so viel Geld für ihr Grenz- und Einwanderungsregime aus wie für die Finanzierung von Klimaschutzmaßnahmen (14,4 Milliarden Dollar). Und obwohl die großen Weltmächte sehr viel mehr für ihr Grenzregime als für Dekarbonisierung oder Bemühungen zur Verlangsamung des Klimawandels ausgeben, schwinden die Hoffnungen auf eine Lösung des Migrationsproblems immer weiter. Geschlossene Grenzen können ein immer wärmeres und immer wechselhafteres Klima weder abkühlen noch berechenbarer machen. Und sie können eine Bevölkerung, die weltweit entwurzelt wird, nicht daran hindern, sich zu bewegen.

Während wir uns auf diesem immer heißeren Planeten auf eine Weltbevölkerung von acht Milliarden Menschen und mehr zubewegen, wird niemand mehr in der Lage sein, die Auswirkungen des Klimawandels zu verhindern oder sich vor ihnen zu verstecken.

Wachsende Bevölkerungen überall auf der Welt und besonders im Globalen Süden werden mehr Öl und Kohle für die Energieversorgung ihrer Städte verbrennen, massive Mengen von Stickstoffdünger für den Anbau ihrer Nahrung verwenden und sich auch weiterhin die Genüsse und den Komfort wünschen, die einige schon erreicht haben. Diese massive Nachfrage so weit zurückzudrängen, dass die gegenwärtigen Ziele zur Verlangsamung des Klimawandels erreicht werden können, ist fast mit Sicherheit unmöglich. Aber in dieser Situation sind die Zusammenarbeit mit Schwellenländern, ein Ausbruch aus dem Nullsummenspiel der weltweiten Machtkonkurrenz, bei der verantwortungsbewusste Reformen und bereits eingegangene vertragliche Verpflichtungen dem Streben nach weltweiter Hegemonie geopfert werden,[6] sowie eine sparsamere Lebensweise, eine erdfreundlichere Ernährung und andere Formen der Mobilität der einzige Weg zu einer nachhaltigen menschlichen Existenz. Grenzen stellen für dieses Ziel ein Hindernis dar.

15. Offene Grenzen sind ein Beitrag zur Entschädigung und Entkolonisierung

Die Vereinigten Staaten tragen gegenüber einer Reihe von Ländern überall auf der Welt eine Verantwortung, die man als ›imperiale Schuld‹ bezeichnen könnte. »Die Verantwortung der USA für ihren Beitrag zu der Lage,

---

6 Laut einer Studie der Brown University ist das US-Verteidigungsministerium mit weitem Abstand der größte Verursacher von Treibhausgasen. Im Jahr 2017 waren die Treibhausemissionen des Pentagon nicht nur höher als die Emissionen der gesamten US-Eisen- und Stahlindustrie, sondern auch höher als die Emissionen vieler Industrieländer wie Schweden, Dänemark und Portugal. Ein Großteil des CO^2-Ausstoßes wird also wie bei einer Schlange, die sich selbst vom Schwanz her auffrisst, zum Schutz von Öl-Reserven in die Atmosphäre eingebracht. Russland, China, Israel, Saudi-Arabien und andere Länder sind in dieser Hinsicht leider auch nicht viel besser. Schätzungen zufolge ist das Militär der Welt für bis zu fünf Prozent der globalen Emissionen verantwortlich; das ist mehr, als der Anteil der zivilen Luft- und Schifffahrt zusammengenommen.

die einen Großteil der Emigration aus Honduras erzeugt«, schreibt Joseph Nevins, »sollte der US-Regierung den Boden für jede Rechtfertigung entziehen, Menschen aus Honduras abzuschieben und ihnen den Aufenthalt in den USA zu verweigern.« Angesichts der Tatsache, dass Honduras, was die destabilisierenden Auswirkungen imperialistischer Interventionen betrifft, weniger eine Ausnahme als ein klassisches Beispiel ist, gilt dasselbe Argument auch für Dutzende von anderen Ländern, darunter etwa der Irak, der Iran, Afghanistan, Pakistan, der Jemen, Somalia, der Kongo, El Salvador, Guatemala, Nicaragua, Mexiko, Haiti, die Dominikanische Republik, Kuba, Indonesien, die Philippinen, Laos und Kambodscha.

Von dem sri-lankischen Romancier und Aktivisten A. Sivanandan stammt ein berühmter und prägnanter Satz, mit dem er erklärt, warum Migrant*innen in die Länder auswandern, die einst ihre Heimat kolonisiert haben: »Wir sind hier, weil ihr dort wart.«

Und es sind nicht nur die Vereinigten Staaten, die eine solche imperiale Schuld tragen: Viele europäische Länder – Großbritannien, Frankreich, Deutschland, Belgien, Portugal, Italien, Spanien – spielten eine führende Rolle bei völkermörderischen Invasionen und ignorierten Grenzen auf dem amerikanischen Kontinent und in Afrika, um Land zu rauben und sich fremde Reichtümer anzueignen. Und was Nevins Analyse der US-Rolle in Honduras betrifft, kann dieselbe Analyse auch auf Belgien und die Demokratische Republik Kongo, Deutschland und Kamerun sowie Frankreich und große Teile Afrikas angewendet werden.

Zudem haben westliche Länder auch ein beträchtliches Schuldenkonto angehäuft, das man als ›Klimaschuld‹ bezeichnen könnte, da sie für den weitaus größten Teil der Kohlenstoffdioxid-Emissionen verantwortlich sind, während die ärmeren Länder am meisten unter den negativen Auswirkungen leiden.

Angesichts der missglückten Bemühungen der Unabhängigkeitsbewegungen in Afrika und auf dem amerikanischen Kontinent, die fortwährenden Auswirkungen kolonialer Gewalt zu revidieren, bleibt Migration ein unverzichtbarer lindernder Ausweg, der, wie E. Tendayi Achiume schreibt, »die individuelle Selbstbestimmung innerhalb des neokolonialen Imperiums stärkt«. Wenn Bürger*innen eines Landes im Globalen Süden politische Gleichheit mit den Bürger*innen des Globalen Nordens durchsetzen und die Grenze überschreiten, um ihre wirtschaftliche Situation zu verändern oder zu verbessern, ist das Achiume zufolge »Migration als

Entkolonisierung.« Eine formale Anerkennung dieses Rechts würde zu offenen Grenzen führen.

Die Forscherinnen Sara Amighetti und Alasia Nuti argumentieren, »postkoloniale Migrant*innen« oder Menschen aus ehemaligen Kolonien seien »wesentliche Mitwirkende« an der Identität der kolonisierenden Nation (und tatsächlich basieren ja der wirtschaftliche Wohlstand und die Freiheit der Bürger*innen der kolonisierenden Nation in vielerlei Hinsicht auf der kolonialen Beziehung zwischen den jeweiligen Ländern), weshalb sie die Möglichkeit haben sollten, in den kolonisierenden Staat einzuwandern, dem sie ja letztlich ohnehin schon angehören.

Laut internationalem Recht (wie es von der von den Vereinten Nationen ernannten *International Law Commission* interpretiert wird) müssen Nationen für Handlungen, die gegen das Völkerrecht verstoßen, »volle Entschädigung« leisten. Zu diesen Reparationen gehören »Restitution, Kompensation und Satisfaktion«, das heißt, Wiederherstellung der Lage vor der Rechtsverletzung, finanzielle Zahlungen sowie Anerkennung des zugefügten Schadens und eine Entschuldigung dafür. Angesichts der Tatsache, dass die erste Form der Reparation unmöglich, die zweite sehr unwahrscheinlich und die dritte zwar anerkannt wichtig, aber sicherlich nicht völlig befriedigend ist, ist die Öffnung der Grenzen und das Angebot der Staatsbürgerschaft an die Opfer des Kolonialismus und ihre Nachkommen eine angemessene und gerechte Form der Reparation und Entschädigung.

Wie kann ein Land, das Menschen erst so entwurzelt und enteignet hat, dann dieser Bevölkerung das Recht auf das Streben nach Sicherheit und Würde verweigern? Eine leicht verfügbare und einfache Form der Wiedergutmachung für koloniale und neokoloniale Einmischungen wäre doch, wenn die verantwortlichen Länder die Menschen, die vor politischen oder Klimakatastrophen fliehen, willkommen heißen würden, statt sie zu quälen und ins Gefängnis zu sperren.

16. Die Weltreligionen sind sich einig: Öffnet die Grenzen

»Und wenn ein Fremder mit euch in unserem Land lebt, sollt ihr ihn nicht schlecht behandeln«, sagt Jahwe im Buch des Levitikus zu Moses. »Der Fremde, der unter euch wohnt, soll euch so sein wie jemand, der unter euch geboren ist, und ihr sollt ihn lieben wie euch selbst, denn ihr wart selbst Fremde im Land Ägypten.«

Etliche Religionen der Welt verkünden und propagieren – zumindest rhetorisch – Prinzipien, die verlangen, die Fremden zu begrüßen und denen, die in Not sind, Unterstützung, Hilfe, Wasser und Ehre angedeihen zu lassen. Viele der Weltreligionen ehren außerdem die Wander*innen, Pilger*innen und Migrant*innen – all jene, die von ihrem Ursprungsort vertrieben wurden. Es ist daher höchst merkwürdig, dass so viele praktizierende Anhänger*innen der großen Religionen nichts mit Migrant*innen zu tun haben wollen und nach Mauern rufen, um sie von sich fern zu halten, oder von den Einwanderungsbehörden fordern, sie zurück nach Hause zu schicken.

»Gastfreundschaft beginnt an der Tür, im Flur, auf den Brücken zwischen öffentlichem und privatem Raum«, schreibt Christine D. Pohl in *Making Room: Recovering Hospitality as a Christian Tradition*. Und das heißt, dass Gastfreundschaft an der Grenze beginnt.

Zuflucht gewähren, Migrant*innen Schutz zu bieten und sie willkommen zu heißen, ist Teil der prophetischen Tradition Amerikas, die bis zu dem Kämpfer*innen gegen die Sklaverei zurückreicht, deren Geist in ihrem eigenen Erbe religiöser, politischer und wirtschaftlicher Verfolgung wurzelte. Auch in Europa haben sich Christ*innen lange Zeit auf ihren Glauben gestützt, um die Verfolgten zu begrüßen und zu beschützen. Aber solche Traditionen und ein solcher Geist stoßen heute auf die Mauer einer migrantenfeindlichen Politik.

Im Evangelium des Matthäus formuliert Jesus eine der grundlegenden Maximen des Christentums, die uns etwas darüber sagt oder sagen sollte, wie wir heute Migrant*innen behandeln: »Du sollst deinen Nächsten lieben wie dich selbst.« Liebe, selbst strenge Liebe, ist mit Abschiebung oder Deportation nicht vereinbar.

Die Geschichte und Tradition der Jüd*innen ist in vieler Hinsicht eine Geschichte der Migration. Jemand hat gezählt, dass in der Thora 36-mal eine gastfreundliche und gerechte Behandlung von Migrant*innen gefordert wird. Vor allem im Lauf des letzten Jahrhunderts sind Jüd*innen ihrer Rechte beraubt, verfolgt, deportiert und massakriert worden und wurden zu Opfern einiger der bösartigsten Verbrechen der Menschheitsgeschichte. Ihr Leidensweg und die hartherzige Weigerung vieler Länder, sie bei sich willkommen zu heißen, waren ein Anstoß für die Entwicklung grundlegender Normen der internationalen Menschenrechte und für Abkommen zum Flüchtlings- und Asylrecht. Vor dem Hintergrund einer langen Geschichte beinahe ununterbrochener Vertreibung verlangt die jüdische Tradition in ihrer Idealform, die Fremden zu ehren und bei sich zu begrüßen. Im Talmud sagt Rabbi Yosie: »Halte dein Haus immer offen für jene, die leiden und der Hilfe bedürfen.«

Eines der ersten und zentralsten Gebote des Buddhismus ist der Respekt vor dem Leben, und er legt einen klaren Schwerpunkt auf Mitgefühl und Gewaltlosigkeit. Die Prinzipien *karuna* (Mitgefühl) und *mudita* (einfühlsame Freude) fordern die Menschen dazu auf, für die Sicherheit und das Glück anderer zu sorgen und sich daran zu erfreuen, ganz gleich, welche Form dieses Glück und diese Sicherheit annehmen und ganz gleich, woher diese anderen stammen mögen.

Im Islam bilden Willkommenheißen und Gastfreundschaft die Pfeiler nicht nur der Religion, sondern der gesamten Kultur. Der Gelehrte Tahir Zaman schreibt, dass »Themen von Schutz und Hilfe im Koran 396-mal vorkommen. [...] 20 dieser Stellen erwähnen ganz spezifisch die Themen *hijra* (Flucht) und *aman* (Asyl).« In Sure 4:36 des Koran sagt der Prophet Mohammed: »Und sei gütig zu den Eltern, den Verwandten, den Waisen, den Bedürftigen, zum Nachbarn, der verwandt ist, zum Nachbarn, der nicht verwandt ist, zum Freund an deiner Seite, zum Reisenden und zu denen, die unter deiner Obhut stehen.«

In der Hindu-Tradition heißt es in der Taitiriya Upanishad 1.11.2 ganz ähnlich: »Ein Mensch soll nie die Fremden von seinem Haus wegschicken, das ist die Regel. Daher sollte ein Mensch immer für das reichliche Vorhandensein von Nahrung sorgen, denn gute Menschen sagen zu den Fremden: ›Es ist genug zu essen für euch da.‹«

Wenn man den Normen sämtlicher großer Religionen entsprechend leben will, erfordert das eine Offenheit, eine Willkommenskultur und eine Gastfreundschaft, die sich nicht mit geschlossenen Grenzen vereinbaren lassen. Oder wie Rabbi Y'hudah im Talmud sagte: »Gastfreundschaft gegenüber den Reisenden ist noch größer als der Genuss der Präsenz des Göttlichen.«

17. Geschlossene Grenzen sind rassistisch

Die Nationalität, die einer Person bei der Geburt verliehen wird, bestimmt darüber, ob sie die Freiheit hat, über internationale Grenzen gehen zu können oder nicht. Nicht nur Grenzmauern, sondern unzählige internationale

Visaabkommen bevorzugen die Besitzer*innen ganz bestimmter Pässe und geben ihnen Bewegungsfreiheit, während sie sie anderen, die sie damit zur Immobilität verurteilen, verweigern. Diese Diskriminierung basiert zwar auf Nationalität, überschneidet sich aber auch mit Kategorien von ›Rasse‹ und Klasse. Bürger*innen aus Ländern des Globalen Nordens, und das sind in erster Linie *Weiße*, kommen meist leicht über jede Grenze, während Bürger*innen aus Ländern des Globalen Südens, also überwiegend Schwarzen und Braunen Menschen, dieselbe Freiheit verweigert wird.

In der heutigen Behandlung von Migrant*innen lebt die Logik der Apartheid und der Rassentrennung weiter. »Wenn man sich die Daten ansieht, wird offensichtlich«, schreibt der Soziologe Steffen Mau, »dass die meisten Länder mit mehrheitlich Schwarzer oder islamischer Bevölkerung weitgehend vom visumsfreien Reisen ausgenommen sind.« Selbst innerhalb von Ländern der Dritten Welt verfügen *weiße* Bürger*innen meist über den Wohlstand und die Beziehungen, um sich Pässe und die Genehmigung zu internationalen Reisen zu verschaffen. Dasselbe Muster gilt für nichtautorisierte Migration: Schwarze und Braune Menschen werden wesentlich häufiger abgelehnt, verdächtigt, verhaftet und abgeschoben.

In einem Artikel, den ich zusammen mit dem Journalisten José Olivares für *Business Insider* schrieb, beleuchteten wir einige Statistiken und Muster, die meist übersehen werden, und kamen zu dem Ergebnis, dass es in den Haftzentren für Immigrant*innen vielfältige Formen einer spezifischen Misshandlung Schwarzer Migrant*innen gibt. Die Angestellten und Wärter*innen der Haftzentren geben Schwarzen Migrant*innen weniger zu essen, üben häufiger gewalttätige Rache an ihnen, halten sie länger in Haft, verlangen von ihnen wesentlich höhere Kautionen, sperren sie länger in Einzelhaft und legen ihnen häufiger elektronische Fesseln an als anderen Migrant*innen.

In den beiden Jahren von 2018 bis 2020 betrug die vom *Refugee and Immigrant Center for Education and Legal Services* (RAICES) zu hinterlegende Kaution, um Immigrant*innen aus der Haft freizubekommen, im Durchschnitt 10.500 Dollar. Im selben Zeitraum lag die durchschnittliche Kaution für Immigrant*innen aus Haiti bei 16.700 Dollar und war damit 54 Prozent höher als bei anderen Immigrant*innen. Während Asylstatistiken nicht nach ethnischer Herkunft unterscheiden, zeigen die Muster auch hier, dass die Kautionen für Migrant*innen, die aus mehrheitlich Schwarzen Nationen kommen, höher sind als bei anderen.

Weiteren, ebenfalls vom RAICES zusammengestellten Statistiken zufolge war von 2012 bis 2017 unter den zehn Nationalitäten, über die die meisten Asylentscheidungen getroffen wurden, die Ablehnungsrate von Menschen aus Haiti mit 87 Prozent am zweithöchsten, obwohl sie aus einem Land kommen, das politisch extrem instabil ist und von permanenter (oft durch die USA geförderter oder provozierter) Gewalt heimgesucht wird. Zuvor waren es Jamaikaner*innen und Somalier*innen, die die höchsten Asylablehnungsraten und im selben Zeitraum auch die höchsten Abschiebungsraten zu verzeichnen hatten.

Während nur sieben Prozent der Nicht-Bürger*innen in den USA Schwarz sind, machen Schwarze Immigrant*innen 20 Prozent der Personen aus, denen aus strafrechtlichen Gründen die Abschiebung droht. Und obwohl afrikanische und karibische Immigrant*innen im Zeitraum von 2013 bis 2017 nur vier Prozent der Insass*innen in Haftzentren für Immigrant*innen bildeten, stellen sie 24 Prozent aller Gefangenen dar, die in Isolationshaft gesperrt wurden.

»Das moderne Einwanderungssystem ist eine modernisierte Form von Jim Crow«, sagte mir Allen Morris, ein Forscher, der für RAICES arbeitet. »Das ganze System basiert auf der Ideologie *weißer* Vorherrschaft. Es ist nicht dafür gemacht, Schwarze Immigrant*innen hierher kommen zu lassen.«

18. Mauern funktionieren nicht

Ob Mauern ›funktionieren‹ oder nicht, hängt natürlich davon ab, was man unter ›funktionieren‹ versteht: Schließlich funktionieren Mauern ja, wenn es darum geht, Migrant*innen zu gefährden, ihrer Rechte zu berauben und zu marginalisieren. Mauern können auch in politischer Hinsicht funktionieren, obwohl sie in der Praxis versagen. Grenzmauern funktionieren erfolgreich als Symbole des Nationalismus, sie mästen den Grenzindustriellen Komplex und sie füllen den internationalen Sicherheitsunternehmen die Taschen. Aber sie sorgen nicht sonderlich gut dafür, dass die Menschen auf der einen oder der anderen Seite der Grenze bleiben.

Die lokalen Fernsehnachrichten sind voll von Berichten über Migrant*innen, die im Eiltempo auf die Mauersegmente entlang der US-amerikanisch-mexikanischen Grenze hinauf und auf der anderen Seite wieder hinunterklettern, und das gilt selbst für die modernsten und höchsten Abschnitte der Mauer. Ich habe selbst beobachtet, wie Grenzgänger*innen eine sechs Meter hohe Mauer zwischen Nogales und Nogales hochkletterten, auf der anderen Seite wieder herunterstiegen und sich flugs in der Stadt in Nichts auflösten, alles innerhalb von 15 Sekunden.

Bereits 1951 wurde in einem Bericht der Grenzpatrouille in Calexio festgestellt, dass nur vier Tage nach der Reparatur von Löchern im dortigen Zaun elf der neuen Flicken wieder herausgerissen und 14 neue Löcher in den Zaun geschnitten worden waren, und dass es auch in dem mit Stacheldraht versehen Teil des Zaunes mindestens sieben neue Durchgänge gab.

Neue Mauern werden rasch mit hineingeschnittenen Türen, Strickleitern, Enterhaken, Drohnen, Tunneln oder sogar improvisierten Brücken überwunden. Abgesehen von Feuergräben und Minenfeldern oder der dauerhaften, hypermilitarisierten Infrastruktur der Entmilitarisierten Zone (EMZ) zwischen Nord- und Südkorea[7] halten Mauern, ganz gleich wie ›intelligent‹ oder brutal und mittelalterlich sie sind, die Menschen nicht vom Überschreiten von Grenzen ab. So schnell eine Mauer gebaut werden kann, so schnell kann sie auch wieder auf die ein oder andere Art überwunden werden, wie ein trockener Kommentar der ehemaligen Chefin des Heimatschutzministeriums, Janet Napolitano, verdeutlicht: »Zeigen Sie mir eine fünfzehn Meter hohe Mauer, und ich zeige ihnen ein fünfzehneinhalb Meter lange Leiter.«

Auch andere drakonische Maßnahmen zur Eindämmung der Einwanderung sind nicht wesentlich wirksamer als Mauern. So trennte die Trump-Regierung mit einer der unmenschlichsten Antiimmigrationsmaßnahmen der letzten Jahre Tausende von Kindern von ihren Eltern, um Letztere zu bestrafen und andere Familien von dem Versuch abzuschrecken, ebenfalls über die Grenze zu kommen. Und doch kamen in den Monaten nach Beginn dieser bösartigen und grausamen Maßnahme *noch mehr Familien über die Grenze*, weil sie schlicht und einfach der erdrückenden Armut, der tödlichen Gewalt und der totalen Hoffnungslosigkeit in ihren Herkunftsländern entfliehen wollten. Sie taten genau das, was wir alle tun würden. Sie suchten nach einem Leben in Würde und Sicherheit, und weder die Mauer noch Trumps migrantenfeindliche Propaganda konnten sie daran hindern.

---

7   Obwohl es selten ist, dass Menschen die EMZ selbst überwinden, geschieht auch das gelegentlich, und davon abgesehen fliehen jedes Jahr etwa 1.000 Nordkoreaner*innen auf anderen Wegen.

Es ist genauso, wie die Dichterin Warsan Shire in »Home« schreibt:

»no one leaves home unless
home is the mouth of a shark ...

you have to understand,
that no one puts their children in a boat
unless the water is safer than the land«[8]

19. ›Intelligente‹ Mauern sind dumm

Stahlmauern sind nicht der einzige Mechanismus, durch den Grenzen töten. Der Geograf Samuel Norton Chambers fand in der Wüste Süd-Arizonas eine »signifikante Korrelation zwischen dem Standort der Grenzüberwachungstechnologie, den von Migrant*innen benutzten Routen und den Orten, an denen menschliche Überreste gefunden wurden«. Das heißt, dass ›intelligente Mauern‹ Migrant*innen ebenso sehr in die Gefahren abgelegener Wüstenregionen treiben wie ›dumme‹ Mauern.

Die von Chambers studierte Überwachungstechnologie breitet sich mittlerweile in allen Grenzregionen der Welt aus. Allein an der Grenze zwischen den USA und Mexiko gibt es heute fast 400 fest installierte Überwachungstürme mit hochsensitiven Multi-Spektrum-Kameras, die riesige Gebiete überwachen. Neben den permanenten Türmen gibt es noch Hunderte weitere mobile Überwachungseinheiten, die auf Lastwagen montiert sind oder von diesen gezogen werden, und außerdem unbemannte Drohnen, Überwachungsballons, automatische Kennzeichenlesegeräte, Gesichtserkennungs- und Telefonhackingtechnologie, forensisches Gerät zur Auslesung von Fahrzeugdaten (das benutzt wird, um an Informationen aus dem ›Infotainment‹-System von Fahrzeugen zu kommen, darunter geografische Daten, Metadaten von Handys, Textnachrichten und sogar Daten darüber, wann welche Tür geöffnet wurde) und schließlich gigantische und immer weiter expandierende Datenbanken zur Sammlung und Filterung der Petabytes an Informationen.

---

8 »Niemand verlässt sein Zuhause, es sei denn
   das Zuhause ist das Maul eines Hais ...

   Ihr müsst verstehen,
   dass niemand seine Kinder in ein Boot setzt,
   außer wenn es auf dem Wasser sicherer ist als auf dem Land« (A. d. Ü.)

Jahrzehnte der migrationsfeindlichen Politik haben die Landschaft sowohl physisch als auch digital in ein Waffenarsenal verwandelt. Und während diese Hightech-Mauern Milliarden von Dollar verschlingen und die Migrant*innen erfolgreich in die unwirtlichsten und gefährlichsten Winkel der Wüste (oder im Fall Europas ins Meer) treiben, gelingt es ihnen nicht, der Einwanderung Einhalt zu gebieten. 2006 schloss der Technologiegigant Boeing mit dem US-Heimatschutzministerium einen Vertrag über etliche Milliarden Dollar ab, mit dem das Unternehmen mit der Installation von Überwachungstürmen (ursprünglich waren 1.800 über 30 Meter hohe Türme vorgesehen), Radargeräten und Bodensensoren sowie der Integration der vielfältigen Daten über Grenzgänger*innen beauftragt wurde. Nach fünf Jahren immer wieder enttäuschter Erwartungen kam das Ministerium zu dem Schluss, dass das Terrain zu vielfältig, die Technologie zu unwirksam und das Projekt insgesamt ein völliger Fehlschlag war.

In Großbritannien kennzeichnete der fehlerhafte Algorithmus einer Datenbank zur Einwanderung 7.000 Studierende fälschlich als zu deportierende Personen – und der Staat schob sie tatsächlich ab. Ein Bericht der Organisation *Migration and Technology Monitor* bezeichnete solche Versuche einer Automatisierung von Einwanderungsbestimmungen als »Labor, in dem hochriskante Menschenversuche durchgeführt werden«. In einem Flüchtlingslager in Jordanien ist es sogar untersagt, Menschen etwas zu essen zu geben, bevor sie nicht mittels eines optischen Scanners identifiziert worden sind. Die Flüchtlinge, die diesem Lager zugewiesen wurden, machen sich nicht nur Sorgen darüber, was mit ihren biometrischen Daten passiert, sondern sie klagen auch darüber, dass ihre Familienangehörigen aufgrund von Systemfehlern schwere Probleme bekommen. Da in der Regel nur ein einziges Mitglied der Familie über einen Augenscan Essen kaufen kann, müssen die Angehörigen hungern, wenn diese Person krank ist, eine Augenverletzung erlitten hat oder, was am häufigsten ist, wenn die Technik nicht funktioniert.

Diverse europäische Länder experimentieren jetzt mit Stimmerkennungstechnologien, aber noch häufiger verwenden sie elektronische Hand- oder Fußfesseln zur Überwachung, eine Methode, die als ›Tagging‹ (›Beschilderung‹) von Migrant*innen bezeichnet wird. In Österreich, Deutschland, Dänemark, Norwegen, Großbritannien und Belgien erlauben Gesetze dem Staat, die Handys von Asylsuchenden zu konfiszieren und aus diesen Daten auszulesen, die dann als Teil des Asylverfahrens benutzt werden können. Das stellt ein enormes Problem für die Wahrung der Privatsphäre dar.

Unterdessen denkt man in der Europäischen Kommission über einen komplizierten neuen Plan zur Militarisierung der Grenze nach, zu dem auch das ROBORDER-Projekt gehört, das genauso furchterregend ist, wie der Name klingt, und bei dem mit Militärtechnologie ausgestattete unbemannte Flugzeuge, Schiffe und Sensoren zur Überwachung der Grenzen Europas eingesetzt werden sollen. Außerdem erwog die Trump-Regierung eine Weile lang den Einsatz einer ›Drohnenmauer‹, bei der ›intelligente‹ Drohnen die US-amerikanisch-mexikanische Grenze überwachen und Menschen verhören sollten, die in einem Werbevideo für das Programm als »Eindringlinge« bezeichnet wurden. Die Versuchsdrohnen waren auch in der Lage, Grenzgänger*innen zu tasern.

Hinzu kommt, dass sowohl in den USA als auch in Europa Grenzroboter an den Grenzen installiert werden, die im Gesicht der Menschen ›lesen‹ und herausfinden sollen, ob sie lügen. Es überrascht wohl kaum, dass diese Technologie schon zu Fehlidentifizierungen und zur unrechtmäßigen Kriminalisierung von Menschen geführt hat.

Daneben wird der invasive und dystopische Einsatz von Technik zur Überwachung von Migrant*innen und zur Einschränkung ihrer Bewegungsfreiheit von den Staaten immer mehr an den Privatsektor outgesourct, was eine ganze Reihe weiterer ernster Fragen aufwirft.

›Intelligente Mauern‹ sind in fast jeder Hinsicht auch nicht anders als normale Mauern: Sie halten die Migrant*innen nicht auf, sondern bremsen sie nur oder lenken sie auf gefährlichere Routen. Gleichzeitig versagen diese Hightech-Bemühungen auf eine neue Art, indem sie persönliche Daten fehlinterpretieren, fehlidentifizieren, invasiv sammeln, für immer horten und an Unbefugte weitergeben – und das sind Gefahren einer neuen, folgenreichen, diskriminierenden und potentiell tödlichen Art.

20. Das Recht auf Migration / Das Recht auf Bleiben

Du bist dort, wo du gerade bist, weil du selbst, deine Eltern oder deren Vorfahren dorthin ausgewandert sind.

Eine 2018 veröffentlichte genetische Analyse menschlicher Überreste aus der Jungsteinzeit, dem Kupferzeitalter und dem Bronzezeitalter hat gezeigt, dass in den letzten 10.000 Jahren fast jede menschliche Bevölkerungsgruppe gewandert ist. »Die Orthodoxie, die Annahme, dass die Menschen von heute direkt von Menschen abstammen, die immer in demselben Gebiet gelebt haben«, schreibt einer der Autoren der Studie, »ist fast überall falsch.«

Während indigene Bevölkerungen zurecht eine lange und reiche Geschichte in den von ihnen bewohnten Gebieten für sich beanspruchen, sind auch viele von ihnen über lange Zeiträume auf der Wanderschaft gewesen. Der Mensch ist eine mobile Spezies. Aber wir sind auch eine nostalgische Spezies, die an bestimmte Orte geknüpfte Bindungen und Identitäten schmiedet und erfindet. Diese beiden Wahrheiten können miteinander in Konflikt geraten, aber das müssen sie nicht. Wenn wir respektvoll sind, Ungerechtigkeiten angehen und Fremde willkommen heißen, kann uns das helfen, den Weg zu einer gerechteren und weniger gewalttätigen Zukunft zu finden.

Entkolonisierung ist ein wichtiger Schritt auf diesem Weg, aber es geht dabei nicht nur darum, das Land zurückzugeben. Wem das Land ›gehört‹, ist, war und wird immer eine Quelle von Konflikten sein. Indigene Menschen verdienen eine Entschuldigung und Kompensation für den massiven und mörderischen Raub vergangener Jahrhunderte, aber das muss nicht unbedingt heißen, dass man jetzt neue Grenzen zieht und durchsetzt. Stattdessen müssen wir unser Verhältnis zum Land ganz neu überdenken und uns den Geist geteilter Commons zu eigen machen – aber Commons in dem Sinn, wie sie von Silvia Federici verstanden werden, das heißt,

> »nicht als geschlossene Realität, als eine Gruppierung von Menschen, die durch exklusive Interessen zusammengehalten wird, die sie von anderen trennen, wie dies bei Gemeinschaften der Fall ist, die sich auf der Basis von Religion oder ethnischer Herkunft bilden, sondern als eine Qualität der Beziehungen, ein Prinzip der Kooperation und der Verantwortung füreinander und für die Erde, die Wälder, die Meere, die Tiere«.

Alle Arbeiter*innen und alle, die sich um das Land sorgen, statt es auszubeuten und zu zerstören, sollten die Möglichkeit haben, sich seiner zu erfreuen und darauf und darin zu leben.

Menschen sind schon immer umhergestreift, waren neugierig und unterwegs. Erst die modernen Nationalstaaten und die Maschinerie der

Grenzen haben unsere angeborene und natürliche Mobilität in *Migration* verwandelt, also in etwas, das durch Visa abgestempelt und erlaubt oder für illegal erklärt und bestraft wird. Der Forscher Nicholas De Genova hat das so formuliert: »Wenn es keine Grenzen gäbe, gäbe es keine Migrant*innen – nur Mobilität.« Demnach bestünde ein überraschend einfacher Weg zur Beseitigung illegaler Migration darin, ganz einfach die geschlossenen Grenzen abzuschaffen.

Aber dieser Appell für offene Grenzen klingt hohl ohne den notwendigen Kampf um die Verbesserung der Verhältnisse in den Ländern, aus denen die Migrant*innen fliehen. Niemand sollte – sei es aufgrund staatlicher Gewalt und Unterdrückung, des Klimawandels oder der Unmöglichkeit, Arbeit zu finden – *gezwungen* sein zu migrieren. Einer der wesentlichsten Aspekte des Eintretens für offene Grenzen ist der Kampf für eine gerechtere und sicherere Welt, eine Welt, in der niemand aufgrund von Not oder Entbehrung seine Heimat verlassen muss.

Die beste Migrationspolitik ist die, die niemanden zwingt zu migrieren, und die den Menschen das Recht und die Mittel gibt, in ihrer Heimat und in ihrer Community zu leben und sie mitzugestalten und zu genießen. Bei der Vision von offenen Grenzen geht es um eine Welt, in der ein solches Leben nicht dadurch beschränkt ist, wo diese Gemeinschaft sich befindet oder wo die Menschen eine solche Gemeinschaft suchen oder finden können. Eine Welt mit offenen Grenzen ist eine Welt, in der ›diese‹ oder ›jene‹ Seite der Grenze sich nicht durch Gewalt auf der einen und Sicherheit auf der anderen Seite unterscheiden und in der man nicht Wohlstand und Zukunftsmöglichkeiten unmittelbar neben Armut und dem Fehlen jeder Wahlmöglichkeit findet.

Es ist eine Welt, in der es mehr Freiheit und weniger Unterdrückung gibt, in der Menschen neue Möglichkeiten und Schutz erhalten, wenn sie ihn brauchen. Gleichzeitig ist es eine Welt, in der wir uns um die Erfüllung grundlegender Bedürfnisse bemühen, sodass niemand entwurzelt wird. Der Migrationswissenschaftler Reece Jones hat empfohlen, anstelle des Heimatschutzministeriums ein Ministerium für Menschenrechte und Bewegungsfreiheit zu gründen. Im Gegensatz zu den Zonen des Todes und der Rechtlosigkeit, die durch militarisierte Grenzen erzeugt werden, würde ein solches Ministerium mehr Sicherheit schaffen – sowohl auf persönlicher als auch auf nationaler Ebene.

21. Das einfache Argument

Außer im Fall kleiner Inselnationen sind die Grenzen sämtlicher Länder mit Blut gezogen worden. Massaker, Völkermord und ein rücksichtsloser Imperialismus haben die Gründung der Vereinigten Staaten ermöglicht und sie bildeten das Fundament für den Wohlstand Frankreichs, Großbritanniens, Deutschlands, Israels und anderer Länder im Globalen Norden. Das Recht für sich zu beanspruchen, Migrant*innen vom Überschreiten einer Linie abzuhalten, die zuvor praktisch nach Belieben von der im Besitz der Macht befindlichen Elite (und deren Vorfahren) überschritten wurde, ist absurd und in einem grundlegenden Sinn unfair.

Die Berliner Konferenz von 1884, auf der die imperialen Mächte Europas Linien auf der Landkarte Afrikas zogen und ihre territorialen Ansprüche gegeneinander absteckten, ist nur das krasseste Beispiel dafür, wie Völkern und natürlich gewachsenen Landschaften gewaltsam Grenzen aufgezwungen werden. Der Ursprung einiger der destruktivsten Episoden der Geschichte ist die Behauptung, der zufolge nur bestimmte Menschen in ein bestimmtes Gebiet gehören und laut der es sich bei allen anderen um Eindringlinge handelt, die abgewehrt oder abgeschoben werden müssen. Wenn wir diese Art von selbstverliebtem Egoismus und blinder Fremdenfeindlichkeit fallenlassen würden, würde das die geopolitischen Spannungen nicht verschärfen, sondern vermindern.

Ein Land ist kein Haus. Nachts die eigene Haustür abzusperren, ist nicht dasselbe, wie Migrant*innen den Zugang zum Territorium eines Landes zu verwehren. Indem wir uns weigern, Migrant*innen willkommen zu heißen, entlarven und entehren wir unsere eigene Heimat – wir vergessen die Geschichte des Landes und der Eroberung, die Traditionen von Freiheit und Gastfreundschaft, die einst dort praktiziert wurden. Indem wir eine exklusive Verbindung zu einem Raum behaupten, entwurzeln wir uns paradoxerweise selbst. Wir verlieren unsere Heimat, indem wir sie anderen verwehren.

Das spanische Wort *querencia* mit seiner Herkunft von dem Verb *querer* – begehren oder lieben – benennt den Ort, an dem man sich zu Hause fühlt und aus dem wir unsere Stärke und unsere geistige Vitalität beziehen. *Querer* kommt seinerseits aus dem Proto-Indoeuropäischen: suchen, fragen. *Querencia*, unseren heimatlichen Anker und Geist, zu etablieren oder neu zu etablieren, heißt, eine Wurzel zu schlagen. Aber die in dieser Wurzel steckende Frage, dieses Suchen – das begehrliche Wesen sowohl von Wurzeln als auch von Menschen – enthüllt auch unser immer von Vergänglichkeit geprägtes Wesen, den Drang zu suchen, zu fragen und die beständige Bewegung des Seins selbst.

Wurzeln sind in Bewegung. In unserer immer mobileren Welt, und das gilt für die unter uns, die entwurzelt und ohne Dach sind, ebenso wie für die, die sich fest und eingepflanzt fühlen, sind wir alle doch immer noch dabei, zu suchen und zu fragen, *queriendo*, und immer dabei, unsere Heimat zu bauen und zu finden, egal, ob wir gerade eine haben oder nicht.

Der Weg, nach Hause zu gehen, der Weg, zu Hause zu bleiben, besteht darin, die Migrant*innen willkommen zu heißen.

Danksagung

Als erstes gilt mein tiefer Dank Andy Hsiao, einem Freund und hervorragenden Verlagsredakteur. Danke auch an Roisin Davis, Freundin, Genossin und Literaturagentin. Ferner an Ben Mabie, dafür, dass er für dieses Buch eingetreten ist und daran geglaubt hat. Und an Kat O'Donnell bei *Haymarket* und dem ganzen Verlagsteam dafür, dass sie ein Risiko eingegangen sind, indem sie dieses Projekt unterstützt haben. Und ein besonderer Dank an Sam Smith, einen engagierten und ausgezeichneten Lektor, und an Jameka Williams.

José Olivares, mein Wegbegleiter und Mitstreiter, es war eine solche Freude und Ehre, mit dir zu arbeiten – ich schätze mich glücklich, hier wieder auf unsere Berichte zurückgreifen zu können. Es war für mich begeisternd, mit einer Reihe großartiger Praktikant*innen zusammenarbeiten zu können, darunter Brianna Flinkingshelt, Leonel Ignacio Martín, Sophia Diez-Zhang und America Bañuelos. Danke auch an das *Earlham College Border Studies Program*, besonders an Kate Morgan. Ich möchte Cecile Pilot, Isabella Alexander-Nathani, Vivian Yee, Anan AbuShanab für ihre Beratung und Valerie Forman für ihre Sachkunde und Freundschaft danken.

Ich habe einige noch ganz unfertige Versionen einiger Kapitel dieses Buches in Workshops vor zwei Gruppen von Schriftsteller*innen vorgestellt, zu deren klugen und scharfsinnigen Mitgliedern Joel, Alison, Patri, Liz, Kristen, Daniela, Sarah und Allie und dann Rux, Charlie, Gabe und Kimi gehörten.

Danke an Nellie Jo David, Amber Ortega, Lorraine Eiler und Ieva Jesionyte für Inspiration, Gespräche und ihre Offenheit, an Rachel Dolnick für ihre Hilfe bezüglich jüdischer Haltungen zu Migration und an Russ McSpadden für seine Freundschaft, seine Weisheit und einige großartige Ausflüge in die Grenzregionen. Dank auch an den Geschichtenerzähler und Allroundexperten Myles Traphagen. Danke an Gus, Bria, Niko und Lev für ihre lebenslange Freundschaft und ihr spirituelles Gegengewicht. Und an Amy Joseph dafür, dass sie da und wunderbar ist.

Danksagung

El equipo de El Faro – los mejores y más comprometidos investigadores y periodistas que hay, especialmente José Luis Sanz, Roman Gressier, Óscar Martinez, Julia Gavarrete, y Nelson Rauda.

Mein Team bei *Arizona Luminaria*, besonders meine Herausgeberin Dianna Nañez. Ich empfinde so tiefe Achtung und Dankbarkeit für das Gründungstrio: Dianna, Irene McKisson und Becky Pallack. Danke, dass ihr etwas aufgebaut habt, das wichtig und auf eine schöne Art wichtig ist, und dafür, dass ihr mir ermöglicht habt, ein Teil davon zu sein.

Danke an die vielen Redakteur*innen, die ihre Sachkenntnis und ihren scharfen Blick auf die vielen Artikel verwendet haben, die, ob ursprünglich beabsichtigt oder nicht, die Grundlagenforschung für dieses Buch gebildet haben. An Frank Reynolds, dessen Zusammenarbeit bei *The Nation* ich schmerzlich vermisse und der meinen ersten Artikel über offene Grenzen redigierte. An Ali Gharib bei *The Intercept*, der viele unverständliche Statistiken zurechtrückte, und an Cora Currier, Maryam Saleh und Eve Bowen. Danke an Ratik Asokan für seine enorme Gelehrtheit, seine gelegentliche Lektoratsarbeit und seine Freundschaft.

Danke an Sean Rys für seine Lektüre der ersten Versionen der ersten Kapitel des Buchs, und an Sophie Smith für ihre Weisheit und ihre scharfe Intelligenz, im Hinblick auf die Grenze und überhaupt auf alles.

Danke an die gesamte Crew der *Open Borders Conference*, besonders an Jamila Hammami und sämtliche Organisator*innen und Teilnehmer*innen.

An meinen brillanten Freund und Mentor John Granger, dem ich für all meine Sätze hier keinen geringen Dank schulde.

Danke natürlich an meine Familie, an meine liebevolle Schwester Tiffany, an Marko für produktive Gespräche und an Julia und Livia. Gracias a mis suegros, migrantes los dos, quienes adoro como la familia que son. Und an meine Eltern, die mich immer auf wundervolle Art unterstützt haben. Und nochmals an meine Mutter, und an meinen Onkel und meine Großeltern, die Grenzen überschritten haben, um Freiheit zu finden und das Heim und die Heimat aufzubauen, von denen aus ich jetzt die Welt sehe.

Danke im Voraus an alle, die dieses Buch lesen oder einen Blick darauf werfen, und an alle, die hier nicht genannt sind, aber die mir bei diesem Projekt geholfen und es inspiriert haben: Euch allen meine Dankbarkeit.

Und zum Schluss: an Elías, dieses überwältigende Feuerwerk einer Seele, und an Daniela, für ihre tägliche Präsenz, und noch mehr, für ihre Liebe und für unser Leben.

Zu den Quellen

Vorbemerkung

Was meine Arbeit, mein Denken und mein Schreiben über das Problem von Grenzen und Einwanderung am meisten beeinflusst hat, sind die Tausenden von Gesprächen, die ich mit Migrant*innen geführt habe, darunter meine Mutter, mein Onkel, meine Großeltern, diverse Schwieger-Angehörige und Cousins und Cousinen ersten, zweiten und dritten Grades sowie zahllose Freund*innen, Bekannte, Informant*innen und Kontakte aus Rumänien, Mexiko, Venezuela, Kolumbien, Peru, Ecuador, Haiti, Kuba, Nicaragua, El Salvador, Honduras, Guatemala, der Ukraine, Russland, Belarus, Syrien, Palästina, dem Iran, dem Irak, Tunesien, Nigeria, der Demokratischen Republik Kongo, Indien, Pakistan, China, Vietnam, den Philippinen und anderen Ländern.

Ihr Wissen, ihre Erfahrung, ihre Klugheit, ihre Offenheit und ihr Mut sind nicht weniger wichtig als die hervorragenden Bücher, Artikel, Vorträge, Gutachten und Präsentationen, die in den traditionellen und den sozialen Medien oder auf anderen Plattformen veröffentlicht, von ihnen bezahlt oder gepriesen werden, sondern sie bilden die Wurzel und die Grundlage aller Wissenschaft zu diesem Thema und eines jeden Verständnisses davon. Und doch sind diese gelebten Erfahrungen und Zeugnisse schwieriger als andere Beiträge öffentlich zu machen, werden oft übersehen und erhalten in der Buchbranche, im Journalismus und im akademischen Betrieb nicht die gebührende Aufmerksamkeit.

Auch Entwicklungshelfer*innen, Aktivist*innen, gute Nachbar*innen und gute Samariter*innen, die die Rechte von Migrant*innen verteidigen, waren unverzichtbar für mein Verständnis von Grenzen und Einwanderung sowie für die Entwicklung meiner Haltung dazu. Dasselbe gilt für die persönliche Erfahrung, in der Wüste Arizonas von migrationsfeindlichen Milizen bedroht zu werden, für meine Gespräche mit dezidierten Einwanderungsgegner*innen und für Politiker*innen, die keine Ahnung haben, was sie eigentlich tun.

Über die Quellen

Zu den hervorragenden Wissenschaftler*innen und Autor*innen, auf die dieses Buch und mein Verständnis von Grenzen sich sehr stark stützen, gehören Harsha Walia, Todd Miller, Aaron Reichlin-Melnick, Austin Kocher, Dara Lind, Lee Gelernt, Adam Wola, Yael Schacher, Matthew Longo, Ari Sawyer, Molly Molloy, Matthew Longo, Suketu Mehta, Nick Estes, Alex Sager, Nandita Sharma, Itamar Mann, Joseph Carens, Alex Nowrasteh und Bryan Caplan.

Die Journalist*innen José Olivares, Óscar Martinez, Adolfo Flores, Ryan Devereaux, Melissa Del Bosque, Jennifer Ávila, Alfredo Corchado, Aura Bogado, Hamed Aleaziz, Molly O'Toole, Jonathan Blitzer, Tanvi Misra, Sarah Stillman, Felipe De La Hoz, Gaby Del Valle, Alexis Okeowo, Camilo Montoya-Galvez, Jack Herrera, Caitlin Dickerson, Matt Katz, Kate Morrissey, Alisa Zaira Reznick, Emily Green, Lomi Kriel, Mazin Sidahmed, Kendal Blust und Valerie Gonzalez leisten die Art von aktueller und investigativer Arbeit vor Ort, die für mein grundlegendes Verständnis davon, wie Grenzen funktionieren und wie Migrant*innen sie überschreiten oder an ihnen scheitern, unentbehrlich war und ist. Und außerdem liefern John Judis, Jason DeParle, Michael Walzer und George Borjas bedeutende Einsichten und wichtige Hintergründe, obwohl ich in vielen Fragen vollkommen anderer Meinung bin.

Die obige Liste von Personen und die folgende Liste von Autor*innen und Titeln ist unvollständig und ich erwähne hier zum größten Teil nur Werke, die mein Denken beeinflusst haben, nicht solche, die im Buch lediglich vorkommen. Letztere werden im Text selbst zitiert. Tatsachen, Zahlen und Einzelheiten, die man nicht so leicht selbst über eine Suchmaschine herausfinden kann, führe ich ebenfalls direkt im Text auf.

Kapitel 1

James C. Scotts Bücher *Seeing Like a State* und *Against the Grain* werfen Fragen sowohl zur Herausbildung der Staaten als auch zu unserem heutigen Verhältnis zu ihnen auf. Der Band *Cruel Fiction* der Dichterin Wendy Trevino setzt sich sehr schön und bewegend mit der Idee auseinander, der zufolge es Grenzen geben muss. Jacqueline Stevens' *States without Nations* ist eines der klügsten Bücher über den Unterschied zwischen Nation und Staat und weist überzeugend nach, dass die Gesetze der Nationalstaaten statt Freiheit Ungleichheit fördern und verewigen. Simon Winchesters Buch *Land* ist ein hervorragender historischer und internationaler Überblick über die rechtlichen Beziehungen zwischen Mensch und Land. Michael Walzers *Sphären der Gerechtigkeit* ist einer der wichtigsten politisch-philosophischen Texte zum Thema, der die Rechte der Bürger*innen analysiert und oft verteidigt. Thomas Nails *Theory of the Border* ist eine der wenigen wahrhaft philosophischen Abhandlungen, die sich ausschließlich mit dem Thema des Grenzregimes befassen. Wendy Browns *Walled States, Waning Sovereignty* richtet das Augenmerk unter anderem auf die wachsenden Ängste in den USA und in anderen Ländern, die sich einer immer intensiveren Globalisierung und Mobilität gegenübersehen und darauf mit militarisierten Grenzen reagieren. Suketu Mehtas Werk *This Land Is Our Land* ist ein leidenschaftliches Buch, das Autobiografie und thematischer Überblick in einem ist und sich mit der emotionalen Verhärtung in der Einwanderungspolitik der Vereinigten Staaten auseinandersetzt. Andreas Malms Buch *How to Blow up a Pipeline* wurde vor Kurzem verfilmt und ist eine treffend betitelte Lobrede auf Massenmobilisierung und direkte Aktion. Nick Estes' Werk *Our History Is the Future* ist eine brillante Neuorientierung der Konversation darüber, wie wir Indigenität und unsere Beziehung zu dem Land verstehen und diskutieren, das die Vereinigten Staaten für sich beanspruchen. Rachel St. Johns *Line in the Sand. A History of the US-Mexican Border* ist eine erhellende und detaillierte Darstellung der Geschichte der Grenzziehung zwischen den USA und Mexiko. Mit *John Brown* von David S. Reynold haben wir eine packende und beunruhigend aktuelle Biografie dieses Freiheitskämpfers.

Kapitel 2

Das Werk der Schriftstellerin und Wissenschaftlerin Larissa Behrendt ist unentbehrliche Lektüre für ein Verständnis der Geschichte Australiens. *The Journals of Captain Cook* bieten einen Einblick in die mörderische Ideologie von der Überlegenheit der *weißen* ›Rasse‹. Nandita Sharmas *Home Rule* liefert eine äußerst kluge alternative Sicht auf den Aufstieg der Nationalstaaten und deren abwehrende Haltung gegenüber Migrant*innen. Behrouz Boochani, ein Flüchtling aus dem Iran, hat eines der bemerkenswertesten Bücher geschrieben, die ich kenne: *Kein Freund außer den Bergen* wurde mit WhatsApp-Nachrichten aus dem australischen Haftzentrum auf Manus Island, das als Gefängnislager und Strafkolonie dient, ›geschrieben‹. Claudio Sants *Unworthy Republic* ist eine wichtige und erschreckende Neuerzählung der ersten Jahrzehnte der Vereinigten Staaten und ihrer

Über die Quellen   257

Feldzüge zur Enteignung, Vertreibung und Abschlachtung der indigenen Bewohner*innen des Kontinents. In einem ähnlichen Geist verfolgt Kevin Kennys *Peaceable Kingdom* die raubgierige Eroberung von Land in Nordamerika durch die Kolonisator*innen. Roxanne Dunbar Ortiz' *Not a Nation of Immigrants* entlarvt die Mythen von Amerika als inklusivem Nationalstaat, der Neuankömmlinge begrüßt. Eines der bewegendsten und brillantesten Werke, die ich im Lauf meiner Nachforschungen gelesen habe, war Mahmood Mamdanis *Neither Settler nor Native*, das, neben anderen wichtigen Beobachtungen, den Aufstieg der Nationalstaaten nicht auf die Zeit der europäischen Verträge von Mitte des 17. Jahrhunderts datiert, sondern auf die Ära der völkermörderischen Feldzüge, die diese Imperien seit Ende des 15. Jahrhunderts in Nord- und Südamerika führten. Eli Kedouris Buch *Nationalism* ist eine Schatzkammer an historischen Fakten und politischen Konzeptualisierungen zur Frage des Aufstiegs des Nationalismus. Mit *The Politics of Borders* hat Matthew Longo eine der klarsten und beunruhigendsten Darstellungen der vielen Folgen des Grenzregimes geschrieben. David Bacons *Illegal People* ist ein Grundlagentext, der das Aufkommen des derzeitigen Grenzregimes in den Vereinigten Staaten mit der Wirtschafts- und Handelspolitik in Verbindung bringt. Nur wenige Bücher haben sich, sowohl mittels historischer als auch aktueller Bespiele, gründlicher mit den juristisch-philosophischen Fragen der Grenzproblematik auseinandergesetzt als Itamar Manns *Humanity at Sea*. Chief Clinton Richards Autobiografie *Fighting Tuscarora* rekapituliert eine Großzahl der immer noch fortbestehenden Folgen der gegen die Indigenen gerichteten Feldzüge in Nordamerika. John Torpeys *The Invention of the Passport: Surveillance, Citizenship, and the State* ist äußerst wichtig im Hinblick auf die Expansion der biometrischen Überwachung und der verschiedenen Grenzregime. George Manuels Studie *From Brotherhood to Nationhood* beschreibt den Aufstieg der Indigenen Bewegung in Kanada. Und schließlich geht Mae Ngais *Impossible Subjects: Illegal Aliens and the Making of Modern America* im Detail auf die zahlreichen gravierenden Widersprüche der Einwanderungspolitik in den USA seit Ende des 19. Jahrhunderts und im Verlauf des 20. Jahrhunderts ein.

Kapitel 3

Die Geschichte Shafas, wie sie hier dargestellt wird, basiert zur Gänze auf einigen BBC-Artikeln, von denen einer eine mündliche Erzählung wiedergab. Ich habe mich wiederholt an die BBC gewendet, um den oder die Autor*in zu ermitteln und zu sehen, ob ich über ihn oder sie weitere Nachrichten erhalten oder in Kontakt mit Shafa treten könnte, aber ich hatte keinen Erfolg. Weitere Details über die im Text angeführten hinaus stammen aus Gesprächen mit Giuseppe Loprete vom *Office of International Migration* der Vereinten Nationen und mit anderen Ex-Beamt*innen und Aktivist*innen, die in der Sahelzone gearbeitet haben, darunter Freiwillige von *Alarme Phone Sahara*.

Kapitel 4

Mirta Ojitos Buch *Finding Mañana* trug zu meinem Verständnis davon bei, wie der Boatlift aus persönlicher Sicht aussah. Ich sprach außerdem mit zwei weiteren Marielit@s über die Hintergründe. George Borjas, selbst ein kubanischer Einwanderer in die Vereinigten Staaten, schrieb das Buch *We Wanted Workers*, in dem er versucht, einen ›objektiven‹ Standpunkt zur Ökonomie der Einwanderung einzunehmen – eine nützliche Lektüre, so sehr ich auch im Hinblick auf viele von Borjas' Schlussfolgerungen anderer Meinung bin. Wichtige politische Hintergrundinformationen zur Emigration aus Kuba finden sich in William M. LeoGrandes und Peter Kornbluhs Werk *Backchannel to Cuba*. »Während der antiasiatische Rassismus sehr wichtig für die Einwanderungsgeschichte der Nation ist«, schreibt der Historiker Hidetaka Hirota in *Expelling the Poor*, »lagen die Ursprünge der Einwanderungskontrollen im antiirischen Nativismus in den Atlantikstaaten der USA.« Hirota unterstreicht, dass die Gesetze und Abschiebepraktiken der einzelnen Bundesstaaten sich vor allem gegen irische Frauen und hier wiederum besonders gegen Mütter richteten. Zur Geschichte der migrationsfeindlichen Ideologie in den USA gibt es kaum eine bessere Quelle als Daniel Denvirs *All American Nativism*. Thomas Pikettys dicht geschriebenes Buch *Kapital und Ideologie* ist eine nützliche Ressource, wenn man nicht nur ein allgemeines Bild von der globalen Ungleichheit gewinnen, sondern auch einen Überblick über die Details sowohl in Europa als auch den USA erhalten will. Harsha Walia ist wahrscheinlich die eindeutigste Verfechterin einer Welt jenseits von Grenzen und die Lektüre ihrer Werke ist unverzichtbar. Ihre jüngsten Bücher *Border and Rule: Global Migration, Capitalism, and the Rise of Racist Nationalism* und *Undoing Border Imperialism* sind von bahnbrechender Bedeutung.

Kapitel 5

Ich nutze die Gelegenheit, um hier erneut auf *Terminator* hinzuweisen... Für dieses Kapitel habe ich außerdem auch viele YouTube-Videos über die Grenzzeremonie in Attari-Wagah gesehen. Siehe außerdem die hervorragende dreiteilige Serie von Frances Stonor Saunders »The Suitcase« in der *London Review of Books*, ein Auszug aus einem Buch mit demselben Titel. Ich habe mich hier auch erneut auf Reece Jones gestützt, der sich gründlich mit den Enklaven in Indien und Bangladesch befasst hat. Suchitra Vijayans Werk *Midnight's Borders* ist eine umfassende Geschichte der Grenzen Indiens und hebt deren künstliche, aber folgenreiche Ursprünge hervor. Joshua Keatings *Invisible Countries: Journeys to the Edge of Nationhood* liefert uns ein Bild von einer Reihe von Quasi-Staaten, darunter Somaliland, Kurdistan und ein Gebiet der Mohawk, das sich über die Grenze zwischen den USA und Kanada erstreckt.

Kapitel 6

David Wallace-Wells' *The Uninhabitable Earth* ist ein erschreckendes und äußerst lesbares Kompendium der gegenwärtigen und kommenden Katastrophen aufgrund des Klimawandels. Sonia Shahs *The Next Great Migration* beschäftigt sich mit der Geschichte unseres Verständnisses von der Migration nicht nur von Menschen, sondern auch von Tieren. Ken Burns gibt in *The Dust Bowl* wie so oft einen aufrüttelnden Bericht, diesmal über den Heimatverlust der ›Okies‹ in den 1930ern. In »The Great Climate Migration« präsentiert Abrahm Lustgarten in einem einzigen Artikel Material für ein ganzes Buch; er schreibt hier vor allem über Menschen aus Mittelamerika, die aufgrund des Klimawandels ihre Heimat verlassen müssen. In *Storming the Wall* beschreibt Todd Miller die von den Philippinen bis nach Zentralamerika reichende Klimamigration und legt überzeugend dar, warum man die Geflüchteten willkommen heißen sollte.

Kapitel 7

Ich bin sehr glücklich, hier Joseph Andras' Buch *Tomorrow They Won't Dare to Murder Us* erwähnen zu können, einen hervorragenden Roman über einen französischen Revolutionär in Algerien. Kelly Lytle Hernández' *Migra!* ist eine Geschichte der US-Grenzpatrouille, die diese einer scharfen Kritik unterzieht. Ich möchte außerdem Francisco Cantús schöne und erhellende

Autobiografie *The Line Becomes a River* erwähnen. Anna Funders Buch *Stasiland* enthält einige der besten Geschichten über totalitäre Überwachung, und ein totalitäres Grenzregime ist hier die Einstiegsdroge. Die *Erfindung der Nation* von Benedict Anderson zeichnet den Aufstieg und die Widersprüche moderner Nationalstaaten nach und liefert mit Indonesien eine überzeugende Fallstudie. *Border Vigils* von Jeremy Harding enthält schöne Reportagen über Spannungen an den Grenzen in Italien, Afrika und im Süden der Vereinigten Staaten.

Kapitel 8

Zu den Büchern, die ich bis jetzt noch nicht erwähnt habe, gehört Jason Rileys *Let Them In: The Case for Open Borders*, eine frühe Diskussion des Themas offene Grenzen aus einer konservativen Perspektive. Atossa Araxia Abrahamians *The Cosmopolites* befasst sich mit der globetrottenden Elite und damit, wie diese Leute Grenzen zu ihrem finanziellen und rechtlichen Vorteil nutzen. Rudolf J. Rummels *Death by Government* ist eine Studie über ›Demozid‹, in der er überzeugend argumentiert, dass Menschen oft mehr von oben, von ihrer eigenen Regierung, zu befürchten haben als von dem, was von jenseits der Grenzen auf sie zukommen könnte. Wichtig ist auch das Werk des salvadorianischen Journalisten Óscar Martínez, dessen erstes Buch, *The Beast*, mein und das Verständnis vieler anderer von Migration verändert hat. *The Security Principle* von Frédéric Gros wirft einen philosophisch inspirierten Blick auf moderne Konzeptionen von Sicherheit.

Bibliografie

Abrahamian, Atossa Araxia. *The Cosmopolites: The Coming of the Global Citizen.* Columbia Global Reports, 2015.
Anderson, Benedict. *Die Erfindung der Nation: Zur Karriere eines folgenreichen Konzepts.* Ullstein Verlag, 2016.
Bacon, David. *Illegal People: How Globalization Creates Migration and Criminalizes Immigrants.* Beacon Press, 2009.
Boochani, Behrouz. *Kein Freund außer den Bergen. Nachrichten aus dem Niemandsland.* Btb Verlag, 2020.
Brown, Wendy. *Walled States, Waning Sovereignty.* Zone Books, 2010.
Cantú, Francisco. *The Line Becomes a River: Dispatches from the Border.* Riverhead Books, 2018.
Denvir, Daniel. *All American Nativism.* Verso Books, 2020.
Dozal, Gabriel. *The Border Simulator.* One World, 2023.
Dunbar Ortiz, Roxanne. *Not a Nation of Immigrants.* Beacon Press, 2021.
Estes, Nick. *Our History is the Future.* Verso Books, 2023.
Estes, Nick; Yazzie, Melanie K.; Nez Denetdale, Jennifer; Correia, David. *Red Nation Rising: From Bordertown Violence to Native Liberation.* PM Press, 2021.
Funder, Anna. *Stasiland.* Fischer, 2006.
García Hernández, César Cuauhtémoc. *Welcome to the Wretched: In Defense of the ›Criminal Alien.‹* The New Press, 2024.
Goodman, Adam. *The Deportation Machine: America's Long History of Expelling Immigrants.* Princeton University Press, 2020.
Gros, Frédéric. *The Security Principle.* Verso Books, 2019.
Harding, Jeremy. *Border Vigils: Keeping Migrants Out of the Rich World.* Verso Books, 2012.
Hernández, Kelly Lytle. *Migra!: A History of the U.S. Border Patrol.* University of California Press, 2010.
Hirota, Hidetaka. *Expelling the Poor: Atlantic Seaboard States and the Nineteenth-Century Origins of American Immigration Policy.* Oxford University Press, 2017.

Jones, Reece. *Violent Borders*. Verso Books, 2016.
Keating, Joshua. *Invisible Countries: Journeys to the Edge of Nationhood*. Yale University Press, 2018.
Kenny, Kevin. *Peaceable Kingdom Lost: The Paxton Boys and the Destruction of William Penn's Holy Experiment*. Oxford University Press, 2011.
Longo, Matthew. *The Politics of Borders: Sovereignty, Security, and the Citizen after 9/11*. Cambridge University Press, 2017.
Lustgarten, Abrahm. »The Great Climate Migration«. *New York Times* and *Pro-Publica*, 2020.
Malm, Andreas. *How to Blow up a Pipeline*. Verso Books, 2021.
Mamdani, Mahmood. *Neither Settler nor Native*. Belknap Press: An Imprint of Harvard University Press, 2020.
Mann, Itamar. *Humanity at Sea: Maritime Migration and the Foundations of International Law*. Cambridge University Press, 2017.
Martínez, Óscar. *The Beast: Riding the Rails and Dodging Narcos on the Migrant Trail*. Verso Books, 2014.
Mehta, Suketu. *This Land is Our Land: An Immigrant's Manifesto*. Macmillan Publishers, 2019.
Miller, Todd. *Storming the Wall: Climate Change, Migration, and Homeland Security*. City Lights Publishers, 2017.
Nail, Thomas. *Theory of the Border*. Oxford University Press, 2016.
Ngai, Mae. *Impossible Subjects: Illegal Aliens and the Making of Modern America*. Princeton University Press, 2014.
Ojito, Mirta. *Finding Mañana: A Memoir of a Cuban Exodus*. Penguin Books, 2006.
Reynold, David S. *John Brown, Abolitionist: The Man Who Killed Slavery, Sparked the Civil War, and Seeded Civil Rights*. Vintage Books, 2006.
Saunt, Claudio. *Unworthy Republic: The Dispossession of Native Americans and the Road to Indian Territory*. W. W. Norton & Company, 2020.
Scott, James C. *Against the Grain: A Deep History of Earliest States*. Yale University Press, 2017.
Scott, James C. *Seeing Like a State: How Certain Schemes to Improve the Human Condition Have Failed*. Yale University Press, 1999.
Shah, Sonia. *The Next Great Migration: The Beauty and Terror of Life on the Move*. Bloomsbury Publishing, 2020.

Shull, Kristina. *Detention Empire: Reagan's War on Immigrants and the Seeds of Resistance.* University of North Carolina Press, 2022.

St. John, Rachel. *Line in the Sand: A History of the Western US-Mexico Border.* Princeton University Press, 2012.

Stevens, Jacqueline. *States Without Nations: Citizenship for Mortals.* Columbia University Press, 2011.

Stonor Saunders, Frances. »The Suitcase«. *London Review of Books* 42, Nr. 15 (Juli 2020): https://www.lrb.co.uk/the-paper/v42/n15/frances-stonor-saunders/the-suitcase.

Torpey, John. *The Invention of the Passport: Surveillance, Citizenship, and the State.* Cambridge University Press, 1999.

Trevino, Wendy. *Cruel Fiction.* Commune Editions, 2018.

Vijayan, Suchitra. *Midnight's Borders: A People's History of Modern India.* Melville House, 2021.

Walia, Harsha. *Border and Rule: Global Migration, Capitalism, and the Rise of Racist Nationalism.* Haymarket Books, 2021.

Walia, Harsha. *Undoing Border Imperialism.* AK Press, 2013.

Wallace-Wells, David. *The Uninhabitable Earth: Life After Warming.* Tim Duggan Books, 2019.

Walzer, Michael. *Sphären der Gerechtigkeit. Ein Plädoyer für Pluralität und Gleichheit.* Campus, 1992.

Zusätzlich:

Border/Lines (Newsletter) – https://borderlines.substack.com/
Austin Kocher (Newsletter) – https://austinkocher.substack.com/

D. Hunter
Solidarität der Straße
Autobiografische Essays
168 Seiten | 16 €
ISBN 978-3-89771-392-5

Frontalangriff auf unser Verständnis der ›Unterschicht‹

D. Hunter überlebte als minderjähriger Sexarbeiter, mithilfe von Diebstählen und Drogenhandel. Auf der Straße, im Knast und durch seine eigene Familie erfuhr er Missbrauch und Gewalt ebenso wie überlebenswichtige Formen der Solidarität. In seinen späteren Jahren – als Teil der radikalen Linken und nicht mehr auf der Straße – erfuhr er, dass Solidarität in diesen zwei Welten nicht das gleiche bedeutet. Ein Plädoyer dafür, die Erfahrungen und die Solidarität der untersten gesellschaftlichen Schicht zum Ausgangspunkt einer antikapitalistischen Politik zu machen.

»Dieses Buch muss gelesen werden. Es bietet Richtung und Trost, denkt nach über Politiken des Überlebens .... Gleichzeitig ist es eine Ohrfeige, die uns die Augen öffnet.«

Ayesha Siddiqi, CEASEFIRE

Daisy Letourneur
Man wird nicht als Mann geboren
Kleine feministische Abhandlung über Männlichkeiten
216 Seiten | 16 €
ISBN 978-3-89771-360-4

»Humor und Analyse liegen in dem Buch oft nahe beieinander.«
Ramona Westhof, Deutschlandfunk

Mit viel Humor und Verve stellt Daisy Letourneur das Patriarchat an den Pranger. Sie seziert traditionelle und neue Männlichkeit(en) und hinterfragt pointiert und fundiert sowohl die Konstruktion als auch die Dekonstruktion von Männlichkeiten. Es geht um Geschlechterrollen, Väterrechte, Homosexualität, um antifeministische und um profeministische Männer.

»Ein Glanzstück!«
Livres Hebdo

»Daisy Letourneur schreibt in launigem Stil und streut immer wieder unterhaltsame Anekdoten aus der eigenen trans-lesbischen Biografie ein.«

Kim Posster, analyse & kritik

Sara Ahmed
Feminist Killjoy
Das Handbuch für die feministische Spaßverderberin
252 Seiten | 22 €
ISBN 978-3-89771-375-8

Klug und frech: Intersektionale feministische Wissenschaft für die Praxis

Bekannt für ihre messerscharfen Analysen und provokativen Thesen wählt die britische Autorin, Wissenschaftlerin und Aktivistin Sara Ahmed in diesem Handbuch für die feministische Spaßverderberin eine eher essayistische Herangehensweise, um ihre anspruchsvollen Theorien im Alltag leb- und anknüpfbar zu machen. Praxisnah, frech und auch wütend geschrieben enthält ihr Buch zahlreiche kluge Ideen zur Praxis eines intersektionalen Feminismus, erhellende Beispiele, Leitsätze und Überlebenstipps, Lektüreempfehlungen und Anleitungen für Lesegruppen.

»Dieses Buch setzt einen Sound frei, der einem vollen Zwerchfell entspringt, einer Lebenskraft, die zu lange unterdrückt wurde. ... ein großes Geschenk.«

Judith Butler

UNRAST Verlag | www.unrast-verlag.de | kontakt@unrast-verlag.de